"十三五"国家重点出版物出版规划项目

|经|济|建|设|卷|

中国新型城镇化道路

NEW URBANIZATION
ROAD IN CHINA

朱鹏华 著

中国财经出版传媒集团
经济科学出版社
Economic Science Press

图书在版编目（CIP）数据

中国新型城镇化道路/朱鹏华著.—北京：经济科学出版社，2017.9（2018.3 重印）

（中国道路·经济建设卷）

ISBN 978－7－5141－8457－0

Ⅰ.①中… Ⅱ.①朱… Ⅲ.①城市化－研究－中国 Ⅳ.①F299.21

中国版本图书馆 CIP 数据核字（2017）第 231626 号

责任编辑：李　林
责任校对：隗立娜
责任印制：李　鹏

中国新型城镇化道路

朱鹏华　著

经济科学出版社出版、发行　新华书店经销
社址：北京市海淀区阜成路甲 28 号　邮编：100142
总编部电话：010－88191217　发行部电话：010－88191522
网址：www.esp.com.cn
电子邮件：esp@esp.com.cn
天猫网店：经济科学出版社旗舰店
网址：http://jjkxcbs.tmall.com
北京季蜂印刷有限公司印装
710×1000　16 开　18.75 印张　250000 字
2017 年 9 月第 1 版　2018 年 3 月第 2 次印刷
ISBN 978－7－5141－8457－0　定价：56.00 元
(图书出现印装问题，本社负责调换。电话：010－88191510)
(版权所有　侵权必究　举报电话：010－88191586
电子邮箱：dbts@esp.com.cn)

《中国道路》丛书编委会

顾　　　问：魏礼群　马建堂　许宏才

总　主　编：顾海良

编委会成员：（按姓氏笔画为序）
　　　　　　马建堂　王天义　吕　政　向春玲
　　　　　　陈江生　季　明　季正聚　竺彩华
　　　　　　周法兴　赵建军　姜　辉　顾海良
　　　　　　高　飞　黄泰岩　魏礼群　魏海生

经济建设卷

主　　　编：黄泰岩　吕　政　王天义

《中国道路》丛书审读委员会

主　任：吕　萍

委　员：（按姓氏笔画为序）
　　　　刘明晖　李洪波　陈迈利　柳　敏

总　　序

中国道路就是中国特色社会主义道路。习近平总书记指出，中国特色社会主义这条道路来之不易，它是在改革开放三十多年的伟大实践中走出来的，是在中华人民共和国成立六十多年的持续探索中走出来的，是在对近代以来一百七十多年中华民族发展历程的深刻总结中走出来的，是在对中华民族五千多年悠久文明的传承中走出来的，具有深厚的历史渊源和广泛的现实基础。

道路决定命运。中国道路是发展中国、富强中国之路，是一条实现中华民族伟大复兴中国梦的人间正道、康庄大道。要增强中国道路自信、理论自信、制度自信、文化自信，确保中国特色社会主义道路沿着正确方向胜利前进。《中国道路》丛书，就是以此为主旨，对中国道路的实践、成就和经验，以及历史、现实与未来，分卷分册作出全景式展示。

丛书按主题分作十卷百册。十卷的主题分别为：经济建设、政治建设、文化建设、社会建设、生态文明建设、国防与军队建设、外交与国际战略、党的领导和建设、马克思主义中国化、世界对中国道路评价。每卷按分卷主题的具体内容分为若干册，各册对实践探索、改革历程、发展成效、经验总结、理论创新等方面问题作出阐释。在阐释中，以改革开放近四十年伟大实践为主要内容，结合新中国成立六十多年的持续探索，对中华民族近代以来发展历程以及悠久文明传承进行总结，既有强烈的时代感，又有深刻的历史感召力和面向未来的震撼力。

丛书整体策划，分卷作业。在写作风格上注重历史与现实、理论与实践、国内与国际结合，注重对中国道路的实践与经验、过程与理论作出求实、求真、求新的阐释，注重对中国道路作出富有特色的、令人信服的国际表达，注重对中国道路为发展中国家走向现代化和为解决人类问题所贡献的"中国智慧"和"中国方案"的阐释。

在新中国成立特别是改革开放以来我国发展取得重大成就的基础上，近代以来久经磨难的中华民族实现了从站起来、富起来到强起来的历史性飞跃，中国特色社会主义焕发出强大生机活力并进入了新的发展阶段，中国特色社会主义道路不断拓展并处在新的历史起点。在这新的发展阶段和新的历史起点上，中国财经出版传媒集团经济科学出版社精心策划、组织编写《中国道路》丛书有着更为显著的、重要的理论意义和现实意义。

《中国道路》丛书2015年策划启动，首批于2017年推出，其余各册将于2018年、2019年陆续推出。丛书列入"十三五"国家重点出版物出版规划项目、国家主题出版重点出版物和"90种迎接党的十九大精品出版选题"。

《中国道路》丛书编委会
2017年9月

自　　序

　　城镇化是一个国家或地区经济社会现代化的必经之路，城镇化水平和质量是一个国家或地区综合竞争力的集中体现。中国是最早出现城镇的国家之一，自古以来有着非常发达的城市文明和独树一帜的城市文化，直到工业革命前中国的城市发展都一直领先，但是中国城镇化的真正开启是在中华人民共和国成立之后。1949 年以来，在中国共产党的领导下，不断探索具有中国特色的城镇化之路，在这条曲折迂回的城镇化道路上，中国逐渐走上了一条科学的新型城镇化道路。

　　从城镇化水平来看，中国城镇人口占总人口比从 1949 年的 10.64%，到改革开放之始 1978 年的 17.92%，升至 2016 年的 57.35%，有超过 6.4 亿人口从农村转移到了城镇，中国城镇化规模在世界上绝无仅有。从城镇化速度来看，在相同的发展阶段，中国快于美国和英国，慢于日本和巴西。尽管如此，考虑到中国当前人均 GDP 的水平（2016 年人均 5.38 万元人民币），中国的城镇化率仍低于世界平均水平。在未来十年左右的时间里，中国仍将处于 30%~70% 快速城镇化的区间内，新型城镇化不仅会改变中国，还将会给世界带来巨大影响。

　　改革开放以来，中国的快速城镇化推动了渐进式的经济转型，充足的农业转移劳动力和政府调配的廉价土地以及良好的基础设施为中国经济高速增长提供了强有力的支撑。但长期粗放式的城镇化,也带来了土地利用效率低、环境污染、社会矛盾增多等问题,更为特殊的是,当前中国还有约 2.8 亿的农民工(2016 年为 28 171 万人),他们基本仍处于"游荡"在城乡之间的"半城镇化"状态。可以说,中国在城镇化道路上有得也有失。直面城镇化的问题,总结城镇化的经验,充分发挥制度灵活性和制度创新优势,中国主动选择了新型城镇化道路。党的十八大以来,新型城镇化已成为以习近平同志为核心的党中央治国理政的"关键词",实现全面小康社会的"核心词",聚焦着世界目光的社会"热词"。

本书以中国特色城镇化之路为研究对象,系统分析中国城镇化的发展阶段和主要特征,测评中国城镇化的质量,总结和提炼中国城镇化成效、经验和所面临的问题,分析新型城镇化的内涵、现实基础和主要任务,最后探讨新型城镇化的实现路径。

全书共分 7 章,围绕着中国城镇化的"历程—质量—挑战—选择—策略"5 个维度展开。

绪论: 为全书的分析研究做好相关理论的铺垫。特别是创造性的构建了城镇化动力机制模型,有重点的分析梳理了典型国家的城镇化,归纳总结了城镇化的一般规律,这为研究中国城镇化以及中国新型城镇化道路奠定了理论基础。

历程: 系统分析了中国城镇化发展阶段。1949~2016 年中国城镇化已经历了两个时期、三个阶段。1949~1995 年中国城镇化率从 10.64% 增加至 29.04%,用 47 年的时间走完了城镇化的初期;1996~2016 年城镇化率从 30.48% 增加至 57.35%,中国正处于城镇化的中期,即快速城镇化时期。总体来看,当前中国的城镇化已经走完了"S"型曲线的前 2/3。从城镇化的发展道路来看,中国城镇化经历了显著的三个阶段:改革开放之前的城镇化阶段(1949~1978 年),改革开放之初的城镇化阶段(1979~1995 年),社会主义市场经济下的城镇化阶段(1996~

2016 年)。最后,用 Logistic 模型对中国未来城镇化进行了预测,2027 年中国城镇化率将达到 70% 左右(预测值 69.8%),2030 年中国城镇常住人口将突破 10 亿(预测值 10.56 亿)。

质量: 对中国城镇化质量进行了综合客观评价。在科学界定城镇化质量内涵的基础上,构建了包括 3 个一级指标、12 个二级指标和 48 个三级指标的中国城镇化质量评价指标体系。运用综合赋权法(熵值法和德尔菲+层次分析法)确定指标权重,建立线性加权模型,搜集整理统计数据,并对 1978～2015 年中国城镇化质量进行了测评。结果显示,中国城镇化质量整体快速提升。1978 年城镇化质量指数仅为 11.65,2015 年已增至 84.50,38 年来中国城镇化质量指数增加了 6.25 倍,年均提高 1.97。城镇发展质量、城乡协同发展程度和城镇化效率三个一级指标中,城镇发展质量指数起步最低、增长速度最快、水平最高;城乡协同程度指数起步最高、增长速度最慢、水平最低。研究表明,城乡协同发展程度不高是影响中国城镇化质量的最主要因素。

事实上,不仅客观评价表明中国的城镇化质量已显著提高,从变化率来看,城镇化质量已经"超过"城镇化水平。现实中,中国的城镇化已取得显著成效:城镇化水平持续提高,城镇体系不断完善。中国已基本形成以城市群为主体,大城市为中心,中小城市为骨干,小城镇为基础的多层次的大中小城市和小城镇协调发展的城镇体系;城市市政公用设施服务能力和供给能力增强。城市在水、电、路、气、信息网络等基础设施方面显著改善,教育、医疗、文化体育、公共交通、社会保障等公共服务水平明显提高,人均住宅、道路、公园绿地面积大幅增加;城乡居民生活水平全面提高。城镇化的快速推进,吸纳了大量农村劳动力转移就业,提高了城乡生产要素配置效率,推动了国民经济持续快速发展,带来了社会结构深刻变革,促进了城乡居民生活水平全面提升;中国城镇居民的整体素质和城市的文明程度也在持续提高，优秀传统文化保护和传承也取得了突破；中国已初步建立了有利于城乡经济社会一体化发展的制度框架，新农村建设和新型城镇化统筹推进，城乡一体化发展势头良好；与此同时，科学的城镇化道路在实践中已经形成。

中国城镇化质量的提高，在实践中也积累了许多成功的经验。比如，党中央的坚强领导为城镇化的顺利推进提供了坚强的政治保障；依据中国国情，向着"市场主导＋政府引导"的城镇化模式，中国走了一条由"自上而下"向"自下而上"的方向渐进式改革的城镇化道路；城镇化是个不断调整生产关系的改革过程，坚持统筹规划和顶层设计，加强因地制宜和分类指导，用不断深化改革破解城镇化所面临的困难和挑战；"人"是城镇化的核心，城镇化质量增长快的时期，一定是更加注重人民权益的时期；尊重基层首创精神，地方政府不断探索创新城镇化的模式，也总结了很多城镇化成功的具体实践经验，等等。

挑战：对中国城镇化面临的问题进行全面分析。中国城镇化的主要问题：长期粗放式城镇化，产业结构升级，以及农业现代化滞后减弱了城镇化的驱动力；大量农村转移人口难以融入城市社会，市民化进程滞后，"半城镇化"问题突出；"土地城镇化"快于人口城镇化，建设用地粗放低效，城乡建设缺乏特色；城乡二元结构的固化已经形成的城乡利益失衡格局，阻碍着城乡发展一体化发展；农民工的权益没有得到充分保障，由劳资关系、征地拆迁等引发的社会矛盾整体增多；城镇空间分布和规模结构不合理，与资源环境承载能力不匹配，城市管理服务水平不高，"城市病"问题日益突出；生态环境问题严重，自然历史文化遗产保护不力；户籍管理、土地管理、社会保障制度等法律制度，以及财税金融、行政管理等体制机制不健全，阻碍了城镇化健康发展。分析城镇化过程中存在的问题并非是对城镇化质量的否定，而是以问题为导向的中国新型城镇化道路的重要组成部分。

选择：对新型城镇化内涵、基础和主要任务进行分析。新型

自　　序

城镇化是以进一步解放和发展社会生产力为基础，以人民的权益为核心，通过综合创新、协调、绿色和融合的发展模式，不断破解中国城镇化所面临的难题和提高城镇化质量的改革过程。中国新型城镇化道路并非是一开始就被谋划和设计好的，而是在中国城镇化实践中不断探索和选择的结果。在中国共产党的领导下，在中国城镇化的历程中，沿着中国道路的方向，总结中国城镇化的实践经验，直面中国城镇化的现实挑战，借鉴世界各国城镇化经验和教训，顺应发展规律，因势利导，趋利避害，中国主动选择了新型城镇化道路。新型城镇化的最终任务是提高城镇化质量，同时还可以分解为 5 个一级任务和 25 个二级任务，每个任务都是针对若干个问题。新型城镇化道路不同于中国以往城镇化道路，以及世界其他国家一般的城镇化道路，科学把握这条道路至关重要，最后又分析了可能对新型城镇化产生的误解。

策略：分析了中国新型城镇化的路径。新型城镇化的路径就是实现新型城镇化目标所应采取的策略或方法集。基于新型城镇化的目标任务确定策略或方法，将策略或方法集系统化、层次化、具体化就是中国新型城镇化的实现路径。中国新型城镇化的路径分成三个层次，为了便于表述和理解，分别命名为新型城镇化的"路基"、新型城镇化的"路标"和新型城镇化的"路型"。新型城镇化要保障好法律、制度和政策供给，农业现代化，非农产业聚集的"路基"；遵循创新、协调、绿色和融合的"路标"；各地再根据地理区位和资源禀赋，城市规模和经济实力，产业结构及优势，自身发展面临的问题等因素选择不同的"路型"。中国地域辽阔，各地区的自然地理条件、历史文化传统以及经济社会发展水平均存在较大差别，走"多元新型城镇化"之路是中国的必然选择。"路基"、"路标"和"路型"本质上新型城镇化的实践基础、前进方向和具体方案。

结语：坚持走中国新型城镇化道路。新型城镇化道路在实践中逐渐形成，在实践中不断完善，也必将在实践中完成其历史使命。

中国新型城镇化道路是中国道路的重要组成部分,是中国通往现代化的必经之路。新型城镇化是中国实现"两个一百年"奋斗目标的核心策略之一,它描绘和展现的是未来经济健康可持续发展、政治民主、文化繁荣、社会和谐稳定、生态环境优美、城乡一体化的美好愿景。中国新型城镇化道路的开辟和拓展既面临重要机遇,也充满风险与挑战。只有与时俱进、勇于创新,才能始终保持正确的方向。习近平总书记(2016)指出,"党的十八大以来,党中央就深入推进新型城镇化建设作出了一系列重大决策部署。下一步,关键是要凝心聚力抓落实,蹄疾步稳往前走。"① 中国新型城镇化道路最大的优势是能直面当前城镇化所面临的各种挑战,政府从自身改革入手,通过主动深化改革破解难题。坚持走中国新型城镇化道路,必将把"世界上规模最大的城镇化"变成"人类最伟大的实践"。新型城镇化道路的实践不仅能让中国走向繁荣富强,让中国人民安居乐业、生活美好,同时对世界城镇化也具有十分重要的意义。

朱鹏华
2017 年 4 月 29 日于中央党校

---

① 《坚持以创新、协调、绿色、开放、共享的发展理念为引领　促进中国特色新型城镇化持续健康发展》,人民日报,2016 年 2 月 24 日,第 1 版。

目 录

第一章 绪论：城镇化的基本理论 …………………… 1
一、城镇化概述 / 1
二、典型国家的城镇化 / 14
三、城镇化的一般规律 / 35

第二章 历程：中国城镇化的发展阶段 …………………… 44
一、改革开放之前的中国城镇化（1949~1978 年） / 46
二、改革开放之初的中国城镇化（1979~1995 年） / 52
三、社会主义市场经济下的中国城镇化（1996 年至今） / 58
四、中国未来城镇化水平预测 / 69

第三章 质量：中国城镇化的评价 …………………… 74
一、文献综述 / 75
二、中国城镇化质量的评价指标体系 / 79
三、中国城镇化质量的评价模型 / 94
四、中国城镇化质量的测评与分析 / 104
五、中国城镇化的成效 / 113

第四章 挑战：中国城镇化面临的问题 …………… 118

一、城镇化驱动力的阻碍因素 / 119

二、"半城镇化"问题 / 124

三、土地利用效率低问题 / 128

四、城乡发展失衡问题 / 130

五、社会矛盾问题 / 136

六、城镇空间分布、规模结构和"城市病"问题 / 140

七、生态环境问题 / 143

第五章 选择：新型城镇化道路 ………………… 147

一、新型城镇化的内涵 / 148

二、新型城镇化的战略选择 / 155

三、新型城镇化的现实基础 / 163

四、新型城镇化的主要任务 / 182

五、对新型城镇化的理解误区 / 199

第六章 策略：中国新型城镇化的路径 …………… 206

一、中国新型城镇化路径的构成 / 206

二、中国新型城镇化的"路基" / 213

三、中国新型城镇化的"路标" / 230

四、中国新型城镇化的"路型" / 247

第七章 结语：坚定走中国新型城镇化道路 ………… 255

一、在实践中选择了新型城镇化道路 / 255

二、在实践中不断完善新型城镇化道路 / 258

三、坚定走中国新型城镇化道路 / 262

参考文献 / 264

第一章

绪论：城镇化的基本理论

一、城镇化概述

（一）城市

城市的出现，是人类走向成熟和文明的标志，也是人类群居生活的高级形式。城市可以看作是"城"与"市"的组合词，在古代"城"是用城墙等围起来的地域，主要是为了防卫；"市"是商贸和人员聚集的场所，主要是为了进行交易。不论是防卫还是商品交换，城市均是由人类聚落逐步发展演变而来，它代表了人类社会聚落的新等级。① 事实上，从经济学的角度看，城市是生产力的发展与社会劳动分工扩大的产物。社会分工的发展促使了城市的形成和发展，随着社会生产力的发展，从事手工业、商业等非农产业的劳动者从农业中分离出来，为了生产和交换的方便，从事非农产业的劳动者在某个地方不断集中起来，就形成和促进了城市的发展。马克思指出，"城市本身表明了人口、

---

① Lewis Mumford, *City in History: Its Origins, Its Transformations, and Its Prospects*. Mariner Book, 1968.

生产工具、资本、享乐和需求的集中",① 这有利于生产的分工协作,极大地促进了生产的发展;"城市工业本身一旦和农业分离,它的产品一开始就是商品,因而它的产品的出售就需要有商业作为媒介,这是理所当然的。因此,商业依赖于城市的发展,而城市的发展也要以商业为条件,这是不言而喻的。"② 因此,城市的形成也有利于商品的价值实现。生产方式的改变必然导致人类生活方式的变革,生活方式的改变引起了聚落形式的演进,城市也自然随之产生和发展。学术界一般把城市的产生和发展的历史分成三个阶段。

1. 缓慢发展期:工业革命之前。原始社会初期,生产力低下,人类居无定所。随着生产力的发展,剩余产品的不断增多,为城市的形成提供了物质基础。社会分工的发展,使得非农业生产活动日益频繁,为城市的出现提供了直接动力。与此同时,阶级和国家的产生也需将城市作为巩固统治的工具。自然而然,在一些农业发达、人口集中、交通方便、贸易频繁的地区最先出现了城市,比如,古埃及的开罗、古巴比伦的巴格达、中国古代的洛阳等,这些城市基本都是当时政治、军事、宗教、手工业和商业的活动中心。但由于生产力水平低且发展缓慢,故当时的城市一般规模小,发展比较缓慢。直到1800年,世界城市人口比重仅为5.1%左右。③

2. 加速发展前期:18世纪末到20世纪初。这一时期经历了两次工业革命,随着技术的进步,生产力突飞猛进的发展,资本主义创造了巨大财富。正如马克思和恩格斯在《共产党宣言》中指出的,"资产阶级在它的不到一百年的阶级统治中所创造的

---

① 《马克思恩格斯全集》第3卷,人民出版社1956年版,第57页。
② 《马克思恩格斯全集》第25卷,人民出版社1974年版,第371页。
③ 叶裕民:《世界城市化进程及其特征》,载于《红旗文稿》2004年第8期,第36~38页。

生产力,比过去一切世代创造的全部生产力还要多,还要大。"①机械和化学在农业中的应用,不仅增多了农产品的数量,还为工业发展提供了大量剩余劳动力。轮船、铁路、电报等的使用,使得人类征服自然的能力大大加强,人口开始快速增长,并开始向城市快速聚集。到 1900 年,世界城市人口比重已达 13.3% 左右。②特别是西方资本主义国家,20 世纪初,英国城市人口比重已达 78% 左右,法国已达 42% 左右,美国已达 40% 左右。③这一时期也出现了一些大城市,比如,20 世纪初英国伦敦人口已超过 650 万,美国纽约人口也已达 340 多万。

3. 加速发展期:20 世纪初至今。随着新一轮工业革命的兴起,人类从电气时代进入到了科技时代和信息时代。工业化的大力发展,现代农业的兴起,特别是服务业比重超过农业和工业,成为主导产业,促使城市数量日益增多,规模不断扩大,城市人口快速增加。根据联合国统计数据,2012 年 194 个国家和地区的平均城镇化率为 55.6%,城镇化率超过 70% 的有 57 个国家,中国以 52% 排名第 104 位。④ 根据世界银行统计数据显示,2015 年 260 个国家和地区平均城镇化率已达 53.9%,中国以 55.6% 排名第 139 位。⑤ 20 世纪初世界城市人口约为 2.2 亿,而 2015 年城市人口已达 39.43 亿,增长了 16.9 倍。⑥ 见图 1-1。20 世纪初人口超过 500 万的仅有英国的伦敦一个城市,而 2016 年 4 月发布的最新统计显示人口超过 1 000 万的特大城市就有 36 个,超过

---

① 《马克思恩格斯选集》第 1 卷,人民出版社 2012 年版,第 405 页。
② 叶裕民:《世界城市化进程及其特征》,载于《红旗文稿》2004 年第 8 期,第 36~38 页。
③ 汤光强:《浅析我国城镇化道路》,载于《求索》1983 年第 5 期,第 27~30 页。
④ 资料来源:UN data:http://data.un.org/Data.aspx?q=Urban+population&d=WHO&f=MEASURE_CODE%3aWHS9_96。
⑤ 资料来源:The Word Bank Data:http://data.worldbank.org/indicator/SP.URB.TOTL.IN.ZS?end=2015&start=1960&view=chart。
⑥ 资料来源:The Word Bank Data:http://data.worldbank.org/indicator/SP.URB.TOTL?end=2015&start=1960&view=chart。

500万的有79个，超过100万的有507个，其中日本的东京以3 375万位列榜首，中国的上海（2 268.5万）、北京（2 039万）、广州（1 876万）、深圳（1 224万）也进入了千万人口城市的行列。① 当今，世界产业结构在持续演进，新兴产业的发展改变了城市内外的空间结构，城市的专业化生产和分工日趋精细化。同时，随着人们生活水平的提高，城市的教育、医疗、文化艺术以及其他服务业迅速发展，城市功能越来越齐全，城市居民的生活更加便捷。

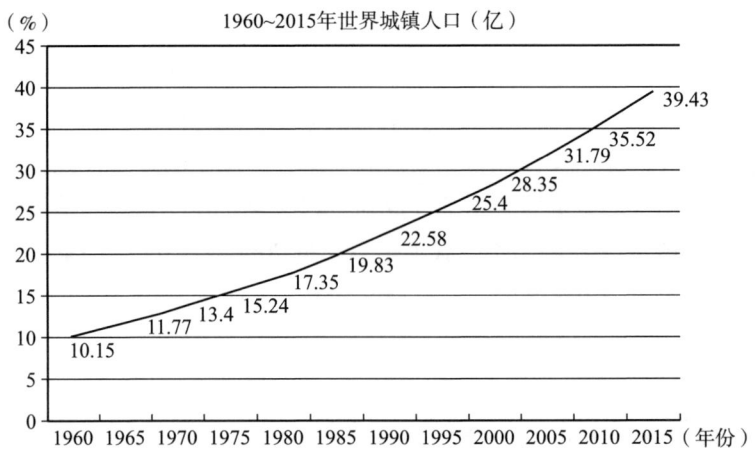

图1-1 世界城镇人口

资料来源：作者根据以下文献绘制：The Word Bank Data：http：//data.worldbank.org/indicator/SP.URB.TOTL?end=2015&start=1960&view=chart。

恩格斯在《家庭、私有制和国家的起源》中指出，城市是人类进入野蛮时代高级阶段的之后的产物。② 城市发展是人类走向文明的必经之路。英国城市经济学家K.J.巴顿（K.J.Button，

---

① 资料来源：Demographia World Urban Areas：http：//www.demographia.com/db-worldua.pdf。

② 《马克思恩格斯全集》第21卷，人民出版社1965年版，第37页。

1976）指出，"城市是一个坐落在有限空间地区内的各种经济市场——住房、劳动力、土地、运输等——相互交织在一起的网络系统。"[①] 城市是在一定区域内的经济社会大系统，对人类社会的发展进程非常重要，城市的发展代表着人类文明的进步。从某种程度上，城市的未来就是人类的未来。2010年以"城市，让生活更美好"为主题的上海世博会，为我们展示了城市未来发展的方向：未来城市会更加智能、绿色、便利、公平和协调，居民间的关系、人与自然关系会更加和谐，每位居民和游客都能共享由现代文明带来的丰硕成果。城市的发展以及城镇化最终的目的都是为了让城市成为人类的"理想家园"。

（二）城镇化与城市化

一般认为，西班牙城市规划师依勒德丰索·塞尔（1867）在其著作《城市化的基本理论》最早提出城市化一词（Urbanization）。从词语角度看，城镇包括城市（City）和镇（Town），镇特指规模小的城市，是一级行政单位。世界各国的国情不同，镇的规模大小没有统一标准，许多国家镇的规模很小，有些甚至没有镇这一级建制。中国设有镇的建制，根据国家统计局数据，2015年全国共有20 515个镇，一般人口规模与国外的小城市相当。"Urbanization"直译为"城市化"，主要表示人口由农村向城市聚集的过程，在日本和中国台湾等地又被译成"都市化"。在中国，农村人口不仅向"City"，而且也向"Town"转移，为了表达这种与国外的差别，中国学者将"Urbanization"意译为"城镇化"，20世纪80年代初开始在学术界使用。[②]《城市规划基本术语标准》（GB/T 50280-98）将城市界定为："以非农业产

[①] ［英］K.J.巴顿著，上海社科院城市经济研究室译：《城市经济学——理论和政策》，商务印书馆1984年版，第14页。
[②] 辜胜阻：《非农化与城镇化研究》，浙江人民出版社1991年版。

业和非农业人口集聚为主要特征的居民点。包括按国家行政建制设立的市和镇。"① 因此，城市化与城镇化在国外都是"Urbanization"，含义上基本相同，可以通用。在中国习惯使用城镇化，不特别说明，本书也使用"城镇化"一词。

当然，城市化或城镇化并不是仅允许乡村的人口向城镇转移，它本身是一个动态的系统，乡村以及各级城镇的人口都是在不断流动和变化的，但是总趋势是乡村人口在利益的驱使下向城镇转移。见图1-2。理想的城镇化是各级城市均衡发展的城镇化，一般大城市、特大城市和超大城市的竞争力和吸引力较大，提升中小城镇对人口的吸引力是均衡城镇化的关键。

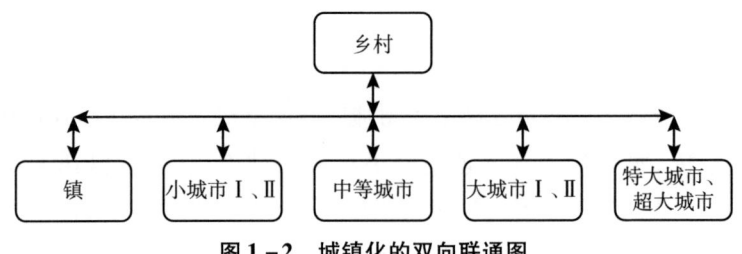

图1-2　城镇化的双向联通图

注：图中城市划分依照国务院颁布的《关于调整城市规模划分标准的通知》（2014年10月）。

资料来源：作者绘制。

（三）城镇化的内涵

城市自古有之，但城镇化是近代的历史过程。正如马克思在《政治经济学批判》（1857~1858年草稿）中所指出的，"现代的历史是乡村城市化，而不像在古代那样，是城市乡村化。"② 一般认为，在工业革命之前，城市并非先进生产力的代表，城市取代乡村成为国民经济的主体，是伴随着工业革命而发生和发展

---

① 《城市规划基本术语标准》（GB/T 50280-98），中国建筑工业出版社1999年版。

② 《马克思恩格斯全集》第46卷上，人民出版社1979年版，第480页。

的。因此,城镇化并不等于城市产生和发展的历史,它是与工业革命以来的人类现代化进程同步。

城镇化是涉及多领域的经济社会综合演进过程,其至少与经济学、人口学、社会学、地理学、城市规划学等学科直接相关,因此可以从不同的学科角度进行解读。比如,经济学将城镇化界定为农村农业经济不断向城市非农经济的转换过程。① 人口学则强调城镇化是农业人口向非农业人口转变,伴随着人口向城镇地区集中,城市人口比重不断上升的过程。② 社会学中的城镇化是指随着城市生产生活方式的发展和扩散,农民不断市民化的过程。③ 地理学主要围绕人地关系,从资源、环境和生态等结构由农村转向城市的过程来概括城镇化,城镇化是一个城市地域空间的扩大过程,包括数量增加和面积扩大。④ 城市规划学则是从人口、产业、土地及地域空间等综合的角度来看待城镇化,通过规划设计让城市更加科学合理的发展。⑤ 当然,各学科对城镇化的研究并非相互隔离,而是在随着城镇化的发展不断相互渗透和融合。

综合来看,本书认为城镇化或城市化(Urbanization)是指伴随工业化的发展,非农产业在城镇集聚、农村人口向城镇集中的自然历史过程,⑥ 包括物质和精神两个方面。城镇化既是一个新事物形成的过程,也是一个旧事物转换的过程。根据各学科对城镇化的界定,可以将城镇化的内涵和特征归纳为四个主要方面:

---

① [美]沃纳·赫希著,刘世庆等译:《城市经济学》,中国社会科学出版社1990年版,第22页。
② [美]赫茨勒著,何新译:《世界人口的危机》,商务印书馆1963年版,第52页。
③ 郑杭生:《社会学概论新修》,中国人民大学出版社2013年版。
④ 陆大道:《地理学关于城镇化领域的研究内容框架》,载于《地理科学》2013年第8期,第897~901页。
⑤ 吴志强,李德华:《城市规划原理》第4版,中国建筑工业出版社2010年版,第11~12页。
⑥ 中共中央、国务院:《国家新型城镇化规划(2014~2020年)》,中华人民共和国中央人民政府网,2014年3月16日,http://www.gov.cn/gongbao/content/2014/content_2644805.htm。

1. 经济结构的变迁，表现为非农产业扩大，第二产业，特别是第三产业比重不断提高。英国经济学家、统计学家科林·克拉克(C. G. Clark, 1957)指出，城镇化是第一产业人口不断减少，第二、第三产业人口不断增加的过程。[①] 工业和服务业的发展是城镇化必要的经济基础，为农村的农业剩余人口向城镇转移创造了条件。

2. 人口结构的变迁，表现为人口向城镇集聚，城镇常住人口不断增多，城镇人口比重逐渐提高。人是城镇化的核心，经济的发展，产业结构的升级，必然使人口向城市集聚。从人口职业结构上，农业人口转变成非农业人口，即农民转变成工业和服务业就业人员；从人口居住空间结构上，农村居民人口转移成城市居民人口，即农民转化成市民。

3. 城乡空间结构的变迁，表现为城镇空间扩张，城镇数量逐渐增多，城市建成区面积不断扩大，各种生产要素和产业活动向城镇地区聚集、融合和扩散的过程。非农产业的发展和城镇人口比重的提高，必然使城镇的数量和规模持续增加。昔日许多发展好的乡村变成小城镇，许多城市边缘的农村被吞并变成了城市社区。比如，1983~2015年中国乡的数量由35 514个减少为11 315个，平均每年取消733个乡建制；而1983~2015年中国镇和街道办事处的数量分别由2 968个和5 304个增加为20 515个和7 957个，平均每年增加532个镇和80个街道办事处。[②]

4. 观念意识和生活方式的变迁，表现为农村的传统思想观念持续转化，城市的生活方式不断扩散，并逐步成为社会主流。"农民进城"只代表实现了物质层面的城镇化，随着生产和生活环境的改观，进城农民的观念意识也会随之转变。农业转移人口只有同时实现了精神层面的城镇化，才算是彻底的城镇化。

[①] C. G. Clark, *The Conditions of Economic Progress*. Edition：3rd. London：MacMillan, 1957.

[②] 资料来源：国家统计局年度数据：http：//data.stats.gov.cn/easyquery.htm?cn=C01，经笔者计算。

（四）城镇化的动力机制

城镇化是如何实现的？受哪些因素的影响？从经济学角度看，城镇化是城乡资源流动、重组和配置的过程，需要在一定的动力作用下才能实现。城镇化的动力机制是由众多因素构成的复杂系统，可以从不同的视角、不同的层面或不同的来源等多方面概括分析。对此学术界已有许多研究成果，比如，经济增长驱动城镇化：美国经济学家 E. E. 兰帕德（E. E. Lamnpard，1955）通过研究美国经济发达地区城镇的发展历程指出，经济发展与城镇化的阶段具有很强的一致性。[①] R. M. 诺瑟姆（R. M. Northam, 1979）用实证的方法也证明了城镇化和经济增长的正相关性，经济发展是城镇化的重要动力。[②] 进行过类似研究的还有，美国地理学家莱恩·贝利（BJL. Berry，1962）、保罗·贝洛克（Bairoch Pawl）、霍利斯·钱纳里和赛尔奎（Hollis B. Chenery，Syrquin M.，1975）、周一星（1982）、徐学强等（1996）、钱陈（2005）、孟祥林（2008）等。"推—拉"合力驱动城镇化：马卜贡杰（Mabogunje，1970）提出了城乡人口迁移的系统分析模式，城乡人口迁移是在于农村和城市的控制性次系统及整个社会经济文化的调节机能，最根本的动力机制来源于城镇拉力和乡村推力。[③] 在工业化过程中，城市工业的发展提供了大量的就业机会，把农村劳动者"拉"进了城，这是城镇化的主要因素；同时，在经济的发展过程中，乡村破产"推"着大量农村人口涌入城市，这是城镇化的主导因素。[④] 政策与制度驱动城镇化：迈克尔·塞伯格

[①] E. E. Lampard, *The History of Cities in the Economically Advanced Areas*. Economic Development and Cultural Change, Vol. 3, 1955, pp. 81 – 136.

[②] R. M. Northam, *Urban Geography*. New York：John Wiley and Sons, Inc., 1979, pp. 114 – 128.

[③] 王建廷：《区域经济发展动力与动力机制》，上海人民出版社 2007 年版。

[④] 吴海林、刘韶玲：《论城市化的形成机制、发展模式与我国城市化的道路选择》，载于《兰州学刊》2001 年第 5 期，第 36~39 页。

等（Michael C. Seeborg et al, 2000）认为国家在农村和城市地区的发展政策会保证劳动力市场的统一，并为众多城乡移民开辟新的就业机会，从而促使城镇化的顺利完成。① 刘传江（1999）指出，制度安排和变迁是城镇化的推阻机制。② 陆永忠和陈波翀（2005）认为制度变迁和创新有助于降低城镇化的交易成本和系统风险，减少城镇化优势的损失。③ 中国学者普遍认同户籍制度在一定程度上阻滞了中国城镇化进程，对户籍制度的改革是更好推进城镇化的关键。利益比较驱动城镇化：傅崇兰（2003）指出，第一产业人均劳动生产率低于第二、第三产业，进城务工比在家务农收入更高，这就导致大量的农村剩余劳动力向城镇迁移。④ 曹宗平（2009）认为除了收入的差距，城乡在受教育程度、医疗条件、交通便利度等方面存在着较大的差距，致使大多数的人口通常会理性地选择到城镇生活和工作。⑤ 除了以上列举的这4种城镇化的驱动力机制，有些学者还从产业集聚、政府和市场作用、农业发展、文化、科技进步、经济全球化等方面分析城镇化的驱动力。⑥ 通过对学术界相关成果的梳理，这里发现无论从哪一个角度分析研究城镇化的动力机制都有一定的道理，但又都不系统全面，特别是不能理清各种因素的作用机理。

"力"和"动力"是物理学中的概念，是指物体对物体的作

---

① Seeborg C. Michael, Zhenhu Jin, Yiping Zhu, *The New Rural-urban Labor Mobility in China: Causes and Implications.* Journal of Socio – Economics, Vol. 29, 2000, pp. 39 – 56.

② 刘传江：《中国城市化的制度安排和创新》，武汉大学出版社1999年版，第48～59页。

③ 陆永忠、陈波翀：《中国快速城市化发展的机制研究》，载于《经济地理》2005年第4期，第78～82页。

④ 傅崇兰：《小城镇论》，山西经济出版社2003年版。

⑤ 曹宗平：《中国城镇化之路：基于聚集经济理论的一个新视角》，人民出版社2009年版。

⑥ 高佩义：《中外城市化比较研究》，南开大学出版社2004年版，第409～413页。孙振华：《新型城镇化发展的动力机制及其空间效应》，东北财经大学2014年博士学位论文，第11～13页。李萌：《我国新型城镇化建设的文化动力机制研究》，载于《改革与战略》2014年第11期，第114～118页。杨发祥、茹婧：《新型城镇化的动力机制及其协同策略》，载于《山东社会科学》2014年第1期，第56～62页。

用和力量的来源。我们借用物理学的概念来理清城镇化的动力机制,当然这里并非是物理学上的受力分析,仅仅是个类比。事实上,人类社会的任何变化都可能会直接或间接地影响着城镇化,我们分析城镇化的动力机制,主要是将关键的因素及其作用机理分析清楚。根据学术界的研究成果,本书认为城镇化的动力机制如图1-3所示。

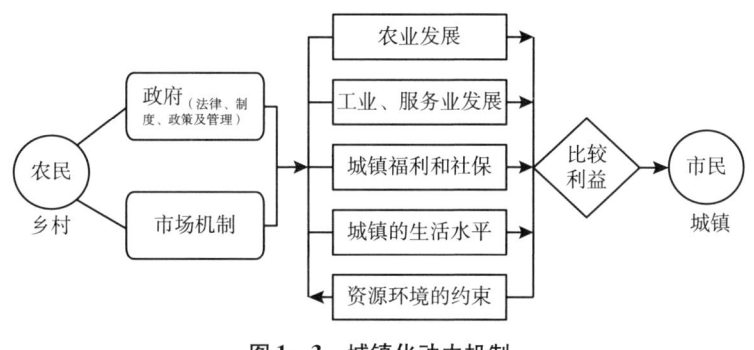

图1-3 城镇化动力机制

资料来源:作者绘制。

1. 城镇化的受力对象是农民,施力者是政府和市场,力的方向是由乡村指向城镇。城镇化的核心是人,即农民,农民的市民化是城镇化的核心问题。如果我们将城镇化比作一个农民向市民转变的运动过程,这个运动过程要有一种由乡村指向城镇的力量才能完成。所有促使农民转移到城市的因素都是源于政府或市场机制的作用,因此这种力量的施力者为政府和市场,政府的"有形之手"和市场的"无形之手"共同向农民发力,推动他们从乡村转移到城镇,由农民转化成市民。

2. 城镇化的动力机制分为三个层次。

第一,动力源。正如上面所指出的,政府和市场是城镇化的施力者,"看不见的手"和"看得见的手"也就是城镇化的动力源。一切促使农民主动进城转变为市民的"力"都是来自两个方面：一是政府颁布或出台的法律、制度和政策，以及政府对经济社会的管理状况；二是市场机制的完善和有效。动力源并非是城镇化之"力"，政府和市场只是城镇化动力产生的前提或基础，它们作用的发挥会产生城镇化的众多分力。

第二，分力系统。前文已经指出，城镇化的动力有很多，但从根本上分析，主要有五个方面。一是农业的发展。从历史上看，古代城镇形成的重要原因之一就是农业劳动生产率的提高，农业不断发展所产生的农业剩余劳动力就是市民化的主体，同时农业产品的剩余也为城镇化提供了一定的物质基础；二是工业和服务业的发展。英国古典政治经济学创始人威廉·配第（William Petty，1691）根据17世纪英国的实际情况明确指出，工业往往比农业、商业往往比工业的利润多得多。因此劳动力必然由农转工，而后再由工转商。两个半世纪之后，英国经济学家科林·克拉克（Colin Clink，1940）在威廉·配第关于收入与劳动力流动之间关系学说的基础上，计量和比较了不同收入水平下，就业人口在三次产业中分布结构的变动趋势。随着人均国民收入水平的提高，劳动力首先从第一产业向第二产业转移，当人均国民收入水平进一步提高时，劳动力便向第三产业转移。威廉·配第和科林·克拉克关于产业发展与劳动力转移的学说被后人称为"配第—克拉克定理"，即不同产业间相对收入的差异，会促使劳动力向能够获得更高收入的部门移动，随着人均国民收入水平的提高，劳动力首先由第一次产业向第二次产业移动；当人均国民收入水平进一步提高时，劳动力便向第三次产业移动。结果，劳动力在产业间的分布呈现出第一次产业人数减少、第二次和第三次产业人数增加的格局。① 由"配第—克拉克定理"可知，工业和服务业的发展是劳动力由农村转移到城镇的主要原因，因此

---

① 刘国光、杨圣明、张炳功：《现代市场经济实用知识》，吉林人民出版社1998年版。

工业和服务业在城市聚集发展是城镇化的主动力;三是城镇的社会福利和社会保障。城镇的经济发达,各种住房、教育、医疗等各方面的福利待遇都比农村高,养老、医疗等社会保障体系比农村更加完善,因此这也是城镇化的重要力量;四是城镇的生活水平。城市是各种物质资源和精神资源集中之地,城市居民不仅在教育、医疗等方面待遇比农民高,同时在交通、购物、文娱、体育、欣赏等方面的生活待遇也远高于农村。城镇的生活水平高于农村,这同样是城镇化的重要力量;正如联合国副秘书长、人居署执行主任克洛斯(Joan Clos, 2016)所指出,"无论是国内还是国际移徙,95%的人都出于经济原因或者为追求更好的生活而进入城镇地区。"① 五是资源和环境的约束。在城镇化的分力系统中不仅有动力,同时还有阻力,考虑并分析城镇化的阻力是城镇化动力机制科学合理的必然要求。城市并非在所有的方面都优于农村,特别是随着城市规模的扩大,再加之城市运营和管理不到位,"城市病"成为城镇化的主要阻力。因此,由"城市病"引起的城市资源和环境等因素的约束可以看成分力系统中的阻力。

第三,合力。驱动城镇化虽有众多的分力,他们的大小和方向可能并不相同,但最终都会按照"平行四边形法则"组合成一个力,这个合力就是比较利益。农业的发展使得农民具备了走出农村的基础,工业和服务业的发展促使农民进城务工,随着收入的提高,进城务工的农民选择在福利、社保和生活水平高的城市安家落户,改变生活方式和思维习惯,融入城市社会成为城市居民。但这其中也有一些进城务工的农民又选择了回到农村,主要是因为城市资源和环境等因素的约束,以及对城镇和乡村经济收益、生活质量、文化价值等方面的权衡比较。无论是选择进城务工并在城市定居,还是选择留在农村或进城务工又返回农村,

---

① 《联合国人居署发布〈2016世界城市状况报告〉》,联合国新闻网,2016年5月18日,http://www.un.org/chinese/News/story.asp? newsID=26177。

农民的理性选择都是基于比较利益原理。对于一个农民而言，城镇化的真正核心问题是进城就业或创业。因为只有城市才能够为人类集中地、规模化地、多样化地提供质量较好的就业和创业机会，提升居民生活质量，从而吸引农村人口进城。可见，由于城乡利益差别，对于绝大多数的农民，比较利益的合力都大于零，在这个合力的作用下他们转化成为市民。但也有部分农民，比较利益合力小于零，他们选择留在或返回农村。

二、典型国家的城镇化

作为城乡资源重置过程的城镇化，具有自身内在发展规律，但是城镇化毕竟不是一个机械的重复过程。各个国家或地区的经济社会条件不尽相同，因此都在经历着独一无二的城镇化过程，有着各自的经验和教训。对典型国家的城镇化进行比较研究，是探索城镇化一般规律的必由之路。这里所指的城镇化典型国家也是相对而言的，结合中国当前城镇化所处的阶段和面临的实际问题，发达国家选择了英国、美国、德国和日本，发展中国家选择了当前城镇化率高于中国的巴西。这里对典型国家城镇化的阐述并非全面而详尽，仅仅探求对中国新型城镇化战略有借鉴或启示意义的主要方面。

（一）英国的城镇化

英国是世界上第一个实现工业化的国家，也是最早开始城镇化并实现城镇化的国家。根据世界银行统计数据，2015年英国城市总人口约为5 380万，城镇化率已达82.6%。[①] 历史上英国

---

① 资料来源：The Word Bank Data；http：//data.worldbank.org/indicator/SP.URB.TOTL.IN.ZS？end=2015&start=1960&view=chart。

的城镇化经历了四个阶段：城镇化起步期（18世纪60年代至19世纪中叶），1760年英国城镇化率约为10%，到1851年已达到54%左右，初步实现了城镇化；城镇化加速期（19世纪中叶至19世纪末），随着第二次工业革命的推进，英国城镇化迎来一个高峰期，1900年城镇化率已达75%左右，① 基本完成了城镇化，成为一个城镇化国家；城镇化调整期（19世纪末至20世纪60年代），城镇化问题凸显，探索解决方案；城镇化新发展期（20世纪60年代至今），"逆城镇化"和"再城镇化"同时出现，但随着人口增加，英国城镇化并没有停止。根据世界银行统计数据，1960~2015年英国城镇化率呈现波动且缓慢上升趋势，1960年、1970年、1980年、1990年、2000年、2010年和2015年的城镇化率分别为78.4%、77.1%、78.5%、78.1%、78.7%、81.3%和82.6%。②

1. 工业化是城镇化的核心动力。工业化与城镇化的关系在英国城镇化历史中得到了最好的验证。恩格斯在《英国工人阶级状况》一书中指出，"人口也像资本一样地集中起来……。大工业企业需要许多工人在一个建筑物里共同劳动，这些工人须住在近处，甚至在不大的工厂近旁，他们也会形成一个完整的村镇。他们都有一定的需要，为了满足这些需要，还须有其他的人，于是手工业者、裁缝、鞋匠、面包师、泥瓦匠、木匠都搬到这里来了。……于是村镇就变成小城市，而小城市又变成大城市。城市越大，搬到里面就越有利，因为这里有铁路，有运河，有公路；可以挑选的熟练工人越来越多；由于建筑业中和机器制造业中的竞争，在这种一切都方便的地方开办新的企业，比起不仅建筑材料和机器要预先从其他地方运来，而且建筑工人和工厂工人也要

---

① 许学强、朱剑如：《现代城市地理学》，中国建筑工业出版社1988年版，第53页。

② 资料来源：The Word Bank Data：http：//data.worldbank.org/indicator/SP.URB.TOTL.IN.ZS？end=2015&start=1960&view=chart。

预先从其他地方运来的比较遥远的地方，花费比较少的钱就行了；这里有顾客云集的市场和交易所，这里跟原料市场和成品销售市场有直接的联系。这就决定了大工厂城市惊人迅速地成长。"① 正是由于在18世纪后期发生了工业革命，机器大生产取代手工业成为资本主义的主要生产方式，促使英国的经济结构发生了巨大的变革，开启了工业化进程，英国才率先开始了城镇化，并最终成为第一个实现城镇化的国家。工业化促使人口不断向以纺织、交通运输、煤炭、冶金为代表的工业聚集的城市集中，城市人口的增加促使城市交通等公共设施的快速增加，城市规模自然不断扩大。期间英国的资本主义"圈地运动"通过强制性的土地集中，不仅提高了农业劳动生产率和提供了大量剩余劳动力，推动了工业化的发展，进而也促进了城镇化的发展。总体上，英国早期的城镇化是以轻工业为先导，以交通运输业为纽带，以煤炭、化工、冶金等重工业主体，在工业化驱动下自发并持续完成。②

2. "先患病，后治疗"的城镇化道路。早期的城镇化完全是在自由市场经济条件下由工业化带动自发进行的，政府并没有过多的干预，导致英国患上了严重的城市病。首先，环境污染问题严重。在利益的驱使下，资本主义盲目的扩张性生产，致使英国主要工业城市的大气、水和土壤受到了严重污染，城市卫生状况较差。比如，空气污染：19世纪伦敦曾发生几十次毒雾事件，20世纪"雾都"仍在继续，最严重的是1952年12月伦敦烟雾事件，这次雾霾直接或间接导致12 000人因为空气污染而丧生；水污染：被英国人誉为"上帝的礼物"的泰晤士河在19世纪前河水清澈，水中鱼虾成群。19世纪至20世纪50年代，泰晤士河

---

① 《马克思恩格斯全集》第2卷，人民出版社1957年版，第300~301页。
② 辛同升：《新型城镇化实践与探索》，中国建筑工业出版社2015年版，第13~15页。

水被严重污染，鱼类几乎绝迹，美丽的泰晤士河变成了一条"奇臭的死河"。其次，城市社会底层居民住房条件恶劣。恩格斯在《英国工人阶级状况》中曾多出描写当时英国无产阶级在城市糟糕的住房条件，地下室、廉租房、大杂院等简陋肮脏，拥挤不堪，环境极差。马克思在《资本论》中也描述了贫民窟的惨状，"第一，在伦敦，大约有 20 个大的贫民区，每个区住 1 万人左右，这些人的悲惨处境超过了在英国其他任何地方所能见到的一切惨象，而这种处境几乎完全是由住宅设备恶劣造成的；第二，在这些贫民区，住房过于拥挤和破烂的情形，比 20 年前糟糕得多。即使把伦敦和新堡的许多地区的生活说成是地狱生活，也不算过分。"[①] 除此以外，还有交通拥堵、城市犯罪率高、工人处境艰难等问题。快速且无节制的城镇化所带来的"城市病"，让英国的城镇化不可再持续。问题倒逼，从 19 世纪 40 年代英国政府便开始"治疗城镇化之病"。先从环境问题入手，比如大气治理，1843 年英国议会通过了炉灶排放烟尘和控制蒸汽机的法案，1863 年又通过了《碱业法》，1906 年英国政府又颁布《制碱法》；1952 年伦敦烟雾事件后，1956 年英国政府颁布了世界上第一部现代意义上的空气污染防治法案《清洁空气法》。法律规定在伦敦城内的电厂都必须关闭，只能在大伦敦区重建，要求工业企业建造高大的烟囱，加强疏散大气污染物。还包括要求大规模改造城市居民的传统炉灶，减少煤炭用量，逐步实现居民生活天然气化，冬季采取集中供暖。1968 年又追加了一份《清洁空气法案》，要求工业企业必须加高烟囱，将烟雾排放到更高的空域，从而更好地疏散大气污染物。1974 年出台《空气污染控制法案》，规定工业燃料里的含硫上限等硬性标准。在这些刚性政策面前，烧煤产生的烟尘和二氧化硫排放减少，空气污染明显好转。到 1975 年，伦敦的"雾日"已经减少到了每年只有 15 天，

[①] 马克思：《资本论》第 1 卷，人民出版社 2004 年版，第 759 页。

1980年降到5天，伦敦此时已经可以丢掉"雾都"的绰号了。和治理大气污染类似，英国政府通过加强城市管理，出台相应的法律法规，逐渐将城镇化带来的"城市病"问题基本治愈。英国为"先患病，后治疗"付出了巨大的代价，这个教训值得中国借鉴。

3. 有益的城镇化探索。英国不仅是世界上第一个实现城镇化的国家，还是一个城镇化的试验场。比如，第一，城市规划法律化。1909年英国政府颁布了世界上第一部城市规划法《住房和城镇规划法》，首次将城市规划纳入政府职能，政府通过科学的城市规划指导城镇化的有序发展。1947年实施了《城乡规划法》及《综合发展地区开发规划法》，以法律形式明确了城乡一体化的目标，并通过规划许可证制度严格控制土地开发。1952年颁布了《城镇发展法》，针对大城市过度膨胀的问题，调整城市布局，大力发展中小城镇。2004年对《城乡规划法》进行修订，强化了政府的宏观调控，使城市规划更加有序。第二，田园城市理念。为解决城市病问题，英国著名城市学家埃比尼泽·霍华德（Ebenezer Howard，1899）设计并尝试了"田园城市"模式。霍华德于1899年组织田园城市协会，宣传他的主张。1903年组织"田园城市有限公司"，筹措资金，在距伦敦56公里的地方购置土地，建立了第一座田园城市——莱奇沃思（Letchworth）。1920年又在距伦敦西北约36公里的韦林（Welwyn）开始建设第二座田园城市，并使用了"卫星城镇"这个概念。田园城市的建立引起社会的广泛重视，欧洲各地纷纷效法；但多数只是袭取"田园城市"的名称，实质上只是城郊的居住区。第三，实行比较完整的城市社会保障体系。1601年英国颁布了被视为社会保障制度萌芽的《济贫法》，1834年又颁布了《济贫法修正案》，第二次世界大战后，英国政府又颁布了《家庭津贴法》等六项法律，构成了新的社会保障法律体系，形成了比较完整的社会保障体系，并率先成为"福利国家"。第四，创新城镇化的投融资模式。1992年英国在世界上最早推行了公私合营模式（Public Private Partnership，PPP），即政府与私人组织之间，为了合作建设城市基础设施项目，或是为了提供某种公共物品和服务，以特许权协议为基础，彼此之间形成一种伙伴式的合作关系，并通过签署合同来明确双方的权利和义务，以确保合作的顺利完成，最终使合作各方达到比预期单独行动更为有利的结果。同时，还正式实施私人融资动议模式（Private Finance Initiative，PFI），即政府以合同的方式向私营部门签订长期购买高质量的公共服务，或为城市基础设施提供资金并根据具体情况负责设计、建造和运营等事项，本质上PFI是PPP的一种类型。

（二）美国的城镇化

美国是高度城镇化的发达国家，根据世界银行统计数据，2015年有81.6%的人口居住在城市里，城市人口总数达2.62亿。[1] 作为当今世界第一的经济发达国家，历史上美国经历了城镇化初期的起步阶段（18世纪70年代至19世纪40年代），城镇化率约达到了10%；中期的快速城镇化阶段（19世纪40年代至20世纪20年代），城镇化率约达到了51.2%；[2] 后期的成熟都市区形成和转型阶段（20世纪20年代至今），当前美国已经基本达到城乡一体化。

1. 城镇化率持续增长，但速度放缓。美国的城镇化高潮出现在20世纪上半叶，也是美国工业化发展最迅速的时期，钢铁、石油、重化工、机械、汽车等大型产业及产业链体系已经建成。美国的城镇化也随着工业化的完成而基本完成，1960年城镇化率已达70%，随后一直到现在美国的城镇化并未停止。随着交

---

[1] 资料来源：The Word Bank Data：http：//data.worldbank.org/indicator/SP.URB.TOTL.IN.ZS? end=2015&start=1960&view=chart。

[2] Sukko Kim, Robert A. Margo, *Historical Perspective on U. S. Geography.* Handbool of Regional and Urban Economics，Vol. 4，2003，P. 57.

通网络的建设和私家车的普及,虽然20世纪70年代后出现了以郊区化为特征的"逆城镇化",但是城镇化率一直在增长。根据世界银行的统计数据,1970年、1980年、1990年、2000年、2010年、2015年美国的城镇化率分别为73.6%、73.7%、75.3%、79.1%、80.7%、81.6%。① 显然,美国的城镇化率在缓慢增长,1960~2015年平均增长仅为0.21%。从18世纪70年代到现在美国的城镇化率变化呈现了一个"S"型曲线。像美国这样的大国,农业是一个必要的经济部门,因此乡村人口不可能消失,城镇化率也不可能无限增加。

2. 自由市场条件下的经济发展是美国城镇化的主要动力。在推崇自由市场经济的美国,经济政治体制决定了其城镇化的模式。通过考察美国城镇化的进程可以发现,无论是19世纪50年代开始的美国初期工业化及初期城镇化,或者是20世纪60年代开始、当代正在继续深化的美国转向后工业化时代城市发展模式的调整,主要都是市场引导的经济转变,正是这些经济变化导致了美国城市的变迁,而不是政府的政策拉动了城镇化的发展。② 特别需要指出的,美国的农业发展与城镇化相互促进,城镇化带来的土地集约促使农业规模化、机械化和现代化。

3. 人口均衡分布主要是科技创新和经济发展的结果。历史上美国的城镇化始于东北部,后扩散到中西部,全国城镇化分布十分不平衡。自20世纪40年代开始,人口分布渐渐趋向基本平衡,南部、西部的人口及城市均得到稳定发展。经济结构模式的变化致使美国人口分布及城镇化模式的变化,特别是新兴制造业及高科技服务业在西部地区的建立,大大促进了人口向西迁移,促使了西部城市的发展。美国西部、南部经济的发展并没有走承

---

① 资料来源:The Word Bank Data:http://data.worldbank.org/indicator/SP.URB.TOTL.IN.ZS? end = 2015&start = 1960&view = chart。
② 张庭伟:《当代美国城市化的动力及经验教训》,载于《城市规划学刊》2013年第4期,第10~17页。

接东中部产业转移之路,而主要是西部及南部自身通过创新、发展高科技制造业及服务业引发的新型经济发展,从而带动了人口增长、城市发展。特别值得注意的是美国西部及南部的经济结构和东部、中西部十分不同,所以大区域之间具有合作性,主要是互补而不是竞争。① 空调技术的推广使美国炎热的南方成为适宜居住的地方;新型农业技术使缺水的干旱地区变成良好的农业区;高质量的教育及对现代信息科学的培育,造就了波音、微软、苹果、甲骨文为核心的领先全球新型制造业、电子及软件产业。

4. 政府在城镇化中起到了积极的重要作用。美国虽然是一个崇尚自由市场经济的国家,但并不代表政府在经济发展和城镇化的过程中没有作为。1776年美国独立后,以华盛顿为总统的政府就确立了以工立国、走工业化、城镇化之路的国家发展思路。值得指出的是,历史上美国政府推动人口西迁的政策、西部开发计划、建设横贯美洲大陆的铁路对西部地区的发展和城镇化均发挥了重要作用。20世纪20~30年代,美国政府进行的南部、西部基础设施建设项目,尤其是水电能源、公路铁路的建设为区域经济的发展和城镇化也起到了重要的推动作用。另外,美国政府还通过制定各种法律和制度来引导城镇化的发展,比如,1949年美国住房法规定,消除和防止贫民窟,促进城市用地合理化;自20世纪70年代开始实施的美国土地发展权可转让(TDR)和可购买(PDR)的制度,该制度在耕地所有权人、用地者之间搭建了直接的土地发展权交易平台,用地者替代政府出资购买规划保护区内的耕地发展权,并将之转移到规划建设区,耕地所有权人因分区管制导致的土地价值损失因而得到补偿。近年来,美国的城镇化率基本与美国的人口增长率同步,除了较高

---

① 张庭伟:《当代美国城市化的动力及经验教训》,载于《城市规划学刊》2013年第4期,第10~17页。

的出生率,移民是美国人口增长的一个最重要原因,而绝大部分移民的目的地都是美国的城市。事实上,美国政府在如何接受和安置移民,使其融入美国城市社会的某些做法,中国可以借鉴用来解决农民工市民化问题。

5. 打造都市圈和城市群,构建多层次的城镇体系。美国在城镇化的过程中,打破区域界限,注重区域之间的统筹联动,着力打造大"都市圈"和"城市带",依托大中城市,充分发挥中心城市的辐射带动作用,构建集聚度高、开放式、多层次的城镇体系,形成了国际性大都市、全国性中心城市、区域性中心城市、地方小城市和中心镇等不同层级的城市体系。全国形成了三大城市群:东北部城市群包括波士顿、纽约、华盛顿、费城、巴尔的摩等中心城市和一系列中小城镇,绵延700公里,宽约100公里,是美国第一大城市群,城镇化水平很高;第二大城市群分布于五大湖南部,从密尔沃基开始,经过芝加哥、底特律、克利夫兰到匹兹堡;美国西海岸的加利福尼亚州分布着第三大城市连绵带,它北起旧金山湾区,经洛杉矶、圣地亚哥直到墨西哥边境。三大城市群成为美国的政治、经济、文化中心,在其辐射带动下,大量的小城镇获得了快速的发展,美国在城市空间布局上形成了层次分明、定位明确、功能互补的城镇体系。① 多层次的城镇化体系,也使得美国基本实现了城乡一体化。

美国城镇化也有很多失误和教训,比如,城市公共设施老化、交通堵塞、居民通勤成本过高、环境污染等。2013年12月3日,底特律成为美国历史上最大破产城市。底特律的破产实质上并非美国汽车行业的衰落,而是一个城市发展规划的问题,产业单一、人口结构不合理、大干快上的超前城镇化模式等因素是底特律走到破产的主要原因。底特律的教训对中国城镇化具有一

---

① 刘恩东:《美国如何推进城镇化:以中小城镇建设为重点》,载于《学习时报》2012年12月17日,第2版。

定的警示作用。

(三) 德国的城镇化

德国的工业化晚于英国和法国,同样德国的城镇化起步也相对较晚。德国的城镇化可分为四个阶段:城镇化起步期(19世纪30~70年代),随着19世纪30年代德国工业化的起步,城镇化也逐渐开启;城镇化高速发展期(19世纪70年代至20世纪初),1871~1910年德国城镇化率从36.1%升至60%;① 城镇化停滞期(20世纪初~40年代末),两次世界大战致使德国城镇化停滞不前;城镇化成熟发展期(20世纪50年代以来),第二次世界大战后至20世纪60年代德国城镇化又经历一次快速发展时期,根据世界银行统计数据,1960年德国城镇化率已达71.4%,之后的50多年基本处于波动式的缓慢增长阶段,2015年城镇化率为75.3%,年均城镇化增长率仅为0.07%。② 德国是世界上城镇化发展非常均衡的国家,从大城市到小城镇差别很小,等值化发展的城乡一体化程度很高。③

德国总体上城市规模小、数量多、分布均衡,人口呈现分散化。德国国土面积35.7万平方千米,略小于中国的云南省(39.4万平方千米),2015年人口为82 241万人,在欧洲属于高密度人口国家。④ 2015年德国最大城市柏林的人口408.5万,位列世界第98位,其他人口过百万的城市为科隆-波恩(211.5万)、汉堡(209.5万)、慕尼黑(200万)、法兰克福(193

---

① [德]卡尔·迪特利希·埃尔德曼著,华明等译:《德意志史》第3卷,商务印书馆1986年版,第57页。
② 资料来源:The Word Bank Data, http://data.worldbank.org/indicator/SP.URB.TOTL.IN.ZS?end=2015&start=1960&view=chart。
③ 石忆邵:《德国均衡城镇化模式与中国小城镇发展的体制瓶颈》,载于《经济地理》2015年第11期,第54~61页。
④ 资料来源:UN data, http://data.un.org/Data.aspx?q=+population&d=PopDiv&f=variableID%3a12。

万)、斯图加特 (138.5 万)。① 德国有超过三分之二的城市人口都生活在 10 万人以下的小城市 (镇)。② 城市和人口均衡分布的主要原因：一是产业的分布。德国以制造业闻名于世，但大型的制造业基地，一般不是在柏林这种大城市，机械、汽车等配件工业分布在众多的中小城镇；二是行政和公共服务部门的分布。德国的地方政府行政部门分散在各个城市，而不是集中在某几个中心城市。医疗、教育等公共资源也不是集中在某几个大城市，而是均衡的分布在大大小小的城镇；三是有效的发展制度和政策。为了让中小城镇获得进一步的发展，德国从城市发展立法、城市规划先行、资源分配注重均衡、统一健全的社会保障体系③、双元制的职业教育体系到整个经济社会治理机制，从不同角度、多种措施创造各种物质和文化条件，满足中小城镇居民合理的工作与生活需要，推动城乡一体化发展，避免了很多发达国家曾经遭遇的"城市病"难题。从德国的城镇化经验来看，城镇化是一个国家或地区综合实力的体现，提高城镇化的质量需要在各方面综合发力。德国"去中心化"的均衡城镇化发展模式，防止了人口向大城市的过度集中，在"城市病"防治和经济社会的可持续发展中发挥了关键的作用，值得中国在新型城镇化过程中借鉴。④

(四) 日本的城镇化

日本是世界上城镇化发展水平较高的国家之一，在人口超过 1 亿的国家中，日本的城镇化率最高，2015 年为 93.5%。在明治

---

① 资料来源：Demographia World Urban Areas：http://www.demographia.com/db-worldua.pdf。
② 高佩义：《中外城镇化比较研究》，南开大学出版社 2004 年版，第 95 页。
③ 19 世纪 80 年代，德国颁布的《疾病社会保险法》《工伤事故》《老年和残障》，标志着世界上第一个最完整的保险体系的建立，社保制度产生。
④ 蒋尉：《德国"去中心化"城镇化模式及借鉴》，载于《国家行政学院学报》2015 年第 5 期，第 113~116 页。

维新之前，日本是一个小农经济占主导地位的封建国家。1868年明治天皇建立新政府，进行近代化政治改革，建立君主立宪政体。这次改革使日本成为亚洲第一个走上工业化道路的国家，随着西方文化、社会思潮的输入和工业化发展，加速了小农经济的瓦解，推动了城乡经济、社会和文化的融合，日本也随之开启了城镇化的历程。日本的城镇化可以分为四个阶段：城镇化初始期（19世纪60年代至20世纪50年代），1868年日本城镇化率约10%，1940年城镇化率约为37.9%。由于第二次世界大战的影响，1950年城镇化率仍为38%左右；① 城镇化加速期（20世纪50年代初至70年代中期），1975年城镇化率已达75.7%。在日本经济增长的黄金期，日本城镇化也步入了快速发展时期，1950~1975年年均城镇化增长率为2.5%；城镇化停滞期（20世纪70年代中期至20世纪末），2000年城镇化率为78.6%。随着日本经济的"迷失"，城镇化也处于徘徊不前的状态，1975~2000年年均城镇化增长率仅为0.19%；城镇化提升期（21世纪初至今），2015年城镇化率已达93.5%。随着现代服务业等新兴产业的崛起，日本城镇化又迎来了一个高潮，2000~2015年年均城镇化增长率为0.99%。②

1. 城镇化随工业化完成而完成，又因现代服务业的发展而提升。日本明治维新后开始向欧洲学习，推行工业化，先以轻工业为主，形成了京滨和阪神两个著名的工业带；后突出重工业化战略，产业升级，人口向重工业区集聚，形成著名的京滨、中京、阪神和北九州四大工业带，带动了"环太平洋城市群"建设。20世纪70年代中期，随着日本工业化的完成，日本的城镇

---

① 刘吉双、衣保中：《日本城镇化"绿色发展"新动力方向研究》，载于《现代日本经济》2015年第6期，第34~41页。

② 资料来源：The Word Bank Data：http：//data.worldbank.org/indicator/SP.URB.TOTL.IN.ZS? end = 2015&start = 1960&view = chart。

化也基本完成。① 20 世纪 70 年代后，日本的第三产业超过第二产业，并一直保持稳定增长。20 世纪 90 年代以来，随着经济的发展和人民生活水平的提高，制造业的跨国转移，日本转向以信息产业为主导的现代服务业。根据联合国统计数据，2000 年日本服务业占 GDP 的比重已达 67.3%，2014 年增至 72%，② 现代服务业取代传统制造业成为日本经济的主体，也为城镇化又增加了新的动力。

2. 大都市圈为主导，中小城镇协同发展。日本人多地少，大城市土地资源利用率高，发展大城市节约土地资源，解决了人多地少的矛盾，从而最大限度地保护了耕地和森林。日本的城镇化并非是某个大城市突起，而是三大都市圈并行发展，即"东京都圈"、"名古屋圈"（又称"中部圈"）、"大阪圈"（又称"近畿圈"）。日本人口约 1.27 亿，而三大都市圈人口占比约 60%，经济总量占比超过 65%，显然三大都市圈主导着城镇化和经济的发展。都市圈的形成是自然地理、社会文化、经济政治等因素共同的结果，日本也非常重视小城镇的建设，将小城镇纳入都市圈整备计划，政府通过政策支持，主动引导制造业及高新技术产业到小城镇落户，缩小大城市与中小城镇的差距。日本在城镇化过程中，政府发挥着十分重要的作用。政府通过法律和政策的引导，确保各级城市及乡村均衡发展，提高城乡一体化水平。

3. 重视城市管理和运营效率。城镇化不仅仅是城市扩大，更重要的是如何搞好规划、建设与管理城市，提高城市运营的效率。日本城市引人注目的特征是它的城乡一体化形象，消除了城乡二元结构，奠定了城市文明的社会基础，这与日本政府注重城市管理和运营效率密不可分。比如，东京都市圈的轨道交通网络

---

① 侯力、秦熠群：《日本工业化的特点及启示》，载于《现代日本经济》2005 年第 4 期，第 35~40 页。

② 资料来源：UN data：http：//data.un.org/Data.aspx? q = GDP&d = WDI&f = Indicator_Code%3aNV.SRV.TETC.ZS。

的科学规划和建设为城市人口与功能的均衡布局奠定了前提条件。日本的城市规划与建设管理始终体现了"生活中心"的文化原理。日本的智慧城市建设规划走在世界城市前列,智慧城市建设遵循"+互联网"思维,即城市规划和建设首先明确城市未来发展面对的生活问题,其次借助信息技术力量,挑战未来城市问题,探索未来城市结构。把城市定位为满足居住者基本生活需求的基础社会,这是日本城市始终保持务实发展的根本原因。①

4. 城镇化过程中的"兼业农户"现象。兼业农户顾名思义,就是除了从事农业生产和经营,还到工厂打工,或者到城市从事服务业。兼业农户与中国的农民工类似,亦工亦农或亦商亦农。在日本兼业农户享受税收优惠,政府通过税收优惠政策,完善社会保障制度,推进城乡公共服务均等化,以及针对性的职业技术培训维护农民对土地的热情,同时也能够保证城乡居民的收入差距不会太大。注重以专项拨款等方式支持富有地方特色的农村发展特色农业,鼓励工商企业向农村延伸的政策,使传统农民足不出户,就能有多种职业选择。这些政策和措施使日本的农村产生很大变化,农村的发展保证了城镇化的高质量推进。日本在城镇化初期,其农村问题也较为突出,农业生产上人多地少、技术落后,农村发展滞后,农民收入低下,城乡二元结构突出,城乡关系失调也相当显著。就像解决兼业农户问题,在城镇化进程中,日本政府通过法律规制、政策创新、体制变革等举措,逐步实现了城乡基层治理在组织体系、方式、资源等方面的趋同化和一体化,并有效化解了城镇化所带来的治理难题。

5. 日本城镇化过程中房地产泡沫的警示。1985年"广场协议"之后,在美国的施压下,日元连续大幅度升值,给日本对外出口造成负面影响。为防止经济下滑,日本政府将官方利率调至

---

① 李国庆:《日本城市建设与管理的基本理念》,载于《中国党政干部论坛》2016年第4期,第34~38页。

极低。日元升值和宽松货币政策的背景,加上长期以来日本政府对银行的过度保护、金融监管存在漏洞、信息披露制度不健全、银行风险意识淡化等因素,大量资金被释放出来,并流向了股市和房地产市场,地价开始暴涨,房地产泡沫逐渐形成。比如,1990年东京的地价市值就上涨到相当于整个美国的地价!1990年3月27日,大藏省发布了被称为日本房地产泡沫破灭的"引火擎"的"金融机构不动产融资总量限制"的通知,开始对不动产融资进行限制。随后,日本各大银行开始大幅度减少发放有关房地产的贷款规模,提高贷款利率,并开始征收地价税。这些措施对抑制房价上涨产生了效果,日本房地产泡沫走向破灭。1991年以后,日本地价开始明显下跌,大都市圈地价下降最为惨烈,当前日本的住宅价格还不到泡沫时期的一半。日本房地产泡沫破裂到现在,经济始终没有走出萧条的阴影,失落的10年之后是另一个失落的10年。城镇化与房地产市场的发展有着直接的关系,中国在新型城镇化的过程中要密切关注房地产市场过热,以防重蹈日本的覆辙。

(五) 巴西的城镇化

根据世界银行的统计数据,巴西是金砖国家中城镇化率最高的国家,2015年已达85.7%,其他的四个国家分别为中国(55.6%[①])、俄罗斯(74.0%)、南非(64.8%)、印度(32.7%)。[②] 拉美国家的城市化被概括为"过度城镇化",其典型特征是人口高度城镇化但缺乏城市就业的支撑,巴西就是其中的典型之一。巴西的城镇化可以分为三个阶段:城镇化起步期(19世纪末至20世纪40年代),和墨西哥等国家不同,巴西在殖民地时期之

---

① 中国官方公布的2015年城镇化率为56.1%。资料来源:http://www.gov.cn/xinwen/2016-04/19/content_5065930.htm。

② 资料来源:The Word Bank Data:http://data.worldbank.org/indicator/SP.URB.TOTL.IN.ZS?end=2015&start=1960&view=chart。

前，土著的印第安人口稀少，经济发展水平低，城市尚未出现，16世纪30年代才出现第一批殖民者防御用的城镇。移民和种植业的发展，促使了巴西城镇化的起步，1940年城镇化率已达约31%；城镇化加速期（20世纪40年代至80年代），工业化和经济高速增长带动了城镇化的快速发展，1968~1973年期间，巴西经济创造了前所未有的高增长，GDP年平均增长率达10%以上，被誉为"经济奇迹"。1950~1980年巴西全国人口平均增长率为2.86%，而城市人口年平均增长率高达5.64%。① 根据世界银行的统计数据，1960~1980年城镇化率由46.1%增长至65.7%，年均城镇化增长率为0.98%；城镇化平稳发展期（20世纪80年代至今），随着产业结构的调整，快速城镇化所带来的各种弊端逐渐暴露，政府开始施策调控，巴西城镇化率减慢，1980~2015年年均城镇化增长率为0.56%。②

1. 过渡城镇化。根据世界银行统计数据，1964年巴西城镇化率为50.1%，到1986年城镇化率已达70.7%，大约23年的时间巴西就走完了从城市化中期到后期的所有过程，这个过程几乎只相当于发达国家的一半时间。从收入来看，人均收入没有提高的城镇化是"虚假城镇化"，因此欠发达地区的城镇化率一般较低。根据联合国统计数据，巴西2005年人均GDP为8 567美元，而同期世界发达地区人均GDP为28 296美元，是巴西的3.3倍，但是巴西的城镇化率却比发达地区平均值还高10%。③ 显然，巴西的人口城镇化速度过快、水平过高，属于过度城镇化。巴西在城镇化率快速增长期间，由于没有充分考虑到城乡结构因素、城市基础条件、工业产业布局、城市体系结构等方面影

---

① 张宝宇：《巴西城市化进程及其特点》，载于《拉丁美洲研究》1989年第3期，第40~47页。
② 资料来源：The Word Bank Data：http：//data.worldbank.org/indicator/SP.URB.TOTL.IN.ZS? end =2015&start =1960&view =chart。
③ 资料来源：www.unpopulation.org。

响，导致城镇化率速度增加很快、城镇化水平短时间内提升，但城镇化的质量却没能同步增长。也就是巴西没有制定相应的城市化政策来很好的解决可能出现的各类城镇化问题。过度城镇化给巴西带来城市失业严重、收入差距大以及"城市病"等问题。

2. 贫民窟问题。因为快速的城镇化，巴西所有的城市都存在或曾经长时间存在住房短缺问题，特别是中低收入人群。住房供给不足以及分配不均衡，迫使大量城市贫困人口涌向城市的棚户区或其他非正式区域，从而形成了贫民窟（Slumdog）。比如，坐落在科尔科瓦多山半腰的罗西尼亚贫民窟是南美最大的贫民窟，因 2002 年电影"上帝之城"而扬名世界。巴西城市里的贫民窟有科提斯、法维拉和洛特门图斯三种形式，但不论哪一种形式贫民窟都存在着诸如安全用水不足、卫生设施和其他基础设施不足、住房建筑结构差、人口过密等问题。[①] 贫民窟一直是犯罪、卖淫、吸毒、走私的基地和"天堂"，同时又最有可能成为传染病肆虐的源头，这里深刻反映了巴西发展过程中的社会疾病。

3. 中等收入陷阱。一般而言，城镇化率从 50% 到 70% 的过程，也是一个国家现代化的过程。巴西虽然在 20 世纪 90 年代城镇化率已超过 70%，但快速城镇化发展中积聚的矛盾集中爆发，使得巴西并未完成现代化过程。1974 年巴西人均 GDP（现价美元，以下同）突破 1 000 美元，进入中等收入国家行列。但是，20 世纪 70 年代以来，巴西人均 GDP 始终在中等收入区间内波动，成为典型的落入"中等收入陷阱"的国家。根据世界银行的统计数据，巴西 1982 年人均 GDP 为 1 435.2 美元，2011 年虽然达到 13 039.1 美元，但随后又跌入中等收入行列，2015 年为 8 538.6 美元。[②] 巴西陷入中等收入陷阱 40 多年，与其城镇化自

[①] 颜俊：《巴西人口城市化进程及模式研究》，华东师范大学 2011 年博士学位论文，第 153~167 页。

[②] 资料来源：The Word Bank Data：http://data.worldbank.org.cn/indicator/NY.GDP.PCAP.CD。

身矛盾难以克服,经济社会体制与机制的更新进入临界,技术创新乏力等因素直接相关,这些教训十分值得中国借鉴。

4. 农业和农村问题突出。在巴西由传统农业社会向城市社会转型的过程中,农业和农村问题是推动社会流动的重要因素之一。2015年巴西农村人口约2 974.2万,占全国人口14.3%左右。巴西城镇化过程中,城市人口不断增多,农村人口不断下降。但农村人口下降并不是建立在农业生产率的相应增长的基础上,这根源于巴西的土地制度。① 巴西约70%的土地为私人有所,土地可以自由买卖。在农村,约0.9%的农场主拥有超过44.6%的土地,而40%的农民只拥有约1%的土地。在快速城镇化的刺激下,很多农场主囤积土地并非为了耕种,而是投机的需要。农场主获得了更多的土地,耕种产量却不断降低;小农场主的产值虽高但规模小,也纷纷放弃耕种。在快速城镇化的过程中,巴西的农业和农村并未得到同步发展,一批失地、失业、无住房、贫困农民成为农村不稳定因素。

针对城镇化过程中的问题,巴西政府采取了许多政策,试图校正过度城镇化带来的问题。比如,有针对性的产业政策,支持劳动密集型企业发展,尤其是在一些中小城市支持纺织、服装、皮革等产业发展;实施区域协调发展政策,促进巴西的中西部等地区发展;扩展的都市区政策,促使都市区的核心区与周边中小城市、小城镇协同发展;在农村进行土地制度改革,稳定农业和农民,对于无地、无其他收入的农民,巴西政府通过发放贷款的方式予以支持;加大教育培训力度,提升农村转移人口的劳动技能。

(六) 典型国家城镇化的经验与启示

城镇化伴随着工业革命而兴起,18世纪60年代从英国发起

---

① 吴国平、武小琦:《巴西城市化进程及其启示》,载于《拉丁美洲研究》2014年第4期,第9~16页。

的工业革命，机器大工业逐渐取代了工场手工业，生产方式的革新带动了城市的繁荣，驱动人类社会由农业文明向工业文明转变，以及由农村向城市转移。通过对典型国家城镇化过程的分析看，各国城镇化所持续的时间、经历的波动以及最终的水平和质量各不相同，但有两点比较一致，一是城镇化率整体还在增长，城镇化并未停止；二是城镇化的速度基本遵循了"S"型发展轨迹，即初期缓慢，中期加速，后期又放慢。

1. 工业化是城镇化的主要驱动力，城镇化要与产业发展相协调。正如前文所述，人们为什么喜欢到城里"凑热闹"呢？从经济上来看，就是城市能创造出更高的收入。工业化使得城市的经济密度增高，城市的经济密度高于人口密度，必定吸引更多的人口聚集。[①] 英国、美国和德国等发达国家的城镇化基本和工业化同步，整体来看与工业化相辅相成；而巴西等拉美一些发展中国家属于过度城镇化，造成了比较严重的乡村凋敝，同时城市贫民数量剧增，贫民窟问题突出。日本虽然人地矛盾突出，但对农业采取了特殊的保护措施，从而避免了农村被城市"吸空"而衰退。各国的城镇化历程表明，在城镇化过程中，应注重城镇化与产业同步发展，超越经济发展阶段和工业化进程的城镇化是畸形的。英国、美国、德国和日本等发达国家在工业化结束之后，城镇化仍然没有止步，是因为产业的创新发展和产业结构的持续调整，特别是现代服务业的兴起，为提高城市的经济密度又增添了新的动力。城镇化要与产业发展相协调，不仅仅是指城镇化与工业化协调发展，还包括服务业和农业。一方面对于城市，要推进城镇化与工业和服务业的同步发展；另一方面对于农村，要实现城镇化与农业现代化协调发展。

2. 市场和政府相结合推进城镇化。当今，各国的城镇化都有政府的参与。曾经英国和美国在实行自由放任式的城市发展模

---

① 周其仁：《城乡中国》上册，中信出版社2013年版，第9页。

式，为此付出了"先患病，后治疗"的高昂代价。实施证明，城镇化发展好的国家都是既发挥了市场机制的作用，同时又发挥了政府的调控作用，比如德国和日本。政府通过基于市场的法律、制度和政策，加强城市科学规划，加快公共基础设施建设，健全社会保障体系，保护城市生态环境，较好地解决了市场机制带来的不足，引导城镇化健康发展。

3. 因地制宜，以中小城镇为重点，促进各级城镇均衡发展。从各国的城镇化进程来看，没有完全相同的城镇之路，即便在同一个国家，城镇化的进程也不可能完全一致。比如，美国的城镇化是从东北部到中西部，再到西部和南部逐渐扩散展开的。在城镇化进程中，让基础条件好的地区率先发展，并在各个区域间梯度转移，逐渐展开，是很多国家城镇化的重要特征。但从整体来看，以都市圈或城市群为主导，以中小城镇建设为重点，构建多层次的城镇体系，实现城镇的均衡发展和城乡一体化发展，是各个国家城镇化共同的目标。

4. 创新是提高城镇化质量和水平的关键。城镇化是经济和社会结构转变的动态平衡进程，受到来自城市和乡村经济社会多种因素的影响。从典型国家的城镇化经验和教训来看，创新是提高城镇化质量和水平的关键。一方面是法律制度的创新。比如，英国针对贫民窟问题，1868年颁布《工人住房法》，住房拥挤得到了真正的缓解；针对城市公共交通和公用设施不足的问题，英国1883年通过的《廉价火车法》在一定程度上改变了工人的流动性和城市面貌；20世纪60年代以后，日本出台了一系列的农业政策，建立了农地流动市场中介服务组织，促进了农地流动，扩大了经营规模，实现了资源优化配置。另一方面是以科技为核心的产业创新。比如，美国西部和南部地区的城镇化被誉为"阳光带"城市崛起，崛起的主要原因并不是承接北部和中部的转移产业，而是科技创新而带动的产业结构调整。高新技术产业的迅速发展，形成了美国西部和南部产业经济的突出特征，这类产品体积小，附加值高，从而抵消了因城市地点偏僻、交通不便等不利因素。科技和产业的创新，使得西部和南部地区具备了比较优势，因此人口和资本必然向"阳光带"转移。

5. 保护生态环境，集约利用土地。随着城镇化的发展，保护生态环境已经成为当今世界各国都必须面对的一个重要问题。城镇化虽然提高了人类文明的程度，但生活方式改变导致了能源消耗的大幅度上升和温室气体排放的大量增加，并由此引发了全球性气候变化问题。《2016世界城市状况报告》（The World Cities Report）指出，"1950年至2005年间，全球城市化水平从29%跃升至49%，同期由焚烧化石燃料产生的二氧化碳排放量增加了至少500%。目前，城市的能源消费占到全球总量的60%至80%；因能源供应和交通产生的温室气体排放占总量的70%。"① 城市各类废弃物排放显著增加不断加大对于环境的压力，并成为全球性难题，这显然是不可持续的发展模式。生态环境是城镇化的生命线，典型国家的城镇化过程中都有"先污染，后治理"的经历，有些国家或城市解决处理得好，比如日本的东京、英国的伦敦等，但也付出了沉重的代价；也有些国家或城市解决处理得不好，比如巴西的里约热内卢，因举办2016年奥运会，其城市污染问题多次被媒体曝光。城镇化和保护生态环境应该同步进行，在推行城镇化的过程中，完善环境保护法律体系和管理系统，宣传良好的环保意识。比如，德国从20世纪70年代开始进行环境立法，德联邦和各州的环境法律和法规共有8 000余部，此外还有欧盟的约400个相关法规；不但有法律，各级政府都设有环保机构和环保警察，确保执法力度；除了政府的力量，德国还广泛动员公众参与环保的各项工作，并注重全民的宣传教育形成环境保护的自觉性。随着资源环境约束压力的加大，城镇化质量较高的国家都选择了集

---

① 《联合国人居署发布〈2016世界城市状况报告〉》，联合国新闻网，2016年5月18日，http://www.un.org/chinese/News/story.asp?newsID=26177。

约化的城镇化发展模式。在美国面对城市"摊大饼"式的蔓延，很多学者自20世纪80年代就提出"紧凑型"城市和城市理性增长的概念。如何尽可能减少对自然资源的占用成为城镇化过程中需要解决的重点问题，即使是美国这样一个土地等各种资源条件较好的国家也在反思其占地多、能耗高的城镇发展模式。

三、城镇化的一般规律

（一）城镇化的发展规律

1. 城镇化既是发展生产力的过程，也是调整生产关系的过程。城镇化是社会生产力发展到一定阶段的产物，在一定程度上，生产力的水平决定着城镇化的水平和质量。同时，城镇化是城乡经济社会结构的变化过程，这种变化本质是就是社会生产关系的变化。从生产力和生产关系的矛盾运动原理我们可知，生产力是推动经济社会发展的最终决定力量，生产关系一定要适应生产力的发展。因此，一个国家或地区的城镇化要与经济发展水平相适应，城镇化的过程也是发展生产力和调整生产关系的过程。在城镇化过程中，特别是农村转移人口的市民化过程，政府要主动采取各种措施调整生产关系，使之适应生产力的发展、推动生产力的发展，进而促进城镇化的健康发展。

2. 城镇化与工业化的关系。学术界基本认同，工业化与城镇化具有一致性，工业化从生产、消费需求和结构转变等方面驱动城镇化的发展，同时城镇化也能促进工业化进一步的发展。但某些国家的实践表明，工业化和城镇化关系正在疏离，第三产业发展或经济服务化则对城镇化进程起了越来越明显的主导作用。[①] 正

[①] "工业化与城市化协调发展研究"课题组：《工业化与城市化关系的经济学分析》，载于《中国社会科学》2002年第2期，第44~56页。

如，前文所提到的钱纳里等人曾总结了城镇化与工业化的变动模式，即随着人均收入水平的上升，工业化的演进导致产业结构的转变，带动了城镇化程度的提高，见表1-1。城镇化和工业化要有序协调，同时就业结构和产业结构之间也会发展有规律的变动，随着产业由农业向工业、继而转向以服务业发展为主，生产要素向城市集中，先是工业随后是服务业的就业比重就会上升，从而城镇人口的比重也会逐渐提高。

表1-1　　　工业化与城市化关系的一般变动模式

人均GNP		GNP结构（%）		就业结构（%）		城镇化率（%）
1964年美元	2010年美元	工业	非农产业	工业	非农产业	
70	420	12.5	47.8	7.8	28.8	12.8
100	600	14.9	54.8	9.1	34.2	22
200	1 200	21.5	67.3	16.4	44.3	36.2
300	1 800	25.1	73.4	20.6	51.1	43.9
400	2 400	27.6	77.2	23.5	56.2	49
500	3 000	29.4	79.8	25.8	60.5	52.7
800	4 800	33.1	84.4	30.3	70	60.1
1 000	6 000	34.7	86.2	32.5	74.8	63.4
1 500	9 000	37.9	87.3	36.8	84.1	65.8

注：2010年美元与1964年美元的换算，直接使用此期间美国GDP减缩指数，换算因子为6。

资料来源：Hollis Chenery, Moises Syrquin, *Patterns of development*, 1950-1970. Oxford University Press, 1975.

3. 诺瑟姆曲线。美国地理学家 R. M. 诺瑟姆（R. M. Northam, 1979)[①] 通过对英、美等国家 100~200 年的城市人口

[①] R. M. Northam, *Urban Geography*. New York: John Wiley and Sons, Inc., 1979, pp. 65-67.

占总人口的比重变化数据总结一个规律：一个国家城镇化发展过程的轨迹是一条被拉长的"S"型曲线，这条曲线被称作诺瑟姆曲线。S型曲线将城镇化进程分为三个阶段：初期阶段，城镇化进展比较缓慢，城镇化率在30%以下；中期阶段，城镇化加速发展，城镇化率在30%~70%；后期阶段，城镇化速度又趋于缓慢，城镇化率超过70%，见图1-4。诺瑟姆曲线揭示一个国家或地区的城镇化会经历一个先慢、后快、再慢的发展过程，城镇化的发展水平同其所处的发展阶段相关。通过前面对典型国家城镇化的分析，我们不难发现，它们基本都遵循诺瑟姆曲线的规律。

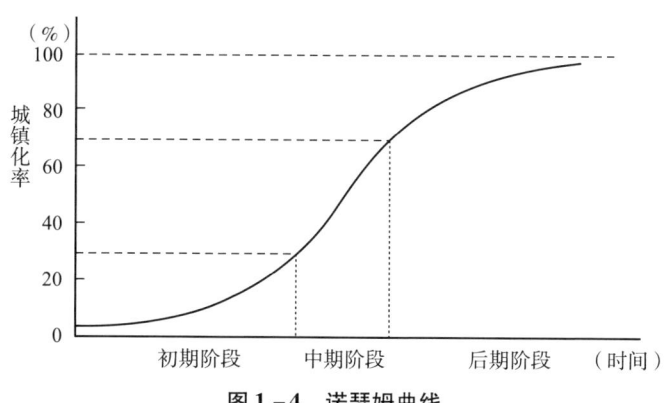

图1-4　诺瑟姆曲线

资料来源：作者根据诺瑟姆曲线的特征绘制。

4. 城乡之间的关系。在城镇化的过程中，城市和乡村虽然是两个独立的系统，但这两个系统并非相互隔绝。恩格斯在1847年写成的《共产主义原理》中曾提出城乡融合的理念，通过把生产发展到能够满足全体成员需要的规模，彻底消灭阶级和阶级对立，进而消除旧的分工、进行生产教育、变换工种、共同享受福利，并达到城乡的融合，使社会全体成员的才能得到全面的发展。① 霍华德（Ebenezer Howard，1898）的田园城市理论认为，城市的发展不是要把乡村排斥在城市之外，而是将乡村纳入城市之中。刘易斯（Lewis, W. A., 1954）② 认为一个国家在发展过程中存在两个部门和两个区域，即工业和农业、城市和乡村，只要城乡存在收入差距，乡村剩余劳动力就会持续转移，直到城镇化和工业化达到一个较高水平为止。刘易斯的二元经济结构理论强调在城乡关系中，起主导作用的是经济效率高的现代生产部门和繁荣的现代城市。保罗·罗宾·克鲁格曼（Paul R. Krugman，1953）③ 的"中心—外围"理论指出，城镇化是向心力和离心力共同作用的结果。城镇化的过程中，工业部门和城市处于经济发展的中心，起着主导经济的作用，外围的农业部门和农村，从属于中心的工业部门和城市，并由此形成不对称的发展关系。从城市化的历史来看，城乡发展虽然不平衡，但也并非是对立的。科技的进步促使了工业的发展和城市的崛起，农业和乡村也在随之而发展，要统一和协调城乡的发展，使之紧密结合、依赖共生、互促发展。这其中政府的作用十分重要，政府要通过法律、制度和政策，引导城乡资源合理流动，避免城乡分割。

（二）城镇化的基本模式

美国著名城市规划学家弗里德曼（J. Friedmann）将城市化过程分成两种类型：城市化Ⅰ和城市化Ⅱ。其中城市化Ⅰ是可见的物化了的或实体性的过程，主要表现在人口和非农业活动在规模不同的城市环境中的地域集中和非城市型景观转化为城市型景观的地域推进；城市化Ⅱ是抽象的、精神上的过程，主要体现在

---

① 恩格斯：《共产主义原理》，人民出版社1973年版。
② Lewis, W. A., *Economic Development with Unlimited Supply of Labor*. Manchester School, May 1954.
③ Krugman, P., *Increasing Returns and Economic Geograghy*. Journal of Political Economy, Vol. 99, No. 3, 1991, pp. 483–499.

第一章　绪论：城镇化的基本理论

城市文化、城市生活方式和价值观在农村地域中的不断扩散。①正如前文所述，城镇化包括物质和精神两个方面，两个方面必须同时进行才是彻底的城镇化。城镇化的发展模式与各国的经济政治体制、经济发展水平、工业化程度、土地利用状况以及自然地理条件等因素相关，但综合来看，城镇化可分为两种模式。即政府主导的自上而下型模式和市场主导的自下而上型模式。②第一，政府主导的城镇化模式。比如，德国、日本等国家，市场机制在这些国家的城镇化进程中虽然发挥了重要作用，但政府通过法律、行政和经济手段，主导城镇化的发展。第二，市场主导的城镇化模式。以美国、英国为代表的自由市场经济国家，在其城镇化的过程中市场发挥着主导的作用，虽然政府也会通过法律等手段对城镇化进行调控，但往往力度较小。事实上，世界上绝大多数国家都是"市场+政府"的城镇化模式，不能绝对地说哪一种模式更好，这要看城镇化所处的阶段及面临的问题。无论是政府参与的多一些，还是市场决定的多一些，只要能保证城镇化与经济发展总体上是一个比较协调互动的关系，就是合适的城镇化模式。

（三）城市群

城市群（Urban Agglomerations）是指在特定的地域范围内，各城市依托基础条件，按照一定的结构发生紧密联系，共同构成的地域整合体。③法国地理学家简·戈特曼（J·Gottman，1957）④

---

① 张庭伟：《闻道则喜——读约翰·弗里德曼规划著作的一些心得》，载于《国外城市规划》2005年第5期，第1~3页。
② 阎小培：《中国乡村——城市转型与协调发展》，科学出版社1998年版。陈荣生：《资源型城市新型城镇化发展动力研究》，载于《江西社会科学》2016年第1期，第68~71页。
③ 王丽、邓羽、牛文元：《城市群的界定与识别研究》，载于《地理学报》2013年第8期，第1059~1070页。
④ Gottmann, J., *Megalopolis or the Urbanization of the Northeasten Seaboard*. Economic Geography, Vol. 33, No. 3, 1957, PP. 189 – 200.

最早提出大都市带（Megalopolis）概念，按照其标准，世界上有6大城市群可称为大都市带，分别是以纽约为中心的美国东北部大西洋沿岸城市群；以芝加哥为中心的北美五大湖城市群；以东京为中心的日本太平洋沿岸城市群；以伦敦为中心的英伦城市群；以巴黎为中心的欧洲西北部城市群；以上海为中心的中国长江三角洲城市群。美国20世纪50年代提出大都市区等城市空间统计概念，日本于20世纪50和60年代的提出都市圈和大都市圈的概念。90年代以来，中国学者借鉴了西方相关城镇群体空间的理论提出城市群等概念。城市群被认为是在特定的地域范围内具有相当数量的不同性质、类型和等级规模的城市，依托一定的自然环境条件，以一个或两个超大或特大城市作为地区经济的核心，借助于现代化的交通工具和综合运输网的通达性，以及高度发达的信息网络，发生与发展着城市个体之间的内在联系，共同构成一个相对完整的城市"集合体"。[①] 中国当前有三大城市群，分别是长三角城市群、珠三角城市群、京津冀城市群，此外还有山东半岛城市群、辽中南城市群、中原城市群、长江中游城市群、海峡西岸城市群、川渝城市群和关中城市群也已经初具规模。

（四）半城镇化和逆城镇化

1. 半城镇化。"半城镇化"源自地理学概念，20世纪50年代，法国地理学家简·戈特曼（Jean Gottmann，1957）在《大都市带：东北海岸的城市化》中就描述到这种类型独特的地区。[②] 加拿大地理学家麦吉（T. G. McGee，1987）在研究亚洲发展中国

[①] 姚士谋、陈振光、朱英明等：《中国城市群》，中国科学技术大学出版社2006年版。方创琳：《城市群空间范围识别标准的研究进展与基本判断》，载于《城市规划学刊》2009年第3期，第1~5页。

[②] Gottmann, J., *Megalopolis or the Urbanization of the Northeasten Seaboard*, Economic Geography, Vol. 33, No. 3, 1957, pp. 189-200.

家或地区的城镇化时,提出了 Desakota(在印度尼西亚语中 Desa 是乡村,Kota 是城市)的概念,用来表示在大城市之间的交通走廊地带,农业活动与非农业活动混合的状态。相对于城镇化,半城镇化是一种农村人口向城镇人口转换过程中的不完全的城镇化状态,表现形式为半城镇化区域和人口半城镇化。[①] 半城镇化区域国外学者研究较多,在地理景观上,半城镇化区域的农业用地、工人居住区、工业用地处于一种"犬牙交错"的状态。在中国大部分城市的郊区和经济开发区等区域都是典型的半城镇化区域。人口半城镇化(本书主要讨论人口半城镇化,简称半城镇化)是特指中国城镇化进程中的一种现象,是指在城镇化的过程中农民市民化的一种不完整、不彻底的状态,主要表现为,农民已经离开乡村到城市就业与生活,但他们在劳动报酬、子女教育、社会保障、住房等许多方面并不能与城市居民享有同等待遇,在城市没有选举权和被选举权等政治权利,不能真正融入城市社会。何为和黄贤金(2012)认为半城镇化可以看成是迂回城镇化的模式(见图1-5),这种迂回式城镇化也存在停滞或反复的风险。李爱民(2013)的研究表明中国80%以上的地级以上城市存在不同程度的半城镇化现象,且高常住人口城镇化往往伴随高半城镇化和低户籍人口城镇化。[②] 城镇化应该是让进城就业的农民在城市定居,并享有城市居民享有的一切权益,不应该是身份上属于农民,职业上属于工人;也不应该是地域上属于城镇、户籍上还属于农村。在中国,农民工及其家庭的半城镇化与户籍制度以及附着于户籍之上的一系列社会福利和公共服务安排密切相关。

[①] 何为、黄贤金:《半城市化:中国城市化进程中的两类异化现象研究》,载于《城市规划学刊》2012年第2期,第24~32页。
[②] 李爱民:《中国半城镇化研究》,载于《人口研究》2013年第4期,第80~91页。

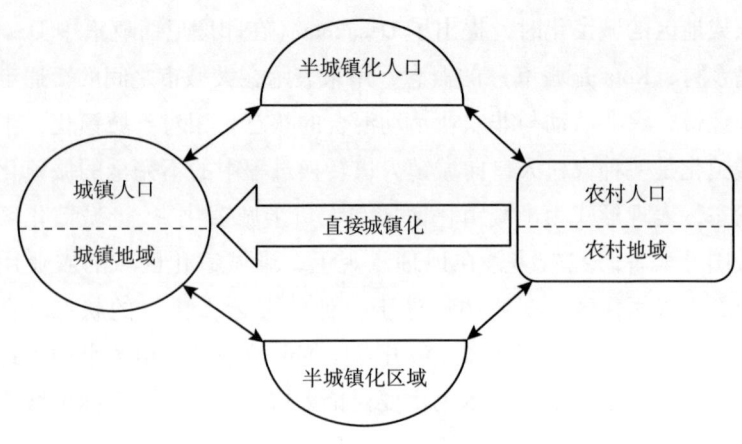

图1-5 迂回城镇化模式

资料来源：根据何为和黄贤金（2012）的论述绘制。

2. 逆城镇化。与城镇化相反，逆城镇化或逆城市化是城市人口开始向郊区乃至农村转移的过程，伴随着市区出现"空心化"，人口减少，经济衰落。逆城镇化的动力机制也是一个非常复杂的系统，至少与城市的交通拥挤、污染严重等"城市病"，政府主动调整城市的功能结构和空间结构，市场失灵造成的经济危机，某些资源枯竭、产业衰退等因素相关。19世纪末，英国著名城市学家埃比尼泽·霍华德（Ebenezer Howard, 1898）曾针对英国快速城镇化所带来的城市交通拥挤和环境恶化等弊端，设计创建一个人类理想的"田园城市"，即开创一个集农村和城市各自有利条件的人居环境，这被视为逆城镇化的思想起源。在西方发达国家逆城镇化是一种普遍的现象，20世纪70年代，美国和西欧国家的部分大城市人口停止增长甚至减少，人口和其他资源的流向开始转向中小城市，特别是大城市周围的郊区小城镇。与半城镇化不同，逆城镇化并非完全是消极的，人们都有迁徙和选择合适居住地的自由，农民可以进城，市民也可以下乡，逆城镇化是一个国家经济社会和城镇化发展到一定时期的必然产物。在一定程度上，逆城镇化是缓解"大城市病"，促进城乡一体化的有效途径。中国式的"逃离"大城市、农民工"进城不落户"和"非转农"等现象并非是真正的"逆城镇化",从城镇化的发展规律来看,当前中国尚未进入逆城镇化的发展阶段。但结合中国经济社会发展的实际状况,对逆城镇化和类似逆城镇化的各种现象进行系统研究,并更好的指导城镇化的发展是十分有必要的。

第二章

历程：中国城镇化的发展阶段

中国是四大文明古国之一，也是最早出现城镇的国家之一，自古以来即有非常发达的城市文明和独树一帜的城市文化，直到工业革命前中国的城市发展一直领先。① 据考古发现，距今4 000～5 000年的龙山文化时期，中国出现了城堡，目前已发现距今4 400～4 000年前位于黄河中下游地区的6座古城遗址：河南登封王城岗古城、淮阳平粮台古城、郾城郝家台古城、安阳后岗古城、山东章丘城子崖古城和寿光边线王古城。中国的城市文明自产生之日起就从未中断，春秋战国时期，随着生产力的发展，城市的经济功能大大强化，从而促使完整意义上的城市出现。整个封建社会，中国的城市发展一直处于领先，曾经唐长安城内外总人口约60万，② 这在当时世界上是规模最大的城市。直至封建社会后期，18世纪末北京仍是世界上城市人口最多的城市（1781年约为86万人③），伦敦居其次（1781年约为81万人④）。但随着西方工业革命的兴起，资本主义国家城镇化的开启，1840年的鸦片战争后，中国的城市逐渐相对趋于衰落，城市发展远远落后于西方资本主义

---

① 于云瀚：《城居者的文明》，中国社会科学出版社2011年版，第1页。
② 郑显文：《唐代长安城人口百万说质疑》，人文杂志1991年第2期，第91～92页。
③ 韩光辉：《清代北京地区人口的区域构成》，中国历史地理论丛1990年第4期，第135～142页。其中，城市人口包括内城、外城和城属人口。
④ L. D. Schwarz. London in the Age of Industrialization. Cambridge University Press. 1992. P. 125。根据1750年和1801年伦敦城市人口分别为67.5万和90万进行的线性插值估计。

第二章 历程：中国城镇化的发展阶段

国家。满清王朝后期开始一百多年的时间里，中国内忧外患、战争不断，直到中华人民共和国成立，几乎无暇进行大规模的经济建设，城镇化更是无从谈起。1893年中国的城市人口占比约为7.7%（不包括边远地区），而同期的英国已超过70%，[①] 直到1949年中国的城市人口占比才约为10.64%。在中华人民共和国成立之前，在地理位置优越的沿海、沿江以及矿产地区，由于资本主义工商业的发展，城市有了短暂的发展期，但中国绝大地区城市发展基本处于停滞状态，从城市职能到空间结构基本保持前工业社会城市的特征。

中国城镇化的真正开启是在中华人民共和国成立之后。1949~2016年中国城镇化已经历了两个时期，见图2-1。1949~1995年城镇化率从10.64%增加至29.04%，中国用47年的时间走完了城镇化的初期；1996~2016年城镇化率从30.48%增加至57.35%，中国正处于城镇化的中期，即快速城镇化时期。总体来看，当前中国的城镇化已经走完了"S"型曲线最初的2/3，按照当前的城镇化速度，

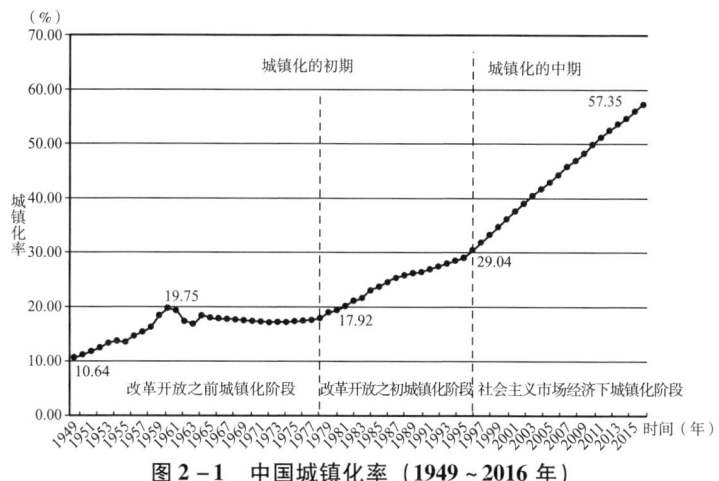

图2-1 中国城镇化率（1949~2016年）

资料来源：作者根据以下文献计算结果绘制：国家统计局，http://data.stats.gov.cn/easyquery.htm? cn=C01。

[①] 赵冈：《论中国历史上的市镇》，中国社会经济史研究1992年第2期，第5~18页。

再有十余年的时间城镇化率将达到70%。从城镇化的发展道路来看,中国城镇化经历了显著的三个阶段:改革开放之前的城镇化阶段(1949~1978年),改革开放之初的城镇化阶段(1979~1995年),社会主义市场经济下的城镇化阶段(1996~2016年)。

一、改革开放之前的中国城镇化（1949~1978年）

(一) 城镇化水平

从1949年中华人民共和国成立到1978年十一届三中全会以前,中国城镇化整体上十分缓慢(见图2-2)。根据国家统计局数据,1949年城镇化率为10.64%,1978年城镇化率为17.92%,年均增长率仅为0.24%。从图2-2可知,这一阶段的城镇化还可

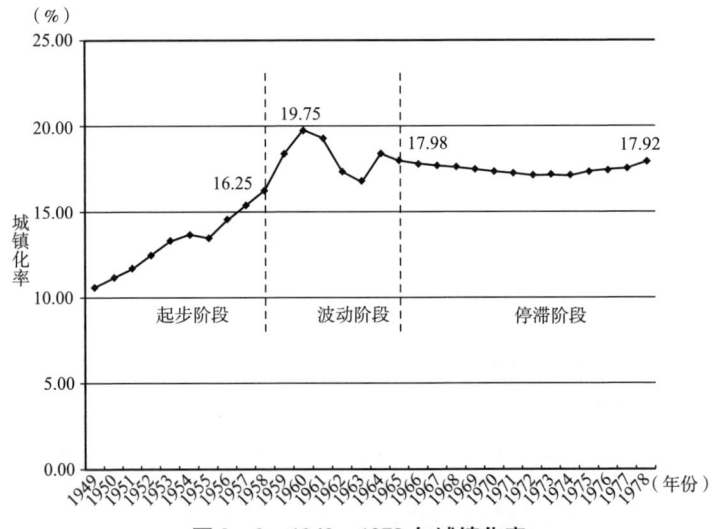

图2-2 1949~1978年城镇化率

资料来源:作者根据以下文献计算结果绘制:国家统计局,http://data.stats.gov.cn/easyquery.htm? cn=C01。

以细分为三个阶段：起步阶段（1949~1957年）、波动阶段（1958~1965年）、停滞阶段（1966~1978年）。

1. 城镇化起步阶段（1949~1957年）。中华人民共和国成立之初，由于生产力低下，经济结构简单，物质基础十分薄弱，中国要在"一穷二白"的基础上进行经济建设，城镇化发展还未成为经济社会发展的主要议题。1949~1952年经过三年的经济恢复阶段，1953年进入"第一个五年计划"时期，苏联在资金、技术和项目上对中国进行了援助，同时中国也选择了苏联优先发展重工业的模式。1955年"第一个五年计划"颁布确定的156项重点工程，通过重点项目的推进，中国过去没有的一些工业，包括飞机、汽车、发电设备、重型机器、新式机床、精密仪表、电解铝、无缝钢管、合金钢、塑料、无线电等，从无到有地建设起来，奠定了中国工业化的基石，同时也形成了一些工矿之城，比如，纺织机械工业之城榆次，石油之城玉门，钢铁之城马鞍山等，煤炭之城鸡西、焦作、平顶山、鹤壁等。工业化的起步也开启了中国城镇化进程，随着土改的完成，农业生产能力的提升，大批农村剩余劳动力加入了新中国的工业建设之中，提高了城镇化的水平。1949~1957年城镇化率从10.64%升至15.39%，年均增加0.53%。

2. 城镇化波动阶段（1958~1965年）。1958年全国开始了"大跃进"运动，在农业生产上要求高指标，工业生产上追求高速度。比如，曾提出粮食和钢铁产量1958年要比1957年翻一番，1959年再比1958年翻一番。在赶超目标的刺激下，"第一个五年计划"超额完成的激励下，城市的基本建设投资快速增长，1958~1960年建筑业增加值分别为69.1亿元、77.2亿元和80.3亿元，工业增加值分别为415.9亿元、541.3亿元和574.2亿元，数量和速度均创历史新高。① 工业投资建设的大幅增长，

---

① 资料来源：国家统计局年度数据，http：//data.stats.gov.cn/easyquery.htm? cn = C01。

促使农村部分劳动力的快速转移成为产业工人,1958~1960年城市人口分别为10 721万人、12 371万人和13 073万人,逐年快速增加,而农村人口分别为55 273万人、54 836万人、53 134万人,相应逐年减少。城市数量由1957年的176个增加到1960年的208个,1960年城镇化率增至19.75%,1958~1960年年均城镇化率增加1.45%,"创造"了一个城镇化的小高潮。20世纪60年代初,由于严重的自然灾害和经济政策上的偏差,从1961年起中国遭遇了三年的严重困难局面,主要表现为:国民经济比例关系严重失调,基建规模过大,粮食缺乏,通货膨胀,市场供应紧张,人民生活困难。面对困难,只能调整工业建设计划,1961~1963年建筑业和工业增加值断崖式下降,分别为27.0亿元、34.1亿元和42.3亿元(1960年建筑业增加值为80.3亿元),367.7亿元、330.9亿元和371.7亿元(1960年工业增加值为574.2亿元)。1961年6月,中共中央和国务院下达了《关于精减职工工作若干问题的通知》,动员1958年以来参加工作的来自农村的新职工,回到各自的家乡,参加农业生产。1963年第二产业就业人员2 038.0万人,比1958年7 076.0万人,减少了4 038.0万人。1963年城镇化率降为16.84%,基本又回到了1958年的水平。同时,40个因"大跃进"成为地级市的城市又降为县级市,到1965年城市总数为168个。[①]

3. 城镇化停滞阶段(1966~1978年)。1966年开始的十年"文化大革命"是我国经济社会发展的特殊阶段,经济发展虽然受到较大影响,但也取得了一些发展,第二产业就业人口由1966年的2 600.0万人,增加至1978年的6 945.0万人;第二产业增加值由1966年715.4亿元,增加至1978年1 755.2亿元,占国内生产总值的比重为47.7%,比1966年增加了9.8个百分点。[②] 但是整

[①②]资料来源:国家统计局年度数据,http://data.stats.gov.cn/easyquery.htm?cn=C01。

个城镇化水平基本处于停滞状态，1966年城镇化率为17.86%，1978年城镇化率为17.92%，增长率几乎为零。城镇人口的变化除了自然增长，还受到下乡知青的影响，1966年后城镇人口比重开始小幅度下降，直到1975年才恢复增长。同时，这一阶段中国工业化重点在"三线"地区，作为中国经济史上一次极大规模的工业迁移过程的三线建设，带动和促进了西北、西南偏远地区的城市建设和发展。不仅兴建了渡口（1987年更名为攀枝花）、六盘水、十堰和金昌等4个新城市，促进了内地重庆、成都等9个中心城市的快速发展，还扩建了德阳、遵义、宝鸡、玉门等70余个中小城市。

（二）城镇化的体制

1953年春天全国土地改革基本完成，紧接着开始了"三大改造"，1956年底基本上完成了对农业、手工业和资本主义工商业的社会主义改造，从此中国进入了社会主义初级阶段。在模仿苏联模式的基础上，中国建立起了社会主义计划经济体制，社会主义制度和计划经济在中国的确立，为城镇化开启了一条特殊的道路。取消了市场机制，实行公有制和计划经济，政府采取严格的行政手段进行资源配置。在城市建立了单位制，将城市居民附着在各机关企事业单位；在农村建立起了人民公社制度，将所有农民纳入到人民公社进行生产劳动。通过产权制度、户籍制度、就业制度、商品供给制度以及社会保障制度等，形成了固化的城乡二元结构，也成为这一阶段中国城镇化的体制基础。

1949年9月，中国人民政治协商会议第一届全体会议通过的《中国人民政治协商会议共同纲领》在总纲第五条明确规定"中华人民共和国公民具有居住和迁徙的自由权"；1954年9月，第一届全国人民代表大会审议通过的《中华人民共和国宪法》第九十条也明确了公民的居住和迁徙自由。1949~1957年间基本秉持了人口自由迁徙，1958年1月，《中华人民共和国户口登记条例》明确将城乡居民区分为"农业户口"和"非农业户口"两种不同户籍,政府开始对人口自由流动实行严格管制,在事实上废弃了1954年《中华人民共和国宪法》关于迁徙自由的规定。"大跃进"和"人民公社化"运动之后,政府加强了对各种生产要素的控制力,城乡二元户籍制度也得到了严格的执行,人口的自由流动大大降低。①

(三) 城镇化的特点

通过以上阐述,从整体来看改革开放前中国城镇化至少有以下几个特点:

1. 城镇化在计划经济的体制下,以政府自上而下的模式推进。在这种模式下,中国形成了特殊的"城乡二元结构",在城乡之间构筑起相互隔离的壁垒,造成了城乡巨大的利益差距,也阻止了农村人口向城市的自由流动。农村户口转成城市户口,即"农转非"的机会非常稀缺,渠道仅限于考学、参军和招工,农民被束缚在土地上,城镇化对农村劳动力吸纳能力很低。这是造成这一阶段城镇化水平发展缓慢的主要原因。

2. 城镇化的发展受到控制和压抑。如前文所述,这一阶段中国的城镇化发展的主要特征是政府几乎"包揽一切"。通过设置标准来控制城镇的数量,通过产权制度、住房制度、户籍制度、就业制度和社会保障制度等来控制人口的流动,城乡二元结构的格局形成了经济和社会泾渭分明的城市社会和乡村社会。特殊的积累机制控制了城乡的发展,政府通过对农产品统购统销和工农业产品价格"剪刀差"的形式来保障工业化的资金积累。据统计测算,1952~1978年农业流入工业的资金多达4 852亿元,扣除财政返还部分,农业净流出资金3 120亿元,这相当于

---

① 李超、万海远:《新型城镇化与人口迁转》,广东经济出版社2014年版,第41~44页。

同一时期国有企业非农固定资产原值的73.2%。城镇化的发展受到中国经济社会特殊体制的控制,但并不代表城市对农村没有吸引力,相反农村居民将进城看成是一种特殊待遇,农村人能"进城当工人、吃国库粮"是一种荣耀。因此,城镇化发展缓慢并非是动力不足,而是受到社会体制压抑的结果。

3. 城镇化与工业化背离严重。计划经济体制和固化的城乡二元结构,使得工业化对农村剩余劳动力的吸纳能力几乎为零。从图2-3可以看出,这一阶段中国的城镇化和工业化呈现两个显著特点:一是城镇化严重滞后于工业化,并且呈现逐渐扩大趋势。1952年工业化率为20.78%,城镇化率为12.46%,两者相差8.32个百分点;1978年工业化率已达47.71%,城镇化率仅为17.92%,两者相差已增至29.8个百分点。这充分说明,中国的工业化对城镇化的驱动力已经非常有限。二是1962年后城镇化和工业化的发展趋势完全不同步。1958年户籍制度的建立,人口迁徙自由被严格限制,工业化和城镇化的互动关系几乎被完全割裂。

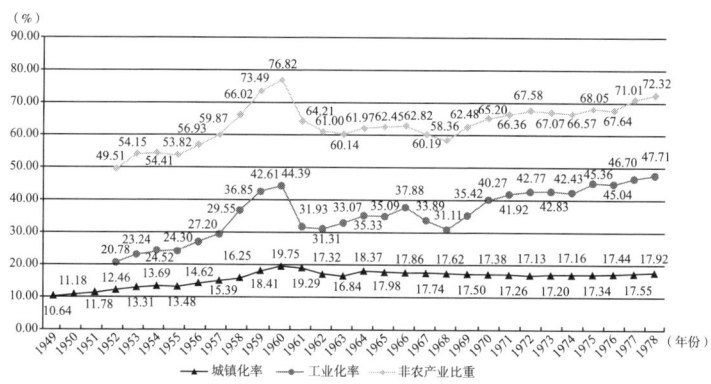

图2-3 城镇化和工业化对比(1949~1978年)

资料来源:作者根据以下文献计算结果绘制:国家统计局,http://data.stats.gov.cn/easyquery.htm?cn=C01。

二、改革开放之初的中国城镇化（1979~1995年）

（一）城镇化水平

中国改革开放之前的城镇化被政治经济体制抑制，是严重畸形的城镇化。1978年12月，十一届三中全会开启了改革开放历史新时期，确立了工作重点开始转向以经济建设为中心的社会主义现代化建设。改革开放大幕的拉开，也为中国城镇化的发展创造了新的机遇。1979~1995年中国城镇化进入稳步推进的发展阶段，城镇化率从18.96%升至29.04%，城镇化率年均增长0.63%。从图2-4可知，这一阶段还可以细分为两个阶段：农村体制改革阶段（1979~1984年），城市体制改革阶段（1985~1995年）。

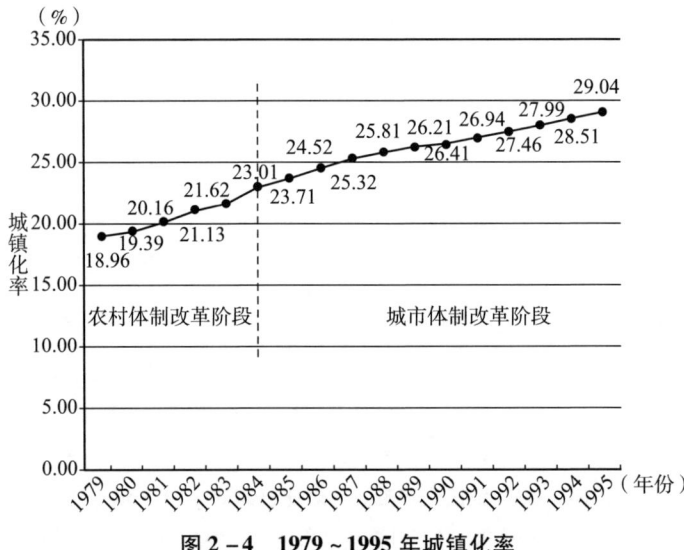

图2-4 1979~1995年城镇化率

资料来源：作者根据以下文献计算结果绘制：国家统计局，http://data.stats.gov.cn/easyquery.htm? cn=C01。

1. 农村体制改革阶段（1979~1984年）。改革开放初期，经济体制改革从农村开启，重点目标是提高粮食产量，解决温饱问题。家庭联产承包责任制的全面实施，允许农民搞副业，增加了农民的收入来源，降低了城乡收入差距。1983年和1984年城镇居民家庭人均可支配收入比农村居民家庭人均纯收入分别为1.82和1.84，是中华人民共和国成立以来城乡收入差距最小的两年。① 农村体制改革的推进，也促使中国的城镇化迅速恢复了动力，1979~1984年城镇化率从18.96%增加到23.01%，年均增长0.81%。

2. 城市体制改革阶段（1985~1995年）。1984年中国粮食产量超过4亿吨，基本解决了温饱问题。1984年十二届三中全会通过了《中共中央关于经济体制改革的决定》，开启了城市体制改革，经济工作的重心由农村转移到了城市。乡镇企业的异军突起，大量农村剩余劳动力"自带口粮"进城务工经商，促使了城镇化的稳步提高。特别是沿海地区和交通发达地区，新建了大批小城镇，建制镇的数量从1985年的9 140个增加到1995年的17 532个。② 由于户籍制度等构成城乡二元结构的体制机制没有根本改变，这一阶段，城镇化水平增长率整体低于前一阶段，1985~1995年城镇化率从23.71%增加到29.04%，年均增长0.53%。

（二）城镇化的体制改革

改革开放初期，农村体制改革开启了城镇化大门，是城镇化由停滞到快速发展的"起步"阶段。1983年底家庭承包经营的土地面积占耕地总面积的约97%，已有约98%的农户实行了包干到户。随着家庭联产承包制度的实行，在农村实现了

---

①② 资料来源：国家统计局年度数据，http：//data.stats.gov.cn/easyquery.htm?cn=C01。

土地所有权与使用权的分离。农业劳动生产率的提升,城乡集市贸易的开放和迅速发展,部分农民开始离开土地,"自带口粮"进城,很多城镇出现了大量的暂住人口,这迈出了城镇化的关键一步。同时,两千多万知青和下放干部的返城,高考的恢复并迅速发展畅通了农村青年学生进城的通道。此外,乡镇企业迅速发展,成为吸收农业剩余劳动力的重要力量,并有力带动了城镇的发展,政府也顺势而为,提出了积极发展小城镇的基本战略。1980年深圳、珠海、汕头和厦门4个经济特区以及1988年海南经济特区的建立,成为改革开放后城镇化的前沿阵地。1984年中国正式决定开放大连、秦皇岛、天津、烟台、青岛、连云港、南通、上海、宁波、温州、福州、广州、湛江和北海14个沿海港口城市,并在这些城市先后建立了17个经济技术开发区。随着东部沿海地区经济的快速发展,越来越多的农民从不发达地区进入发达地区,从农业部门转向非农业部门,从农村转移到城市,逐渐演变成为声势浩大的农民工进城潮。

通过农村体制改革,为城市体制改革奠定了基础,经济体制改革成为推动城镇化的关键力量。20世纪90年代初,已初步形成了以公有制为主体,全民、集体、个体、私营、"三资"企业等多种经济形式并存的所有制结构。比如,1990年,在工业总产值中,全民占54.5%,集体占35.7%,个体、私营、"三资"企业等占9.8%。[1] 通过深化企业改革,扩大了其经营自主权,市场体制不断发育,流通体制和价格机制的改革促进了商品贸易的发展,基于经济、法律和行政手段的国家宏观调控体系逐渐形成。这一系列的以城市为中心的经济体制改革,为城镇化的进一步发展创造了良好的经济环境。1992年,邓小平南方谈话对社

---

[1] 高尚全:《中国城市经济体制改革的进程和成就》,载于《中国经济体制改革》1992年第1期,第27~30页。

会主义市场经济体制的建立起到了关键作用，党的十四大进一步明确提出要建立社会主义市场经济体制。市场机制逐渐成为城镇化的"施力者"，政府的"有形之手"和市场的"无形之手"开始共同为城镇化发力。

在这一阶段，政府顺应经济发展趋势，出台了有利于城镇化的很多法律制度。比如，1984年国务院发布的《关于农民进入集镇落户问题的通知》，允许务工、经商、办服务业的农民自理口粮到集镇落户；1985年公安部出台的《关于城镇暂住人口管理暂行规定》，保障进城务工经商等暂住人口的合法利益，在一定程度上提高了农民进城的积极性；1986年国务院发布的《关于深化企业改革增强企业活力的若干规定》等系列文件，提出国有企业用工、劳动制度等改革，推行承包经营和股份制改革，这为农业转移劳动力进城务工奠定了制度基础；1988年通过的《宪法》修正案，推动了经济体制和土地制度改革的深化，私营经济首次入宪，土地使用权可以依法转让，这为城市经济快速发展奠定了法律基础；1989年颁布的《中华人民共和国城市规划法》，提出严格控制大城市规模、合理发展中等城市和小城市，同时也为加快城镇化提供了保障。1992年国务院再次修订小城镇建制标准，规范和促进了小城镇的发展，之后1993年建设部等6个部委联合颁发了《关于加强小城镇建设的若干意见》。1994年通过的《中华人民共和国劳动法》规定，劳动者享有平等就业和选择职业的权利、取得劳动报酬的权利、休息休假的权利，劳动者就业，不因民族、种族、性别、宗教信仰不同而受歧视。这为促进农村劳动力进城就业奠定了法律保障。

但是，由于这一阶段中国的改革刚刚起步，经济社会转型没有经验可循，只能"摸着石头过河"，户籍制度、住房制度、粮油供应制度、城市就业和社会福利制度的限制仍然存在，城乡二元结构没有根本改变，这都使得农村剩余劳动力大多数只能流入小城镇。同时，农村劳动力及其家人到城市务工、经商和生活还要受到许多歧视性规定,负担很多不合理的费用,包括暂住费、流动人口管理费、计划生育管理费、城市增容费、劳动力调节费、外地务工经商人员管理服务费等。这都说明城市的大门仍然没有完全打开,城镇化的快速发展期还没真正到来。

(三) 城镇化的特点

通过对改革开放之初中国城镇化进程的分析,不难发现这一阶段城镇化的主要特点:

1. 恢复性城镇化。改革开放之前,特别是十年"文化大革命",中国的城镇化始终处于被抑制的状态。改革开放之初的城镇化带有明显的恢复性,无论是两千万上山下乡的知识青年和下放干部返城并就业,高考的全面恢复使得一批农村青年学生通过升学获得城市户口,还是为了增加收入农村剩余劳动力"自带口粮"进城务工经商成为城市暂住居民,这些都是弥补了前期城镇化欠下的账。

2. 从农村到城市,改革循序渐进推动着城镇化的发展。根据第一章对城镇化动力机制的分析可知,城镇化的合力是比较利益,而改革正好就是在不断地放大这个力量。通过农村体制改革,先让农民吃饱饭,然后农村剩余劳动力开始向非农产业转移,进城务工经商,创办乡镇企业;通过城市经济体制改革,推动产业发展,提高城市对农民的吸引力,并且让他们愿意来,来了之后能干得住、留得下,在城市居住的农民工群体逐渐壮大。因为中国的改革是循序渐进式的改革,城镇化速度虽然不高,但也没有大面积出现向拉美国家因为快速城镇化引发的各种城市经济社会问题。

3. 常住人口城镇化率高于户籍人口城镇化率,这种现象至今仍然存在,并呈现逐渐扩大趋势(见图 2 - 5)。自改革开放以来,城市出现了大批务工的农业户口人员,即农民工。农民工这个特殊的社会群体虽然没有取得城市户口,但却是城市的常住人口，常住人口城镇化率是国际通行指标。按照国家统计局公布的数据，1981年及以前人口数据为户籍统计数，此后以农民工为主的非城镇户口人员也被统计到城镇人口之中。① 因此，常住人口城镇化率与户籍人口城镇化率的差距主要在农民工群体，究其原因，中国特有的户籍制度是造成常住人口城镇化率高于户籍人口城镇化率的主要原因。20世纪80年代以来，中国户籍管理的职能逐步从国家划归到地方，地方政府可以在其管理权限内制定当地的户籍政策。地方政府往往从当地的经济利益出发，把户口指标更多地分配给那些高学历、高收入、高资产的群体，而忽视了数量占多数的农民工群体。

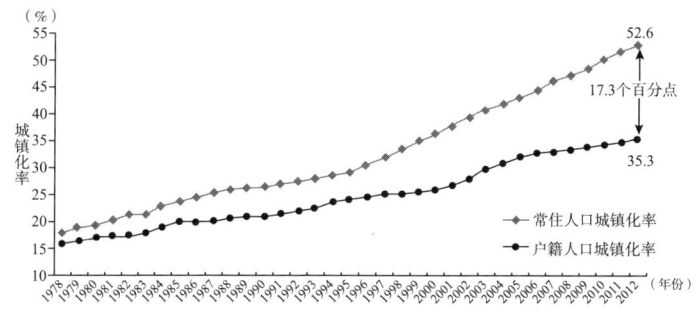

图 2-5 常住人口城镇化率与户籍人口城镇化率的差距

资料来源：中共中央、国务院：《国家新型城镇化规划（2014~2020年）》，中华人民共和国中央人民政府网，2014年3月16日，http://www.gov.cn/gongbao/content/2014/content_2644805.htm。

4. 城镇化仍然滞后于工业化。正如前文所述，这一阶段中国的城乡二元结构没有得到根本的改变，整体上城镇化和工业化仍然处于并行状态（见图2-6）。但有两个趋势值得注意：一是城镇化和工业化之间的差距在缩小，由1979年的28个百分点，

---

① 本书所使用的城镇化率均按照国家统计局公布的城市人口和乡村人口进行计算。

缩小为 1995 年的 17.71 个百分点；二是城镇化与非农产业的发展趋势基本相同，增长的速度大小基本一致，1979~1995 年其年平均增长率分别为 0.63% 和 0.78%。这充分说明，随着改革的推进工业化对城镇化的带动能力逐渐恢复，除了政府以外经济发展已逐渐成为推进城镇化的主要力量。

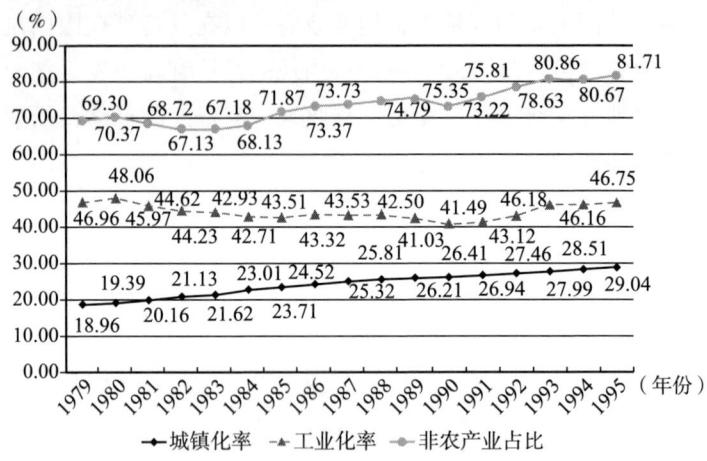

图 2-6 城镇化和工业化对比（1979~1995 年）

资料来源：作者根据以下文献计算结果绘制：国家统计局，http://data.stats.gov.cn/easyquery.htm? cn=C01。

三、社会主义市场经济下的中国城镇化（1996 年至今）

（一）城镇化的水平

1993 年 11 月，党的十四届三中全会通过了《中共中央关于建立社会主义市场经济体制若干问题的决定》，勾画出了社会主义市场经济体制的基本框架。随着社会主义市场经济体制改革的不断推进，中国城镇化也迎来了快速的发展期。1997年中国从国家层面制定了城镇化发展战略，政府开始积极推动城镇化的发展（见图2-7）。1996~2016年城镇化率从30.48%增至57.35%，年均增加1.34%。根据国家对城镇化的发展理念和战略以及城镇化的水平和质量，这一阶段还可以细分为两个阶段：快速城镇化阶段（1996~2011年）和新型城镇化阶段（2012年至今）。

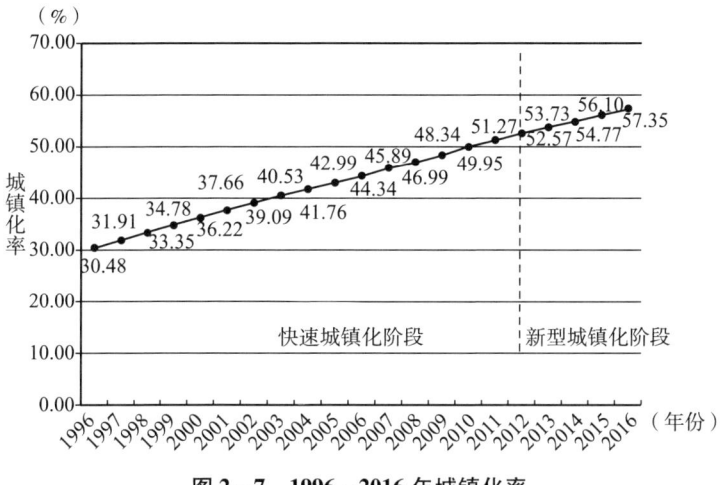

图2-7　1996~2016年城镇化率

资料来源：作者根据以下文献计算结果绘制：国家统计局，http://data.stats.gov.cn/easyquery.htm?cn=C01。

1. 快速城镇阶段（1996~2011年）。随着改革开放的深入推进和社会主义市场经济的发展，中国的经济迎来了稳定高速增长时期，1996~2011年GDP年均增长9.84%，相应中国城镇化也迎来了快速发展时期。1996~2011年城镇化率由30.48%增加到49.95%，年均增长1.30%，从图2-7可以看出，城镇化率几乎是沿着一条直线稳定上升。此外，2011年地级市为284个，市辖区为857个，镇为19 683个，街道办事处为7 194个，分别比1996年增加66个、140个、1 512个和1 629个；同时县为1 456

个，比 1998 年减少 60 个；县级市 369 个，乡 13 587 个，分别比 1996 年减少 76 个和 13 469 个。①

2. 新型城镇化阶段（2012 年至今）。2012 年 12 月，中央经济工作会议首次提出新型城镇化战略，这标志着中国城镇化又进入了一个崭新的发展阶段。在加快推进城镇化的同时，以人为核心，更加注重城镇化质量的提升。2012～2016 年城镇化率由 51.27% 增至 57.35%，年均增长 1.52%。

（二）城镇化的体制改革

中国的社会主义市场经济体制改革是一项规模宏大的系统工程，它涉及经济社会的方方面面，从城镇化的角度来看，主要的有户籍制度改革、住房市场化改革、农村土地制度改革、城市开发区建设等。户籍制度改革、住房市场化改革和农村土地制度改革让农村转移人口在城镇化过程中的权益逐渐得到了扩大，为农民进城提供了制度条件；城市开发区建设使得城市产业迅速聚集，为农民进城提供了经济基础。

1. 户籍制度改革。长时间以来户籍制度是阻碍中国城镇化的主要因素之一。作为一项基本的国家行政制度，户籍制度的改革被看作是继改革开放初实行家庭联产承包责任制后又一次"解放农民的革命"。由传统的城乡分割的二元户籍制度，过渡和改革为城乡统一的一元户籍制度，打破"农业人口"和"非农业人口"的户口界限，使公民获得统一的身份，充分体现公民有居住和迁移的自由权利，剥离黏附在户籍关系上的种种社会经济差别功能，是中国户籍制度改革的主要内容。随着经济的发展，曾经一段时间农民进城落户成了稀缺资源，90 年代前后，许多地方出现了"买城市户口"的现象。90 年代中后期，在上海、深

---

① 资料来源：国家统计局年度数据，http：//data.stats.gov.cn/easyquery.htm?cn=C01。

圳、广州等改革开放的前沿城市开始实施类似"投资移民"或者"技术移民"的"蓝印户口"政策。1997年6月，国务院批转公安部出台的《小城镇户籍管理制度改革试点方案》和《关于完善农村户籍管理制度的意见》，规定已在小城镇就业、居住、并符合一定条件的农村人口，可以在小城镇办理城镇常住户口。2001年3月，国务院批转公安部出台的《关于推进小城镇户籍管理制度改革意见》，标志着小城镇户籍制度改革全面推进，自2001年10月1日起，在小城镇拥有固定住所和合法收入的外来人口均可办理小城镇户口。近年来，北京（2016）、上海（2014）、广州（2010）、深圳（2011）等一线超大城市已经采取了积分落户政策。2013年11月，党的十八届三中全会通过的《中共中央关于全面深化改革若干重大问题的决定》指出，要"创新人口管理，加快户籍制度改革，全面放开建制镇和小城市落户限制，有序放开中等城市落户限制，合理确定大城市落户条件，严格控制特大城市人口规模。"2014年7月，国务院公布《关于进一步推进户籍制度改革的意见》，明确要建立城乡统一的户口登记制度，这标志着进一步推进户籍制度改革开始进入全面实施阶段。事实上，户籍制度的改革难点并不在于放开户籍对人自由流动的约束，关键是要打破利益格局，革除与之相关联的教育、医疗、社会保障等利益分配。

　　2. 住房市场化改革。1994年国务院出台了《关于深化城镇住房制度改革的决定》，明确提出了城镇住房制度改革作为经济体制改革的重要组成部分，按住房商品化、市场化、社会化思路，全面设计房改的目标、原则和主要内容。根据收入分别建立了经济适用住房供应体系和商品房供应体系，并初步建立了住房公积金制度。1998年是中国住房市场化里程碑式的一年，国务院发布的《关于进一步深化城镇住房制度改革加快住房建设的通知》，标志着中国住房实物分配在全国范围内正式终止，取而代之的是住房分配货币化政策，建立和完善以经济适用住房为主的住房供应体系。1998年以后的5年间，住房市场化的主要表现是以经济适用房为主，但是市场化的住房仍然占比较低。2003年发布的《国务院关于促进房地产市场持续健康发展的通知》提出，根据城镇住房制度改革进程、居民住房状况和收入水平的变化，完善住房供应政策，调整住房供应结构，逐步实现多数家庭购买或承租普通商品住房。2003年以来住房市场化带动了房地产建筑、金融和中介服务等相关产业的蓬勃发展，市场机制在房地产资源的配置中逐渐开始发挥主要作用。住房市场化改革，商品房市场蓬勃发展的同时，真正具有现代意义的保障性住房体系也在逐步完善。

3. 农村土地制度改革。中国的农村土地制度的两个核心问题：一是土地承包关系，二是土地流转。后者与城镇化关系十分密切，也是改革的难点和重点问题，以及近年来社会各界关注的热点。2008年10月，党的十七届三中全会通过的《中共中央关于推进农村改革发展若干重大问题的决定》指出，"完善土地承包经营权权能，依法保障农民对承包土地的占有、使用、收益等权利。加强土地承包经营权流转管理和服务，建立健全土地承包经营权流转市场。按照依法自愿有偿原则，允许农民以转包、出租、互换、转让、股份合作等形式流转土地承包经营权，发展多种形式的适度规模经营。"允许土地流转首先要为农村土地确权，2011年5月，国土资源部、财政部、农业部联合下发了《关于加快推进农村集体土地确权登记发证工作的通知》。为了引导土地有序流转，保护农民权益，2014年11月，中共中央办公厅、国务院办公厅下发了《关于引导农村土地经营权有序流转发展农业适度规模经营的意见》，为贯彻落实该文件精神，2015年1月和4月，农业部会同相关部门先后印发了《关于认真做好农村土地承包经营权确权登记颁证工作的意见》和《关于加强对工商资本租赁农地监管和风险防范的意见》。为了让土地流转交易市场"有章可循"，2015年1月，国务院办公厅印发了《关于引导农村产权流转交易市场健康发展的意见》。为了使农村土地合理合法的进入城镇化用地范围，2015年1月，中共中央办公厅和国务院办公厅联合印发了《关于农村土地征收、集体经营性建设用地入市、宅基地制度改革试点工作的意见》，这标志着农村土地制度改革即将进入试点阶段。2016年12月，中共中央国务院又联合发布了《关于稳步推进农村集体产权制度改革的意见》。通过对农村征地制度的改革，理顺农村集体建设用地和国有建设用地的关系，形成城乡统一的建设用地市场，提高农村要素资源配置和利用效率。

4. 开发区建设。开发区是产业聚集之地，不论从产业集群、增长极和孵化器的理论逻辑，还是从开发区的发展现实看，中国的开发区都是区域或全国经济发展的主要推动力量，同时也是城镇化的重要驱动机制。产业的集聚带来大量的就业机会，从而促使人口的集聚，中国的很多城市正是通过开发区建设，迅速地完成了产业和人口的集聚，也实现了城市地域空间和人口规模的跨越性增长。地方政府大力发展各种类型的经济开发区或工业园区等成为推动城镇化的重要模式，各地开发区的大规模建设和发展，使产业迅速聚集，让大批人口转移到开发区工作和居住，新区逐渐演变成行政区，并与母城区互相融合或成为母城区的卫星城。在这一过程中，开发区不仅比母城区建设标准和水平高，还协助母城区改造升级，解决"城市病"等问题，进而极大推动了城镇化的健康发展。比如，2004年底中国各地设立的各类开发区总数多达6 866个，规划面积3.86万平方公里；为规范土地开发利用，2005年国家发展改革委、国土资源部、建设部发布了《清理整顿开发区的审核原则和标准》的通知，对全国开发区进行了统一清理整顿，2006年开发区数量压到1 568个，其中国家批准设立的开发区共222个，省、自治区和直辖市批准设立的开发区共 1 346 个。① 规划面积减到 9 949 平方公里，清理整顿开发区有效遏制土地违法违规现象，同时也规范了各地开发区的发展；截至 2016 年底国家级经济技术、高新技术产业等各类开发区已达 375 个。

（三）城镇化的特点

1996 年以来，随着中国经济体制改革的不断深入，城镇化的发展也呈现出许多新的特点：

1. 城镇化速度快，但问题也比较突出。从前文分析可知，1996～2016 年中国年均城镇化增长率为 1.34%，高于典型国家快速城镇化阶段的平均水平，20 年的时间城镇人口由 37 304 人增加到 79 298 万人，而农村人口由 85 085 万人减少到 58 973 万人，有超过 3.7 亿人从农村转移到了城镇，年均转移约 1 850 万人。② 但中国快速城镇化的过程中也出现了很多突出问题，比如，土地利用效率低，半城镇化问题突出，不平等、社会矛盾加剧，城市分布和规模结构不合理，"城市病"问题普遍，生态环境问题严重。

2. 城镇化更多依靠市场的驱动。随着社会主义市场经济体制的日益完善，市场在资源配置中的作用逐渐增大，城镇化作为资源重置的过程，也越来越依靠市场的驱动。自改革开放以来，对于市场在资源配置中作用的认识，经历了五个发展阶段："辅助性作用"（1982），"基础性作用"（1992），更大程度上是"基

---

① 具体数量分别为北京市 16 个、天津市 25 个、河北省 45 个、山西省 22 个、内蒙古自治区 39 个、辽宁省 42 个、吉林省 35 个、黑龙江省 29 个、上海市 26 个、江苏省 109 个、浙江省 103 个、安徽省 85 个、福建省 65 个、江西省 88 个、山东省 155 个、河南省 23 个、湖北省 89 个、湖南省 73 个、广东省 69 个、广西壮族自治区 23 个、海南省 5 个、重庆市 34 个、四川省 38 个、贵州省 13 个、云南省 15 个、陕西省 17 个、甘肃省 34 个、青海省 3 个、宁夏回族自治区 15 个、新疆维吾尔自治区 11 个。资料来源：《中国开发区审核公共目录（2006 版）》。

② 资料来源：国家统计局年度数据，http://data.stats.gov.cn/easyquery.htm?cn = C01。

础性作用"（2003），更大程度上、更广范围内是"基础性作用"（2012），"决定性作用"（2013）。根据第一章城镇化动力机制的分析，我们已知农民之所以选择进城务工经商，最主要的原因就是经济方面的比较利益（收益），即在城里比在农村收入更高，而决定收入高低的主要是市场机制。因此，1996年以来中国高速的城镇化最主要依靠市场的力量，比如，产品市场化、住房市场化、就业市场化、土地市场化等，当然市场力量的形成也是政府推行市场化改革的结果。

3. 新城建设与城市棚户区改造并举。城中村和棚户区是中国城市的"贫民窟"，其中住房简陋、环境脏乱差、安全隐患多，因为其中的房租相对便宜，成了农民工的聚集区。对城中村和棚户区的改造是这一阶段中国城镇化的重要内容之一，新城区建设和包括城中村、棚户区等旧城改造并举的模式也是这一阶段中国城镇化的特点之一。比如，截至2014年底，全国共改造各类棚户区住房2 080万套，2015年开工改造棚户区住房601万套，2016年又改造606多万套。[①] 城市棚户区和城中村的改造有效地改善了城市困难群众的住房条件，同时也提高了城镇化的质量，使得中国的城镇化并不存在发达国家城镇化早期以及巴西等拉美国家城镇化形成的城市"贫民窟"现象。此外，在城市还建设了大量的保障性住房（包括经济适用房、公租房、廉租房、定向安置房等），解决了很大一部分城市低收入人群和农民工的住房问题。

4. 城镇化已超过工业化，第三产业成为城镇化的主要驱动力。根据前文数据分析，自1949年以来中国城镇化长时间滞后于工业化，随着经济结构的优化升级和城镇化的快速发展，2008年城镇化率为46.99%，首次超过工业化率46.9%（见图2-8）。工业占

---

① 资料来源：《2016年国民经济和社会发展统计公报》，http://www.gov.cn/xinwen/2017-02/28/content_5171643.htm。

GDP 的比重不断降低，同时第三产业（服务业）占比持续增长，2012 年工业和服务业占比均为 45.3%，此后服务业超过工业占比，成为国民经济的主导产业。从图 2-8 可以看出，第三产业占 GDP 的比重与城镇化率同步增长，这说明服务业已经逐步取代工业成为驱动城镇化的主导产业。

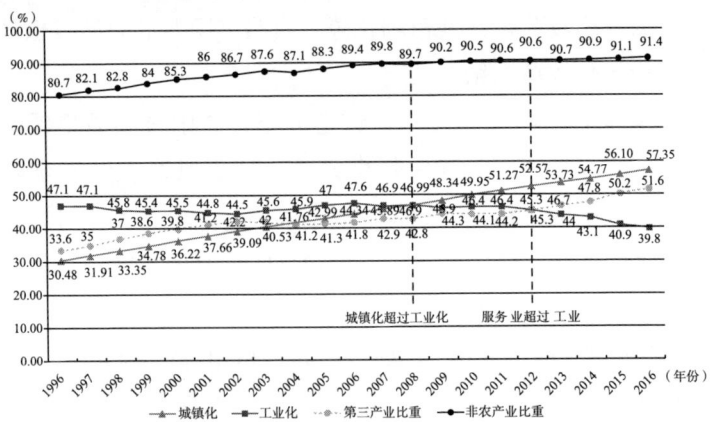

图 2-8　城镇化和工业化对比（1996～2016 年）

资料来源：作者根据以下文献计算结果绘制：国家统计局，http：//data. stats. gov. cn/easyquery. htm? cn = C01。

5. 新型城镇化成为中国未来城镇化的发展方向。改革开放以来，中国城镇化水平大幅提升，但"重物轻人"的城镇化发展模式已经难以为继。如同中国经济面临转型升级的战略重任，城镇化同时走到了新的路口，转变城镇化的发展模式势在必行。2012 年 12 月，中央经济工作会议首次提出中国的城镇化要"走集约、智能、绿色、低碳的新型城镇化道路"。[①] 2013 年 11 月，党的十八届三中全会通过的《中共中央关于全面深化改革若干重

---

① 《中央经济工作会议在北京举行》，载于《人民日报》2012 年 12 月 17 日，第 1 版。

大问题的决定》提出,坚持走中国特色新型城镇化道路,推进以人为核心的城镇化,推动大中小城市和小城镇协调发展、产业和城镇融合发展,促进城镇化和新农村建设协调推进。优化城市空间结构和管理格局,增强城市综合承载能力。推进城市建设管理创新,允许社会资本通过特许经营等方式参与城市基础设施投资和运营。推进农业转移人口市民化,逐步把符合条件的农业转移人口转为城镇居民,稳步推进城镇基本公共服务常住人口全覆盖,从严合理供给城市建设用地,提高城市土地利用率。① 为新型城镇化指明了方向。2014年3月,国务院发布的《国家新型城镇化规划(2014~2020年)》② 明确了新型城镇化的主要目标和5大战略任务。2016年2月,国务院发布了《国务院关于深入推进新型城镇化建设的若干意见》③ 提出了重点推进农业转移人口市民化,全面提升城市功能,加快培育中小城市和特色小城镇,辐射带动新农村建设,完善土地利用机制,创新投融资机制,完善城镇住房制度,新型城镇化综合试点,以及健全新型城镇化工作推进机制9项重点工作。2013年以来的实践表明,新型城镇化是符合中国国情的科学城镇化之路,其势必成为中国未来城镇化的实践方向。事实上,以人的城镇化为核心的新型城镇化,涉及一系列亟待突破的改革,包括土地制度改革、户籍制度改革、行政体制改革、财税体制改革、社会保障体制改革等。正如前文所述,其中土地制度改革和户籍制度改革的呼声最为迫切,通过这两项改革,将进一步打破农村和城市、农民和市民之

---

① 《中共中央关于全面深化改革若干重大问题的决定》单行本,人民出版社2013年版,第24~25页。
② 中共中央、国务院:《国家新型城镇化规划(2014~2020年)》,中华人民共和国中央人民政府网,2014年3月16日,http://www.gov.cn/gongbao/content/2014/content_2644805.htm。
③ 国务院:《国务院关于深入推进新型城镇化建设的若干意见》,中华人民共和国中央人民政府网,2016年2月6日,http://www.gov.cn/zhengce/content/2016-02/06/content_5039947.htm。

间的藩篱,为中国新型城镇化释放巨大活力。

通过对中国城镇化历程梳理不难看出,中国特色的政治经济体制决定了中国城镇化道路与第一章中分析的典型国家的城镇化道路不尽相同(见表2-1)。总的来看,中国城镇化主要是政府主导下进行的,改革开放以后虽然强化了市场的功能,但是在城镇化过程中并没有完全摆脱行政配置资源的方式。"自上而下"式的城镇化道路体现了中国的制度创新和制度灵活性,但是城市政府的利益导向极易造成对经济规律的漠视,因此,更加有效的发挥市场机制和社会参与的作用是今后城镇化发展的方向。

表2-1 中国与典型国家城镇化道路比较

项目	中国	典型国家
主要推动力量	各级政府是城镇化的主要力量之源,市场的力量在逐渐增强。城镇体系的设置和城镇化发展方式带有很强的行政管理特征,行政管理等级制度对城市发展影响巨大。	经济发展和市场机制是推动城镇化的主要力量,政府的作用相对较小。城镇体系的发展主要受人口自然聚集程度和产业发展水平的影响。
土地制度	土地公有制。城镇化发展具有整体性、大规模、快速化的特征。	土地私有制。城镇化发展具有碎片化的特征。
城镇化道路	主要是"自上而下"式的道路。社会力量相对不足,自发推进城镇化的能力不足。	主要是"自下而上"式的道路。城镇化与经济发展水平密切相关,社会力量参与比较充分。

资料来源:作者参考李强等(2012)[①] 的论述整理。

[①] 李强、陈宇琳、刘精明:《中国城镇化"推进模式"研究》,载于《中国社会科学》2012年第7期,第82~102页。

四、中国未来城镇化水平预测

由第一章可知,诺瑟姆曲线(或"S"型曲线)反映出,城镇化发展是一个缓慢、加速、再减慢的过程。城镇化率的变化特点与1838年比利时数学生物学家弗胡斯特(P. F. Verhulst)[①]建立的Logistic模型非常吻合,这里尝试采用此模型对中国未来城镇化水平进行预测。

(一)预测模型的建立

设$r(t)$为t时刻的城镇化率,城镇化率的Logistic模型可用如下微分方程表示:

$$\begin{cases} \dfrac{dr}{dt} = \lambda r\left(1 - \dfrac{r}{r_m}\right), \\ r(t_0) = r_0. \end{cases} \quad (2-1)$$

其中λ为比例常数,r_m为城镇化率的极限值,r_0为初始条件。微分方程解得:

$$r(t) = \dfrac{r_m}{1 + \left(\dfrac{r_m}{r_0} - 1\right)e^{-\lambda(t-t_0)}}, \quad (2-2)$$

令$C = \left(\dfrac{r_m}{r_0} - 1\right)e^{\lambda t_0} > 0$,且$r_m = 100$,即城镇化率的极限值为100%,则式2-2变换为:

$$r(t) = \dfrac{100}{1 + Ce^{-\lambda t}}. \quad (2-3)$$

通过已有的城镇化率数据(见表2-2),运用非线性拟合的

[①] P. F. Verhulst, *Notice sur la loi que la population poursuit dans son accroissement*. Corresp. Math. Phys. Band 10, 1838, pp. 113–121.

表 2-2　中国城镇化率（1949~2016 年）

年份	1949	1950	1951	1952	1953	1954	1955	1956	1957	1958	1959	1960	1961	1962	1963	1964	1965
城镇化率（%）	10.64	11.18	11.78	12.46	13.31	13.69	13.48	14.62	15.39	16.25	18.41	19.75	19.29	17.32	16.84	18.37	17.98
年份	1966	1967	1968	1969	1970	1971	1972	1973	1974	1975	1976	1977	1978	1979	1980	1981	1982
城镇化率（%）	17.86	17.74	17.62	17.50	17.38	17.26	17.13	17.20	17.16	17.34	17.44	17.55	17.92	18.96	19.39	20.16	21.13
年份	1983	1984	1985	1986	1987	1988	1989	1990	1991	1992	1993	1994	1995	1996	1997	1998	1999
城镇化率（%）	21.62	23.01	23.71	24.52	25.32	25.81	26.21	26.41	26.94	27.46	27.99	28.51	29.04	30.48	31.91	33.35	34.78
年份	2000	2001	2002	2003	2004	2005	2006	2007	2008	2009	2010	2011	2012	2013	2014	2015	2016
城镇化率（%）	36.22	37.66	39.09	40.53	41.76	42.99	44.34	45.89	46.99	48.34	49.95	51.27	52.57	53.73	54.77	56.10	57.35

资料来源：http://data.stats.gov.cn/easyquery.htm? cn = C01。经作者计算。

方法,① 估计出 C 和 λ 的数值,从而可以预测出任意时间的城镇化率 $r(t)$.

(二)预测模型的求解

首先,选取 1949～2016 年的城镇化率,为方便计算,令 1949 年为 1,则 2016 年为 68。用 Mathematica 软件进行非线性拟合得 $C = 10.845$,$\lambda = -0.0363445$,

则
$$r(t) = \frac{100}{1 + 10.845e^{-0.0363445t}}, \quad (2-4)$$

此时,$R^2 = 0.988074$,但从图 2-9 也可以看出,拟合效果不是十分理想。

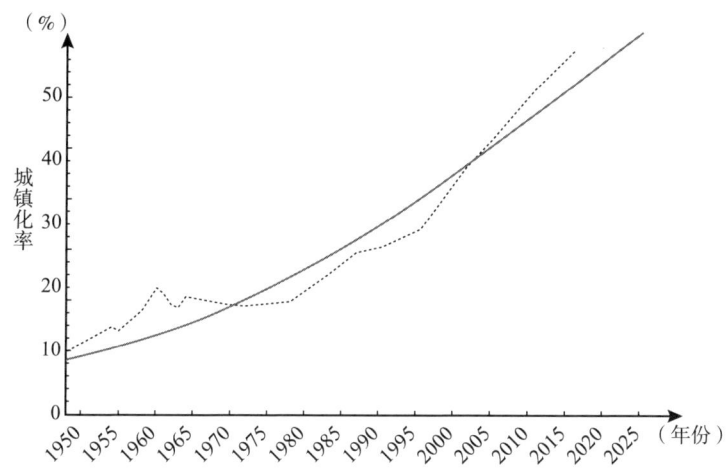

图 2-9 中国城镇化率（1949～2016 年）拟合曲线

资料来源:作者用 Mathematica 软件绘制。

---

① 这里通过恒等变换后,也可以运用线性拟合法。由 $r(t) = \dfrac{100}{1 + Ce^{-\lambda t}}$,变换可得 $\dfrac{100}{r} - 1 = Ce^{-\lambda t}$,两边取自然对数得 $\ln\left(\dfrac{100}{r} - 1\right) = \ln C - \lambda t$,令 $x = \ln\left(\dfrac{100}{r} - 1\right)$,$a_0 = \ln C$,$a_1 = -\lambda$,则 $x = a_0 + a_1 t$。

前文分析可知，改革开放前的城镇化是受政策抑制的"畸形城镇化"，本书认为中国改革开放之后的城镇化水平的变化更加符合诺瑟姆曲线的规律性。因此，从表2-2中选取1978~2016年的城镇化率，用Mathematica软件非线性拟合得 $C=5.16281$，$\lambda=-0.0487018$，

则 $$r(t)=\frac{100}{1+5.16281e^{-0.0487018t}}, \quad (2-5)$$

此时，$R^2=0.99893$，同时从图2-8也可以看出，拟合效果非常好。

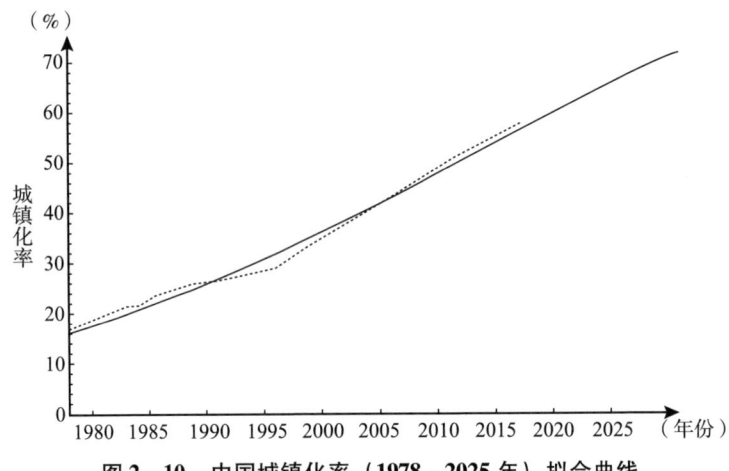

图 2-10　中国城镇化率（1978~2025 年）拟合曲线

资料来源：作者用 Mathematica 软件绘制。

根据拟合函数 $r(t)=\frac{100}{1+5.16281e^{-0.0487018t}}$，可以预测出中国未来若干年的城镇化率。城镇化率虽然受众多因素的影响，在可以预见的将来中国仍将处在高速城镇化的区间，之后城镇化水平的变化可能会逐渐趋缓。这里仅选择预测2017~2030年间的城镇化率（见表2-3）。不难发现，中国将在10年之后，也就是大约2027年城镇化率达到70%左右，之后中国城镇化水平可能

会进入缓慢发展时期。这里也可以预测一下中国城镇人口的总量，2020年中国人口将达到14.2亿左右，城镇常住人口将达到约8.81亿；2030年中国人口将达峰值14.5亿左右，城镇常住人口将突破10亿，达到约10.56亿。

表2-3　　　　中国城镇化率预测（2017~2030年）

年份	2017	2018	2019	2020	2021	2022	2023	2024	2025	2026	2027	2028	2029	2030
城镇化率（%）	58.54	59.73	60.90	62.07	63.22	64.35	65.48	66.58	67.67	68.75	69.80	70.83	71.85	72.84

资料来源：作者计算。

这里运用Logistic模型虽然不能完全解释中国城镇化进程的发展规律，但1978年改革开放以来的城镇化水平的变化规律基本可以用Logistic模型诠释。建立中国城镇化预测模型可以让我们明确当前中国城镇化正处于一个怎样的发展阶段，为推进新型城镇化发展战略提供科学的依据。

第三章

质量：中国城镇化的评价

2016年中国城镇常住人口79 298万人，比欧盟总人口还要多2.8亿，城镇化率已达57.35%，已经超过世界约56%的平均水平。[①] 通过第二章对中国城镇化发展历程的分析，我们发现从城镇人口和空间形态的标准来看，中国已经整体迈入初级城市型社会。但从城乡关系、收入水平、生活方式和社会文化等标准看，中国与城市型社会还有较大的差距。[②] 在第一章就已指出，城镇化不单单是人口从乡村向城镇的转移过程，而更重要的是城镇化质量的提高。当前中国已经进入新型城镇化阶段，相对于城镇化的水平，新型城镇化更加重视提高城镇化质量，全面提升城镇化质量是推进新型城镇化的核心和关键。因此，明确界定城镇化质量的内涵，研究城镇化的评价指标体系和评价方法，并对中国城镇化质量进行测评，进而明确新型城镇化要努力的方向，具有重大的理论价值和现实意义。

---

① 资料来源：《2016年国民经济和社会发展统计公报》，http://www.gov.cn/xinwen/2017-02/28/content_5171643.htm。
② 魏后凯、袁晓勐、郭叶波等：《中国迈向城市时代的绿色繁荣之路》，引自潘家华、魏后凯主编：《中国城市发展报告 No.5》，社会科学文献出版社2012年版，第1~33页。

第三章　质量：中国城镇化的评价

一、文献综述

由前文可知，城镇化是伴随工业化的发展，非农产业在城镇集聚、农村人口向城镇集中的自然历史过程。其实质是经济结构、人口结构、城市空间结构以及观念意识和生活方式的变迁过程。在城镇化研究领域，国外学术界的研究起步早，主要围绕城镇化阶段划分、逆城镇化、城市郊区化、发展中国家城镇化模式、城镇化所面临的问题等主题。[1] 因为国外没有与城镇化质量相吻合的概念，因此相关的研究较少，但相近的研究并不少见。比如，埃迪·迪纳和杨珂·苏（Diener E. & Suh E., 1997）从经济、社会和主观3个方面评价人的生活质量；[2] 联合国人居署（UN – HABITAT）测算了城市发展指数（CDI, 2002），[3] 构建了

---

[1] Ray M. Northam, *Urban geography*. New York: John Wiley & Sons, 1975.
Brian Joe, Lobley Berry, *Urbanization and counterurbanization*. Berkerly Hill: Sage Publication, 1976.
Jackson Kenneth T., *Crabgrass Frontier: the Suburbanization of The United States*. New York: Oxford University Press, 1985.
Mcgee T. G., Ira M Robinson, *The mega-urban regions of South-east Asia*. City of Vancouver: UBC Press, 1995.
Roger C. K., Yao Shimou, *Urbanization and sustainable metropolitan development in China: Patterns problems and prospects*. Geo Journal, Vol. 49, 1999, pp. 269 – 277.
Gene H. C., Josef C. B., *The paradox of China's growing under-urbanization*. Economic Systems, Vol. 30, 2006, pp. 24 – 40.
George Lin, *Chinese Urbanism in question: state, society, and the reproduction of urban spaces*. Urban Geography, Vol. 28, 2007, pp. 7 – 29.
Heikkila E. J., *Three questions regarding urbanization in China*. Journal of Planning Education and Research, Vol. 27, No, 1, 2007, pp. 65 – 81.
[2] Diener E., Suh E., *Measuring quality of life: economic, social, and subjective indicators*. Social Indicators Research, Vol. 40, No. 2, 1997, pp. 189 – 216.
[3] United Nations Human Habitat, *The state of the world's citiesreport* 2001. New York: United Nations Publications, 2002.

城市指标准则（UIG，2004）；① 艾琳·范·坎普等（Irene van Kamp et al.，2003）从环境质量和生活质量等概念框架分析了城市（质量）发展；② 保罗·莫赖和安娜·卡马霍（M. Paulo & S. C. Ana，2011）建立指标体系，采用 DEA 模型对欧洲 206 个城市的生活质量进行研究。③ 国内学术界对城镇化的研究虽然起步较晚，但对城镇化质量的研究成果比较集中，特别是随着国家城镇化战略的提出，相关研究日渐丰富。从研究学科来看，有经济学、地理学、社会学、人口学、城市规划学等；从研究内容来看，基本可分为四个方面：一是对城镇化质量内涵的探讨，二是对构建城镇化质量评价指标体系的理论探讨，三是对城镇化质量的量化测评、空间差异等进行实证分析，四是对城镇化质量提升对策或城镇化质量与水平的协调性探讨；从城镇化质量评价所涉及的方法来看，有因子分析法、熵值法、聚类分析方法、阿特金森模型、均方差赋权法、层次分析法（APH）、模糊综合评价法、德尔菲法（Delphi Method）、遗传算法、TOPSIS 法、数据包络分析方法（DEA）等；从研究尺度来看，既有对全国、区域、省域、城市带或城市群的宏观尺度研究，也有对市、县的微观尺度研究。

自 21 世纪初，开始使用综合评价指标体系对城镇化质量进行测评以来，学术界涌现了大量的评价指标体系，但目前国内尚无公认的城镇化质量评价指标体系。叶裕民（2001）④ 是较早对

---

① United Nations Human Habitat, *Urban indicators guidelines—monitoring the habitat agenda and the millennium development goals*. New York: United Nations Publications, 2004.

② Irene van Kamp, Kees Leidelmeijer, Gooitske Marsman, Augustinus de Hollander, *Urban environmental quality and human well—being: Towards a conceptual framework and demarcation of concepts; a literature study*. Landscape and Urban Planning, Vol. 65, No. 1 - 2, 2003, pp. 5 - 18.

③ M. Paulo, S. C. Ana. *Evaluation of performance of European cities with the aim to promote quality of life improvements*. Omega, Vol. 39, No. 4, 2011, pp. 398 - 409.

④ 叶裕民：《中国城市化质量研究》，载于《中国软科学》2001 年第 7 期，第 27~31 页。

城镇化质量进行定量分析的学者，她从城市现代化和城乡一体化两个方面出发，构建了城市经济现代化、基础设施现代化和人的现代化3个一级指标和12个二级指标的市域（针对于北京等9个城市）现代化评价指标体系。对于城乡一体化叶裕民仅仅分析了城乡收入和恩格尔系数的差异，没有进行综合定量评价。之后，国家城调总队福建省城调队课题组（2005）① 构建了包括6个一级指标、14个二级指标和31个三级指标的省域城镇化质量评价指标体系在学术界受到广泛关注。党的十七大之后，迎来了城镇化质量测评研究的高潮，欧向军等（2008）② 和陈明星等（2009）③ 从人口、经济、社会和地域（土地）4个方面构建了具体指标类似的城镇化质量评价指标体系在学术界比较有影响力。随着相关研究的增多，学者都在借鉴前人的基础上对评价指标体系不断进行充实和调整，具体指标的数量也不断在增多。比如，韩增林等（2009）④、徐素等（2011）⑤、何平等（2013）⑥、王富喜等（2013）⑦、吕丹等（2014）⑧ 将城乡一体化（或城乡统筹）相关指标纳入了评价指标体系，王德利等（2009）⑨、张

---

① 国家城调总队福建省城调队课题组：《建立中国城市化质量评价指标体系及应用研究》，载于《统计研究》2005年第7期，第15~19页。
② 欧向军、甄峰、叶磊、杨恒、顾秋芸：《江苏省城市化质量的区域差异时空分析》，载于《人文地理》2012年第5期，第76~82页。
③ 陈明星、陆大道、张华：《中国城市化水平的综合测度及其动力因子分析》，载于《地理学报》2009年第4期，第387~398页。
④ 韩增林、刘天宝：《中国地级以上城市城市化质量特征及空间差异》，载于《地理研究》2009年第6期，第1508~1515页。
⑤ 徐素、于涛、巫强：《区域视角下中国县级市城市化质量评估体系研究——以长三角地区为例》，载于《国际城市规划》2011年第1期，第53~58页。
⑥ 何平、倪苹：《中国城镇化质量研究》，载于《统计研究》2013年第6期，第11~18页。
⑦ 王富喜、毛爱华、李赫龙、贾明璐：《基于熵值法的山东省城镇化质量测度及空间差异分析》，载于《地理科学》2013年第11期，第1323~1329页。
⑧ 吕丹、叶萌、杨琼：《新型城镇化质量评价指标体系综述与重构》，载于《财经问题研究》2014年第9期，第72~78页。
⑨ 王德利、方创琳、杨青山、李飞：《基于城市化质量的中国城市化发展速度判定分析》，载于《地理科学》2010年第5期，第643~650页。

春梅等（2013）①、何孝沛等（2015）②将可持续发展相关指标纳入了评价指标体系，方创琳和王德利（2011）③、梁振民等（2013）④将空间城镇化纳入了评价指标体系，李明秋等（2010）⑤、魏后凯等（2013）⑥、杨璐璐（2015）⑦将城镇化推进的效率相关指标纳入了评价指标体系。整体来看，城镇化质量评价指标体系有两层和三层两种类型，比如国家城调总队福建省城调队课题组、王德利等、徐素等、魏后凯等、吕丹等和杨璐璐均构建了三层指标体系。除了具体指标数量的优势，三层指标体系对各个具体指标的分类更加细致，特别是第二层的设计更能体现城镇化质量的内涵。在评价空间尺度方面，除陈明星等（全国）、王德利等（全国）、国家城调总队福建省城调队课题组（省域）、欧向军等（省域）、何平等（省域）之外，大部分是市域城镇化质量评价指标体系。总体来看，当前对全国宏观尺度的测评研究不足。

通过梳理对城镇化质量评价指标体系研究的代表性文献，本书认为至少存在四个方面的问题：一是指标体系缺乏理论支撑。相当一部分研究仅仅是为了建立可以测评的一个指标体系，而忽视了对城镇化质量内涵及其构成要素的理论分析。因此造成了部

---

① 张春梅、张小林、吴启焰、李红波：《城镇化质量与城镇化规模的协调性研究——以江苏省为例》，载于《地理科学》2013年第1期，第16~23页。

② 何孝沛、梁阁、丁志伟、王发曾：《河南省城镇化质量空间格局演变》，载于《地理科学进展》2015年第2期，第257~264页。

③ 方创琳、王德利：《中国城市化发展质量的综合测度与提升路径》，载于《地理研究》2011年第11期，第1931~1946页。
Deli Wang, Chuanglin Fang, et al., *Measurement and spatiotemporal distribution of urbanization development quality of urban agglomeration in China*. Chinese Geographical Science, Vol. 21, No. 6, 2011, pp. 695–707.

④ 梁振民、陈才、刘继生、梅林：《东北地区城市化发展质量的综合测度与层级特征研究》，载于《地理科学》2013年第8期，第926~934页。

⑤ 李明秋、郎学彬：《城市化质量的内涵及其评价指标体系的构建》，载于《中国软科学》2010年第12期，第182~186页。

⑥ 中国社会科学院《城镇化质量评估与提升路径研究》创新项目组：《中国城镇化质量综合评价报告》，载于《经济研究参考》2013年第31期，第3~32页。

⑦ 杨璐璐：《中部六省城镇化质量空间格局演变及驱动因素——基于地级及以上城市的分析》，载于《经济地理》2015年第1期，第68~75页。

分学者对城镇化质量的理解偏差较大,忽视了城镇化的本质。比如,有学者仅仅把城镇化质量等价于城市综合实力,忽视了城乡协同发展等重要内容;大多数学者没有考虑城镇化效率这一关键内容,片面地强调了城镇化的静态结果而忽略了城镇化过程中各方面的动态推进效率。二是指标体系的科学、合理性问题。一方面有些指标体系不完善,所选择的指标过于简单,不能表征城镇化质量内涵的主要内容;另一方面有些指标体系设计了一些无意义,甚至与城镇化质量的本质相左的指标。比如,有些指标体系设计了非农业人口比重、地区生产总值、每万名学生学校数、户均成套住宅套数等指标,这些指标用来衡量城镇化质量都是值得商榷的。三是评价指标体系的针对性问题。绝大多数文献在构建指标体系前并没有明确指标体系针对的范围(全国、省域、市域、县域等),事实上,不同的范围对具体指标选取的影响是非常显著的。四是评价指标体系的创新问题。绝大部分文献设计的具体指标都是各种统计部门发布的指标,因为指标的发布方并非是为城镇化质量评价而统计数据,许多指标的适用性较低。由于现实统计数据的限制,评价指标体系的具体指标设计并不能随意选取,如何利用现有的统计数据,经过适当处理创造出合理的评价指标是构建城镇化质量评价指标体系普遍面临的难题。因此,这里将在评价指标体系的构建中尽量克服以上问题,构建一个相对科学合理的中国城镇化质量评价指标体系。

二、中国城镇化质量的评价指标体系

城镇化质量评价指标体系的确定依赖于如何定义城市化质量,因此首先要对城镇化质量内涵进行科学的界定。一般地,可以通过三种方式来进行城镇化质量的评价。一是客观法,建立指标体系,通过客观的统计数据进行测评;二是主观法,通过设计相关问卷,选取合适的样本,针对城镇化的相关问题进行抽样调查;三是前两种方式的结合。三种评价方式各有利弊,学术界使用更多的是客观法,这里也采用客观法。

(一) 城镇化质量的内涵

城镇化质量是一个内涵十分丰富的概念,宏观层面的城市经济发展质量、产业发展质量、社会发展质量、人居环境质量、城乡协同状况等,微观层面的企业发展质量、产品及服务质量等,这些都是城镇化质量的组成部分。然而,城镇化质量内涵的丰富性使任何某一个或某几个都无法构成城镇化质量的全部。这使得我们在界定城镇化质量内涵时,必须遵循层次分明,全面而又重点突出的原则。城镇化是一个过程,本质上是一个动态的概念,而城镇化质量是一个衡量这个过程发展状况的指标。因此,我们要从两个方面界定城镇化质量,一方面是城镇化的结果,主要表现在城镇发展质量和城乡协同程度;另一方面是城镇化的过程,主要表现在城镇化过程中各方面的发展效率。在借鉴学术界相关研究成果的基础上,这里构建了城镇化质量内涵结构体系(见图3-1)。总体来说,质量高的城镇化就是"既好又快"的城镇化,好与快就是表现在结果和效率之中。魏后凯等(2013)也将城镇自身的发展质量、城镇化推进的效率和城乡协调发展程度三个方面看成是城镇化质量的本质内涵,其中,"城镇自身发展质量是城镇化质量的核心内容;城镇化推进效率是城镇化质量的基础和前提;而公平协调的城乡关系则是城镇化质量的重要保障。"[①] 本书认为,城市发展质量是城镇化质量的基础,城乡协同发展是城镇化质量的约束,而城镇化效率是城镇化质量的过程。因此,城镇化质量是结果和过程、静态和动态的统一。

[①] 中国社会科学院《城镇化质量评估与提升路径研究》创新项目组:《中国城镇化质量综合评价报告》,载于《经济研究参考》2013年第31期,第3~32页。

第三章 质量:中国城镇化的评价

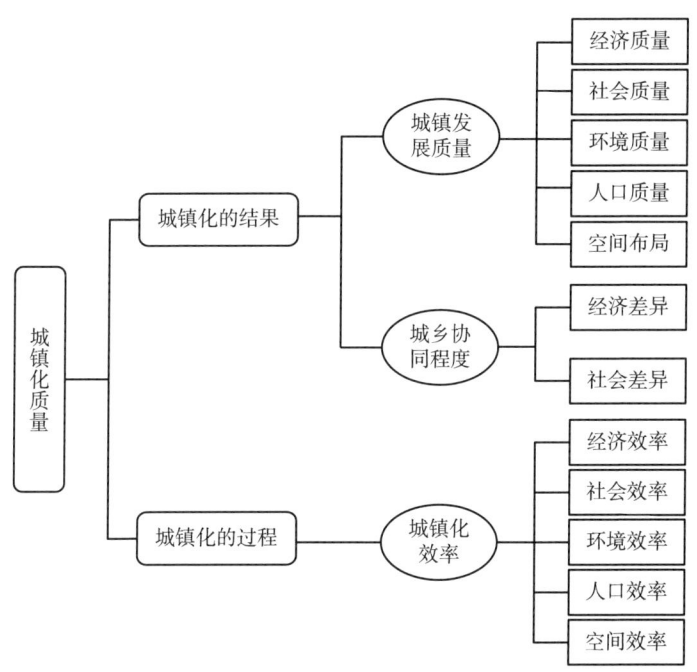

图3-1 城镇化质量的内涵结构图

资料来源:作者绘制。

在城镇化质量的内涵中主要包括以下几个方面:

1. "人"是城镇化质量的核心。城镇化最终的目的是让"人"生活得更幸福,让所有人都能共享经济社会发展带来的现代文明成果。在城镇化过程中城市经济、社会、空间、环境等城市内在的机理和结构的各种要素质量,都要集中反映在人的生存和生活质量上。事实上,不论是从城镇化的过程和结果,还是从城市发展质量、城乡协同程度以及城镇化的效率三个方面来看,它们都是以"人"为核心的,脱离了这一个核心城镇化质量就无从谈起。

2. 城市发展质量是衡量城镇化质量的基础标准。根据第一章城镇化的动力机制分析可知,农民之所以从农村迁移到城市,关键是城市的经济效益、社会福利、生活环境等方面的比较利益更大，这集中体现在城市的发展质量上，只有良好的城市发展质量，才能驱动城镇化持续的进行。能表征城市发展质量的因素非常多，其中经济质量、社会质量、人口质量、环境质量以及空间布局质量是主要的五个方面。第一，经济质量是基础。城市是经济要素的高密度聚集地，是各种非农产业活动的载体。只有经济持续稳定增长，居民的收入水平才会提高，可供消费商品的种类和数量才会增加，生活质量才会提高。第二，社会质量是关键。公共服务水平是城市社会质量的集中体现，高质量的城镇化一定是伴随着公共服务水平持续提高的过程。农村转移人口能在城市中安居乐业，"城市让生活更美好"，最关键的是城市社会质量。第三，人口质量是核心。城镇化本质上是农民市民化的过程，农村转移人口完全适应城市生活方式是城镇化成功与否的关键。在这一过程中，必将伴随着新老城市居民整体素质的不断提高，城市的生活方式、思想观念更加文明。第四，环境质量是保障。良好的生态环境是城市发展质量的重要内容，特别是随着城镇化的推进，城市规模不断扩大，环境污染问题已经成为制约城市发展的主要因素。第五，空间布局是重点。科学合理的城市空间布局是提高城市经济、社会和环境质量的必然要求，更是城市人口质量提升的必要条件。一方面科学规划城市内部的空间布局，做好城市功能区的结构组团和交通路网布局规划，另一方面以城市群为主体形态，科学规划区域城市空间布局，实现紧凑集约、高效绿色发展。

3. 城乡协同程度是衡量城镇化质量的约束标准。要将城镇化放到整个经济、社会和环境的系统中来考查其质量，即城镇化质量不应该仅仅考虑城市本身的发展质量，还应该包括城镇化过程中城镇对乡村的影响。高质量的城镇化对乡村的影响肯定是积极的，城镇化的本质在于社会整体生活质量的提高和区域可持续发展能力的增强，其最终目标是消除城乡二元结构，实现城乡一体化。因此，城乡协同程度作为衡量城镇化质量的约束标准，也是城镇化质量的重要表征。本书认为可以从城乡经济和社会两个主要方面的一体化来表征城乡协同发展程度。第一，经济一体化是基础。城乡经济一体化关键是产业融合发展，使三大产业在城乡之间进行广泛渗透融合，促进城乡间生产要素的自由流通，使城乡产业合理布局，相互补充，互相促进，为城乡协调发展提供坚强的物质基础。第二，社会一体化是主体。周其仁（2013）在其著作《城乡中国》中指出，"中国虽然大，可以说只有两块地方：一是城市，一是乡村。"城市和乡村是人类两种生存的空间形态，两者并非相互隔离，而是一个有机的整体。因此，社会一体化不仅要求城市和乡村在规划、建设等方面要统一考虑、统一布局、统一推进，实现基础设施城乡共建、城乡联网和城乡共享。同时，还要推进城乡公共服务、就业保障、社会管理等方面均衡发展，改变长期以来重城市、轻农村，重市民、轻农民的做法，缩小城乡之间在社会各方面的差距。

4. 城镇化效率是衡量城镇化质量的过程标准。从前文分析可知，城镇化是一个动态的过程，城镇化质量不仅包括城市发展质量和城乡协同发展程度，而且还包括城镇化推进的效率。大部分文献在进行城镇化质量界定时，只包含前两者的内容，而没有涉及城镇化推进效率方面的内容。城镇化是经济、社会、人口等诸多方面的变迁过程，与城市发展的质量和城乡协同发展程度一样，城镇化过程中各方面的推进效率作为衡量城镇化质量的过程标准，也是表征城镇化质量的重要方面。第一，经济效率是基础。经济发展是城镇化的基础，同样经济效率也是城镇化效率的基础。城镇化过程中劳动、资本、土地等各种生产要素效率的提高，是反映城镇化质量的重要方面，也是城镇化效率的基础。第二，社会效率是关键。城镇化是人类社会文明进步的载体，社会发展也是城镇化的关键。社会效率是社会发展进步的速度，直接反映社会生产生活、物质精神各方面文明程度的变化。鉴于社会效率所涵盖的内容十分广泛，本书认为在城镇化过程中社会效率可以用某些主要的社会问题的解除效率来表征。第三，人口效率是核心。人口效率是人口素质的变化率，在城镇化过程中主要是指农村转移人口市民化的速率。人是城镇化的核心，同样人口效率也是城镇化的效率核心，只有农村转移人口能快速地在城镇就业或创业、安家落户、融入城市，才是高效率的城镇化。第四，环境效率是保障。生态环境是人类赖以生存和发展的生命线，当前城镇化的过程不可避免地伴随着对环境的污染和破坏，如何提高治理污染和保护生态环境的效率是城镇化可持续发展的保障。因此，保护环境是城镇化的重要前提，环境效率也是城镇化的效率保障。第五，空间效率是重点。不论是城市内部空间的优化布局，还是区域各城市空间布局的优化，均需要与经济、社会、环境和人口效率的紧密配合。事实上，在城镇化过程中城镇经济、社会和环境的效率变化本身就包含着城镇空间效率的变动，所以空间效率是城镇化的效率重点。

（二）构建指标体系的基本原则

构建城镇化质量评价指标体系，总体上要求评价指标均能科学、客观、准确地反映城镇化质量的内涵。在前文对城镇化质量科学界定，并借鉴学术界相关研究成果的基础上，将城镇化质量的主要内涵分三层展开，以此构成城镇化质量评价体系。在具体指标的选取中，这里还综合考虑了以下几个方面：

1. 方向明确。城镇化是农村转移人口市民化的过程，城镇化质量应从城市发展质量、城乡协同程度以及城镇化效率三个方面进行表征。城镇化质量评价指标体系的目的是指导今后的城镇化发展，各具体指标对未来新型城镇化要有正确的导向性。从而既能比较科学地评价城镇化的成效，又能在时间序列上相互对比、寻找变化规律，进一步指导未来的城镇化。特别地，这里将构建一个全国城镇化质量评价指标体系，用于测评中国年度城镇化质量。

2. 科学实用。城镇化质量评价指标体系的设计既要具备充足的理论依据和严谨、合理的逻辑结构，又要能客观地反映城镇化发展的现实状况。科学性主要体现在要抓住城镇化质量构成要素和影响要素最重要、最本质和最具代表性的方面，立足中国城镇化的实际，从而能够科学、客观而且公正合理的从各个层面上反映客观事实；实用性就是要基于中国城镇发展的特点，根据所要测评的空间尺度和统计数据来设计具体指标，以保证城镇化质量结果真实有效。

3. 系统客观。指标体系是各具体指标的有机集合，既要注重体系的内在联系，又要注重体系的功能和目标，形成一个层次分明的系统，同时具体指标要选择能够直接量化或间接量化的客观性指标。

4. 独立可比。同一层的具体指标之间界限分明、独立互补，尽量避免在经济意义上的重复性。不同地区城镇化具有差异性，具体指标应能反映不同地区城镇化过程中所表现出来的共性特征，具有较强的可比性。既要便于横向比较，即不同指标间（一般选一级或二级指标相互比较）的相互比较，以反映指标间的差异；又要便于纵向比较，通过不同时点的评价指数来衡量推进城镇化的成效。满足可比性的要求，各具体指标均采用相对值，原数据是绝对值的统一转换为相对值。

5. 数据获取。构建城镇化质量评价体系既是理论问题也是实证问题，因此必须考虑各具体指标数据的测量和数据收集工作的易操作性。原始数据应选用国家统计局、各部委等权威部门通过官方网站或各类统计年鉴公开发布的统计数据，尽量避免定义复杂、计算繁复的指标，对于难以量化、难以获取数据的指标只能舍弃或暂且搁置。同时，这里采用指标设定与数据搜集、整理和计算同步的方法，增强指标体系的可操作性。

（三）评价指标体系

根据前文对城镇化质量内涵的界定和对城镇化质量评价指标体系构建基本原则的分析，结合所梳理的典型文献中相关评价指标体系构建的经验，这里尝试构建一套适合中国城镇化特点的评价指标体系。这里构建的城镇化评价指标体系，一级指标共有3个，即城镇发展质量指标、城乡协同程度指标和城镇化效率指标；二级指标共有12个，是对一级指标的细分；三级指标共有48个，是对二级指标进一步具体化的细分（见表3-1）。

表3-1　　　　　　中国城镇化质量评价指标体系

一级指标	二级指标	三级指标	单位	类型	备注
城镇发展质量	经济发展质量	城镇人均非农产业增加值	万元/人	正向	
		城镇经济密度	亿元/平方千米	正向	
		工业能耗	吨标准煤/万元	逆向	
		人均财政收入	万元/人	正向	
		城镇居民可支配收入（不变价）	元	正向	
	社会发展质量	城镇恩格尔系数	\	逆向	
		人均住房建筑面积	平方米/人	正向	
		城市天然气普及率	%	正向	
		互联网普及率	%	正向	
		人均快递业务量	件/人	正向	
		每万人公共交通运营线路总长度	公里/万人	正向	
		每万人文化文物及相关产业从业人员数	人	正向	
		人均拥有公共图书馆藏书量	册/人	正向	

续表

一级指标	二级指标	三级指标	单位	类型	备注
城镇发展质量	社会发展质量	教育投入强度（城镇教育投入/非农产业增加值）	\	正向	
		每万人拥有卫生技术人员数	人	正向	
		每万人拥有卫生机构床位数	张	正向	
		社会保障覆盖率（以养老保险为例）	%	正向	
	生态环境质量	工业废水排放达标率	%	正向	
		单位工业产值 CO_2 和 SO_2 排放量	吨/万元	逆向	
		工业（一般、危险）废物综合利用率	%	正向	
		生活垃圾无害化处理率	%	正向	
		城镇居民人均绿地面积	平方米/人	正向	
	人口发展质量	每十万人口中在校大学生数	人	正向	
		城镇登记失业率	%	逆向	
	空间发展质量	建成区人口密度	万人/平方千米	正向	
		人均城市道路面积	平方千米/人	正向	
城乡协同程度	经济差异程度	城乡人均GDP之比	\	适中	
		城乡居民人均可支配收入之比	\	适中	
	社会差异程度	城乡居民人均消费支出之比	\	适中	
		城乡恩格尔系数之比	\	适中	
		城乡人均教育经费之比（初中和小学）	\	适中	
		城乡每万人拥有卫生技术人员数之比	\	适中	
		城乡每万人拥有卫生机构床位数之比	\	适中	

续表

一级指标	二级指标	三级指标	单位	类型	备注
城镇化效率	经济发展效率	劳动效率（不变价GDP/就业人数）	万元/人	正向	
		资本效率（不变价GDP/资本存量）	\	正向	
		能源效率（不变价GDP/能源消耗量）	元/千瓦时	正向	
		城镇人均非农产业产值增长率	%	正向	
		城镇居民可支配收入增长率	%	正向	
		高技术产品占制造业比重	%	正向	
	社会发展效率	城镇住房保障支出	亿元	正向	
		农民工与雇主或单位签订劳动合同比例	%	正向	
		农民工社保参保率（以养老保险为例）	%	正向	
	环境保护效率	工业污染源治理投入增长率	%	正向	
		环保投入增长率	%	正向	
	人口发展效率	城镇户籍人口与常住人口之比	\	正向	
		农民工落户数量	人	正向	
	空间发展效率	城市建设用地增长率	%	正向	
		固定资产投资增长率	%	正向	

资料来源：作者设计整理。

1. 城镇发展质量指标。根据城镇化的动力机制可知，农民之所以从农村迁移到城镇，关键是城镇的经济效益、社会福利、生活环境等方面的比较利益更大，这集中体现在城镇的发展质量上，只有良好的城镇发展质量，才能驱动城镇化持续的发展。同时，城镇发展质量无疑也是城镇化的直接结果，是表征城镇化质量的最重要的指标。作为一级指标，城镇发展质量指标下包含5个二级指标：经济发展质量、社会发展质量、环境保护质量、人口发展质量和空间发展质量，分别从经济发展、社会进步、生态环境、人口质量以及空间布局5个方面来综合反映城镇发展的现实状况。

（1）经济发展质量指标：城市是经济要素的高密度聚集地，是各种非农产业活动的载体。研究表明，经济发展与城镇发展具有很高的相关性，因此经济发展质量是衡量城镇发展质量的重要构成要素。反映城镇经济发展质量的因素很多，这里选择了城镇人均非农产业增加值、城镇经济密度、工业能耗、人均财政收入和城镇居民可支配收入5个三级指标。其中工业能耗为逆向指标，其余均为正向指标。城镇是非农产业聚集之地，城镇人均非农产业增加值是反映城镇经济实力的代表性指标；城镇经济发展质量不能只看总量，还要看密度，城镇经济密度表征了城镇单位面积上经济活动的效益和土地利用的密集程度；经济的发展也不能仅看数量，还要关注质量，这里选择工业能耗来反映工业化的质量；衡量经济发展质量既要看投入也要看收入，其中财政收入代表政府的收入，一般地，政府收入越高公共服务水平和均等化程度就越高；城镇居民可支配收入代表工作生活在城镇的居民的收入水平，这不仅是城市发展质量的重要指标，还是城镇化的主要驱动力。这里采用不变价的城镇居民可支配收入，能更真实地反映城镇化给城镇居民经济收入所带来的真实变化。

（2）社会发展质量指标：相比之下，社会发展的面更广阔，与之相关的因素更多，考虑到全面而重点突出以及指标数据的可获取性等因素，这里选取了城镇恩格尔系数、人均住房建筑面积、城市天然气普及率、互联网普及率、人均快递业务量、每万人公共交通运营线路总长度、文化文物及相关产业从业人员数、人均拥有公共图书馆藏书量、教育投入强度、每万人拥有卫生技术人员数、每万人拥有卫生机构床位数和社会保障覆盖率12个三级指标。分别从城市居民的吃、住、用、行、文化、教育、医疗和社保等方面综合反映城市社会的发展状况，其中城镇恩格尔系数为逆向指标，其余均为正向指标。恩格尔系数能直接反映一个国家或地区的社会富裕程度，随着城镇化进程的不断推进，城镇恩格尔系数呈现下降趋势；随着农业人口逐渐向城镇转移，城市规模不断扩大，城镇居民的居住条件也在发生着变化，人均住房面积是表征城镇居民生活质量的重要指标；住房条件改善的同时，各种配套设施也应不断完善，其中对于现代城镇来说城市天然气普及率和互联网普及率是两个重要指标；信息化时代的到来，使得以互联网为代表的信息技术在不断变革着我们的生活，"互联网＋分享经济"是城市社会发展质量的重要趋势，这里选择了人均快递业务量来表征这一趋势；通勤水平是一个城市社会发展质量的重要方面，在众多的影响因素中，这里选择了每万人包括城市公共汽车、电车和轨道交通三种公共交通运营线路总长度来反映城镇居民的出行质量；文化娱乐是城市社会发展质量的重要内容，这里选择了文化文物及相关产业从业人员数和人均拥有公共图书馆藏书量两个指标；教育的发展是城市社会进步的重要标志，这里选择了教育投入强度这个最关键的具体指标；医疗卫生水平是城市社会发展实力的重要标志，这里选择了每万人拥有卫生技术人员数和每万人拥有卫生机构床位数两个关键指标；社会保障发展水平是现代城市社会文明程度的直接体现，这里选择了社会保障覆盖率为具体指标，为了简化操作，仅以养老保险参保率的数据为例。

(3) 生态环境质量指标：良好的生态环境是城市发展质量的重要内容，特别是随着城镇化的推进，城市规模不断扩大，环境污染问题已经成为制约城市发展的主要因素。这里选取了工业废水排放达标率、单位工业产值 CO_2 和 SO_2 排放量、工业废物综合利用率、生活垃圾无害化处理率、城镇居民人均绿地面积5个三级指标，其中单位工业产值 CO_2 和 SO_2 排放量为逆向指标，其余均为正向指标。世界各国城镇化的历程表明，工业污染是城镇生态环境质量下降的主要原因，这里选择了工业废水排放达标率、单位工业产值 CO_2 和 SO_2 排放量和工业废物综合利用率3个指标，分别从水体、大气和固体三个方面来反映工业污染及治理情况；随着城市人口的增多，城市生活垃圾逐渐成为城市环境的重要污染源，生活垃圾无害化处理率可以直接表征环境发展质量；城市的绿林地是城市之"肺"，也是一个城市生态环境质量的重要标志，这里选择了城镇居民人均绿地面积作为具体指标。

（4）人口发展质量指标："人"是城镇化的核心，人口发展质量也是城镇发展质量的核心。这里受客观统计数据的限制，仅选取每十万人口中在校大学生数和城镇登记失业率两个三级指标。人口受教育的状况是人口发展质量的重要内容，特别是高等教育，这里选择用每十万人口中在校大学生数来表征人口教育质量正向指标；城镇人口发展能否与产业发展相互协调也是质量的重要体现，这里选择了城镇登记失业率作为逆向指标。

（5）空间发展质量指标：城镇首先是一个空间载体，城市空间结构布局也是城镇化质量的重要组成部分。当然，城市空间结构的形成受到地理区位、历史发展等因素的影响，更与政府的城市规划设计直接相关。这里选取建成区人口密度和人均城市道路面积两个三级指标，且均为正向指标。其中建成区人口密度反映城镇的集约发展状况，人均城市道路面积反映城市空间的交通发展状况。

2. 城乡协同程度指标。城镇和乡村并非是完全隔离的两个系统，而是相互依存的互动关系，城镇化质量不应该仅仅考虑城市本身的发展质量，还应该包括城镇化过程中乡村与城镇发展的协同程度。因此，城乡协同程度是城镇化质量的重要表征。作为一级指标，城乡协同程度指标下包含经济差异程度、社会差异程度两个二级指标，分别从经济和社会两个主要方面来反映城乡协同发展状况。反映城乡差异的指标均是适中型指标，即城乡一体化发展是最优状态。

（1）城乡经济差异程度指标：城乡具有各自不同的产业和产业结构，经济差异主要体现在各自产值和收入两个方面，因此这里选取了城乡人均 GDP 之比和城乡居民人均可支配收入之比两个三级指标。

（2）城乡社会差异程度指标：相比较城乡经济差异，社会差异所包含的内容就更加广泛，这里选取了城乡居民人均消费支出之比、城乡恩格尔系数之比、城乡人均教育经费之比、城乡每万人拥有卫生技术人员数之比和城乡每万人拥有卫生机构床位数之比 5 个三级指标，分从消费的数量、消费的结构、教育和医疗 4 个方面反映城乡协同发展状况。城乡的消费虽然与收入水平直接相关，但也是城乡社会生活习惯和思想观念等方面的直接体现，因此城乡居民人均消费支出之比是反映城乡社会差异程度的基础性指标；研究表明，城乡的教育和医疗卫生差别是很多农民选择进城的重要原因，同样也是当前城乡二元社会结构的主要方面。这里选择了城乡人均教育经费之比作为表征城乡教育条件差异的指标，限于统计数据的缺乏，仅以初中和小学为例；选择城乡每万人拥有卫生技术人员数之比和城乡每万人拥有卫生机构床位数之比两个指标来表征城乡医疗卫生条件的差异。

3. 城镇化效率指标。城镇化效率直接体现了城镇化发展过程的"动态"状况，也是表征城镇化质量的重要指标。城镇化效率指标包含经济发展效率、社会发展效率、人口发展效率、环境保护效率和空间发展效率 5 个二级指标，分别从经济发展、社会进步、人口质量、生态环境以及空间布局 5 个方面来综合反映城镇化推进过程的状况。

（1）经济发展效率指标：经济发展效率与城镇化发展效率正相关，这里选取了劳动效率、资本效率、能源效率、城镇人均非农产业产值增长率、城镇居民可支配收入增长率和高技术产品占制造业比重 6 个三级指标，且均为正向指标。劳动、资本和能源作为经济发展的要素，它们的效率是经济发展效率的直接体现，这里采用不变价 GDP 来计算生产要素效率，能更真实地反映经济发展效率的变化情况；在城镇发展质量指标下使用人均非农产业增加值和城镇居民可支配收入作为三级指标，这里选择用其增长率来反映经济发展的效率，前者是静态的结果，后者是动态的过程；高技术产品在制造业中的比重既能反映经济发展质量，同时也能体现产业优化升级，即经济发展效率的状况。

（2）社会发展效率指标：在城镇化过程中社会发展效率反映着整个城市社会现代化的速度，但是中国的城镇化道路具有其特殊的国情。本书认为以农民工为核心的社会问题解决是反映社会发展效率的最主要内容，因此选取了城镇住房保障支出、农民工与雇主或单位签订劳动合同比例和农民工社保参保率 3 个三级指标，且均为正向指标。农民工的市民化是当今中国新型城镇化的关键，而让农民工能安心留在城里的主要因素就是住房、工作和社保。城镇住房保障主要针对农民工等城市弱势群体，这里选取了城镇住房保障支出作为具体指标来反映对住房这一重要社会问题的解决情况；农民工的劳动合同和社会保险问题一直是劳资关系的核心问题，也是城镇化过程中的重要社会问题。[①] 这里选择了农民工与雇主或单位签订劳动合同比例和农民工社保参保率两个具体指标来衡量这一社会问题的发展情况。

（3）环境保护效率指标：世界各国城镇化的发展史表明，城镇化和工业化必然导致城市生态环境问题，对环境的保护是解决这一问题的关键。治理污染和环保的投资变化率是反映环境保护效率的主要内容，这里选择了工业污染源治理投入增长率和环保投入增长率两个三级指标，且均为正向指标。

（4）人口发展效率指标：中国特殊的城乡二元结构，在城

---

① 朱鹏华：《社会保险视角下的非公有制企业劳资关系研究》，山东大学 2010 年硕士学位论文，第 16~21 页。

镇化过程中造成了城镇户籍人口少于常住人口,这其中的差额以农民工为主。农民工融入城市的状况是人口发展效率的关键表征,这里选取了城镇户籍人口与常住人口之比和农民工落户数量两个三级正向指标。

(5)空间发展效率指标:2016年中国城镇化率为57.35%,仍处于30%~70%的快速城镇化区间内,城镇的数量会继续增多,规模也会不断扩大。在空间发展效率方面,首先是城市面积的扩大,其次是城市各种设施的不断完善。因此,这里选择了城市建设用地增长率和固定资产投资增长率两个三级正向指标来表征城市空间发展效率。

三、中国城镇化质量的评价模型

在城镇化质量评价指标体系构建的基础上,建立中国城镇化质量综合评价模型——线性加权模型。

(一)评价指标权重

指标权重的赋予是综合评价法的核心问题之一,在评价指标值已经确定的情况之下,权重的变化将不可避免地导致评价结果的变化。指标权重不仅反映了指标之间重要性的差异程度,还反映了评价体系价值的差异程度和指标在不同对象中的表现差异。因此,指标权重是否合理,会直接影响评价的科学性。就理论而言,评价指标赋权方法主要有三种:[①] 一是客观赋权法,即利用评价指标数据信息,计算出各指标的权重。比如,主成分分析法、因子分析法、变异系数法、熵值法、局部变权法、物元分析

---

① 朱鹏华、李鹏:《五大发展理念导引的经济转型测度:自指标体系生发》,载于《改革》2016年第8期,第120~134页。

法、灰色关联度法、人工智能算法等;二是主观赋权法,即利用决策者的经验,通过对评价指标属性的比较而赋权。比如,德尔菲法(Delphi Method)、层次分析法(AHP)、二项系数法、环比评分法等;三是综合赋权法,即客观赋权法和主观赋权法结合使用。有学者认为客观赋权法要优于主观赋权法,本书认为这种观点是欠妥的。主观赋权法和客观赋权法各有优劣,前者主要凭借专家经验,难免存在主观随意性;后者虽然避免了主观随意性,但仅凭借统计数据的特征差异赋权无法真实反映指标的重要性,有时甚至与真实的重要性背道而驰。判断一组权重的合理与否并不能根据其采用哪种赋权方法,而应该根据评价指标体系的背景和目标,看其是否准确反映了各指标的真实重要性。因此,只要根据具体问题,运用科学的方法得出的权重就是合理的。根据前文对城镇化质量的内涵分析和评价指标体系的构建,本书认为从已有的指标数据值出发,仅使用客观赋权法或主观赋权法不能得出衡量城镇化质量各指标重要性的合理权重。最适合的应该是综合赋权法,既要对统计数据进行特征分析,又要对城镇化质量内涵的正确理解,综合运用客观和主观赋权法才能合理赋予各指标的权重,使城镇化质量的测评具有评价和指导意义。综合各种主观和客观赋权法的优缺点,借鉴学术界已有的研究成果,这里采用熵值法和"德尔菲法+层次分析法"综合赋权法来确定各指标的权重。

1. 熵值法。熵是源于热力学的一个物理学概念,后由申农(C. E. Shannon,1948)[1] 引入信息论,现已广泛运用于社会经济等研究领域。在信息论中,熵是系统无序程度的度量,信息则是系统有序程度的度量,两者绝对值相等,符号相反;若某项指标的指标值变异程度越大,熵越小,该指标提供的信息量越大,其

---

[1] C. E. Shannon, *A Mathematical Theory of Communication*. Bell Labs Technical Journal, Vol. 27, No. 3, July 1948, pp. 379 – 423.

权重也应越大；反之，某项指标的指标值变异程度越小，熵越大，该指标提供的信息量越小，其权重也越小。① 熵值法能够克服人为确定权重的主观性以及多指标变量间信息的重叠，被广泛应用于社会经济等研究领域。熵值法用于确定城镇化质量评价指标权重的步骤：

第一步，构建城镇化质量评价指标数据矩阵。设测评某个国家（地区或城市）$n(n \in N^+)$ 年的城镇化质量，$m(m \in N^+)$ 为评价指标体系的具体指标数，则可以建立一个 $n \times m$ 阶矩阵：

$$X = \{x_{ij}\}_{n \times m} (1 \leq i \leq n, \ 1 \leq j \leq m), \quad (3-1)$$

其中，x_{ij} 为第 i 年第 j 个指标的统计数值。

第二步，城镇化质量评价指标数据标准化。指标数据标准化分为一致化和无量纲化两部分。

首先，对逆向和适中指标进行一致化：② 逆向指标，令 $x'_{ij} = M - x_{ij} (1 \leq i \leq n)$，其中 M 是指标 $x_{ij} (1 \leq i \leq n)$ 的一个允许的上界。适中指标，令 $x'_{ij} = K - |a - x_{ij}| (1 \leq i \leq n)$，其中 a 是 $x_{ij} (1 \leq i \leq n)$ 的适度值，K 是 $|a - x_{ij}|$ 的一个允许的上界。（这里可以令 $M = \max(x_{ij})$，$K = \max(|a - x_{ij}|)$，城镇化质量评价指标体系中指标的适度值 $a = 1$。）

然后，对正向、逆向和适中指标进行无量纲化：正向指标，令 $x'_{ij} = x_{ij}$，则指标数据阵变换为：

$$X' = \{x'_{ij}\}_{n \times m} (1 \leq i \leq n, \ 1 \leq j \leq m), \quad (3-2)$$

使用极差化法对指标数据进行无量纲化处理，③ 令 $y_{ij} = \dfrac{x'_{ij} - \min(x'_{ij})}{\max(x'_{ij}) - \min(x'_{ij})}$，则指标数据阵又变换为：

---

① 郭显光：《改进的熵值法及其在经济效益评价中的应用》，载于《系统工程理论与实践》1998 年第 12 期，第 98~102 页。
② 常用的一致化处理方法有倒数一致化和减法一致化两种方法，这里采用在线性评价模型中鲁棒性较好的减法一致化。
③ 无量纲化法包括线性和非线性两大类，其中常用的线性无量纲化法有极差化法、Z-Score 法、极大化法、极小化法、均值化法、归一化法、秩次化法等。

$$Y = \{y_{ij}\}_{n \times m} (1 \leq i \leq n, \ 1 \leq j \leq m)_{\circ} \qquad (3-3)$$

第三步，计算指标比重。令 $p_{ij} = \dfrac{y_{ij}}{\sum\limits_{i=1}^{n} y_{ij}}$。

第四步，计算第 j 个指标的熵值。令 $e_j = - \dfrac{\sum\limits_{i=1}^{n} p_{ij} \ln p_{ij}}{\ln n}$，当 $p_{ij} = 0$ 时，令 $p_{ij} \ln p_{ij} = 0$。

第五步，计算评价指标 j 的差异性系数。令 $g_i = 1 - e_j$。

第六步，计算评价指标 j 的权重。令 $w'_j = \dfrac{g_i}{\sum\limits_{j=1}^{m} g_j}$，则权向量为 $w' = \{w'_j\}$。

2. 德尔菲法 + 层次分析法。德尔菲法（Delphi Method），又称专家意见法或专家函询调查法，是组织者拟定调查表，按照既定程序，以函件的方式分别向专家组成员进行征询；而专家组成员不相互讨论，独立提交意见。经过几次反复征询和反馈，专家组成员的意见逐步趋于集中，最后获得集体判断结果。层次分析法（Analytic Hierarchy Process，AHP）是将与决策总是有关的元素分解成目标、准则、方案等层次，在此基础之上进行定性和定量分析的决策方法。这里将菲尔德法和层次分析法结合起来使用，即"德尔菲法 + 层次分析法"。"德尔菲法 + 层次分析法"用于确定城镇化质量评价指标权重的步骤：

第一步，用德尔菲法确定判断矩阵。中国城镇化质量评价体系共分为四层：目标层、一级指标层、二级指标层和三级指标层，设第一指标层对目标层的判断矩阵为 $A = (a_{ij})_{3 \times 3}$；第二指标层对第一指标层的判断矩阵为 $A_1 = (b_{ij})_{5 \times 5}$，$A_2 = (b_{ij})_{2 \times 2}$，$A_3 = (b_{ij})_{5 \times 5}$；第三指标层对第二指标层的判断矩阵为 $B_1 = (c_{ij})_{5 \times 5}$，$B_2 = (c_{ij})_{12 \times 12}$，$B_3 = (c_{ij})_{5 \times 5}$，$B_4 = (c_{ij})_{2 \times 2}$，$B_5 = (c_{ij})_{2 \times 2}$，$B_6 = (c_{ij})_{2 \times 2}$，$B_7 = (c_{ij})_{5 \times 5}$，$B_8 = (c_{ij})_{6 \times 6}$，$B_9 = (c_{ij})_{3 \times 3}$，$B_{10} =$

$(c_{ij})_{2\times 2}$，$B_{11} = (c_{ij})_{2\times 2}$，$B_{12} = (c_{ij})_{2\times 2}$，以上均为正互反矩阵。构造判断矩阵需要定量化的标度，标度的方法众多，比如，1∶9标度法、0∶1标度法、0.1∶0.9标度法、−2∶2标度法、$\frac{9}{9}:\frac{9}{1}$标度法、$\frac{10}{10}:\frac{18}{2}$标度法、指数标度法等。对比各种标度法，这里选用性能相对较好的$\frac{10}{10}:\frac{18}{2}$标度法。①

我们从中央党校、国务院政策研究室、中国社会科学研究院、国家发展和改革委员会、国家行政学院、中国人民大学等单位选取 15 位长期从事经济研究或管理工作的专家，通过电子邮件给专家发《中国城镇化质量评价指标判断矩阵调查表》（配有详细的说明），让专家用$\frac{10}{10}:\frac{18}{2}$标度法②确定各指标的相对重要性。第一轮汇总专家的判断矩阵，并进行一致性检验（根据第二、第三步进行），汇总专家意见并反馈；第二轮让专家进行修改，将没通过一致性检验的判断矩阵特别标注，让专家重点修改。根据专家的经验和学识赋予信任系数，将 15 位专家第二轮确定的判断矩阵加权求得最后的判断矩阵。其中，第二轮一致性检验通不过的判断矩阵信任系数直接赋零。

第二步，计算权重向量。权重向量的计算一般可分为最优化排序和近似计算两类方法。这里选用其中的特征向量法，首先用 Mathematica 软件计算判断矩阵 A 的最大特征根 λ_{max}，再由 $Aw = \lambda_{max} w$，求出权重向量 $w = \{w_1, w_2, \cdots, w_n\}^T$。

第三步，一致性检验。单个判断矩阵的一致性检验公式为

---

① 徐泽水：《关于层次分析中几种标度的模拟评估》，载于《系统工程理论与实践》2000 年第 7 期，第 58~62 页。

② 标度的通式为$\frac{9+k}{11-k}$，$k = 1, 3, 5, 7, 9$ 时，区分度分别为相同、稍微大、明显大、强烈大、极端大。

$CR = \dfrac{CI}{RI}$,$CI = \dfrac{\lambda_{\max} - n}{n-1}$;指标层的一致性检验公式为 $CR = \dfrac{\sum_{j=1}^{m} w_j CI_j}{\sum_{j=1}^{m} w_j RI_j}$。其中：$CI$ 为判断矩阵的一般一致性指标，RI 为判断矩阵的平均随机一致性指标（可由表 3 – 2 查得），CR 为判断矩阵（或指标层）的随机一致性比率，w_j 为对上一层的权重系数。

表 3 – 2　　　　　　　平均随机一致性指标 *RI*

n	1	2	3	4	5	6	7	8	9	10	11	12	13	14	15
RI	0	0	0.52	0.89	1.12	1.26	1.36	1.41	1.46	1.49	1.52	1.54	1.56	1.58	1.59

资料来源：许树柏：《实用决策方法——层次分析法原理》，天津大学出版社 1988 年版，第 51 ~ 58 页。

若 $CR < 0.1$ 时，则通过一致性检验。

第四步，计算组合权重。第一指标层对目标层的权向量为 $w^{(1)} = \{w_1^{(1)}, w_2^{(1)}, w_3^{(1)}\}^T$；第二指标层对第一指标层的权向量为 $w_i^{(2)} = \{w_{i1}^{(2)}, w_{i2}^{(2)}, \cdots, w_{i12}^{(2)}\}^T (i = 1, 2, 3)$，以 $w_i^{(2)}$ 为列向量组成组合权向量矩阵 $W^{(2)} = \{w_1^{(2)}, w_2^{(2)}, w_3^{(2)}\}$；第三指标层对第二指标层的权向量为 $w_j^{(3)} = \{w_{j1}^{(3)}, w_{j2}^{(3)}, \cdots, w_{j48}^{(3)}\}^T (j = 1, 2, \cdots, 12)$，以 $w_j^{(3)}$ 为列向量组成组合权向量矩阵 $W^{(3)} = \{w_1^{(3)}, w_2^{(3)}, \cdots, w_{12}^{(3)}\}$，则第三指标层对目标层的权向量为 $w'' = W^{(3)} W^{(2)} w^{(1)}$。

3. 综合赋权法确定指标权重。熵值法充分挖掘了指标统计数据本身蕴含的信息，指标权重客观性强，但缺乏对指标趋势的理性分析，有时所得权重与实际重要程度并不相符；"德尔菲法 + 层次分析法"充分综合了专家学者的知识经验，指标权重合理性较强，但是无法克服主观性随意性的缺陷。这里综合以上两类赋权法，最终确定城镇化质量评价指标体系的指标权重。由熵值法计算的指标权向量为 $w' = \{w'_i\}$ ($i = 1, 2, \cdots, 48$)，由"德尔菲法+层次分析法"计算的指标权向量为 $w'' = \{w''_i\}$ ($i = 1, 2, \cdots, 48$)，设综合权向量为 $w = \{w_i\}$ ($i = 1, 2, \cdots, 48$)，这里采用幂平均合成法。

$$w_i = \left(\frac{\alpha_1 (w'_i)^k + \alpha_2 (w''_i)^k}{\alpha_1 + \alpha_2} \right)^{\frac{1}{k}}, \quad (3-4)$$

α_1 为熵值法的权重，α_2 为"德尔菲法+层次分析法"的权重，且 $\alpha_1 + \alpha_2 = 1$。k 为幂平均阶数，若 $k = 1$，则为算数平均合成；若 $k \to 0$，则为几何平均合成；若 $k = 2$，则为平方平均合成；若 $k = -1$，则为调和平均合成。① 在实际应用中，"取长补短"的算数平均合成使用最广泛，这里也采用算数平均合成，即

$$w_i = \alpha_1 w'_i + \alpha_2 w''_i \text{。} \quad (3-5)$$

根据以上方法及步骤，计算出中国城镇化质量评价指标体系中各项指标的权重（见表3-3）。

表3-3　　　　　中国城镇化质量评价指标权重

一级指标	二级指标	三级指标	熵值法权重	德尔菲法+层次分析法权重	综合权重 $\alpha_1 = 0.4$, $\alpha_2 = 0.6$
城镇发展质量 A_1	经济发展质量 B_1	城镇人均非农产业增加值 C_{11}	0.0306	0.0727	0.0559
		城镇经济密度 C_{12}	0.0275	0.0386	0.0342
		工业能耗 C_{13}	0.0060	0.0229	0.0162
		人均财政收入 C_{14}	0.0392	0.0363	0.0375
		城镇居民可支配收入 C_{15}	0.0241	0.1453	0.0968

---

① 苏为华：《多指标综合评价理论与方法问题研究》，厦门大学2000年博士学位论文，第66~78页。

续表

一级指标	二级指标	三级指标	熵值法权重	德尔菲法+层次分析法权重	综合权重 $\alpha_1=0.4$, $\alpha_2=0.6$
城镇发展质量 A_1	社会发展质量 B_2	城镇恩格尔系数 C_{21}	0.0130	0.0026	0.0068
		人均住房建筑面积 C_{22}	0.0141	0.0110	0.0122
		城市天然气普及率 C_{23}	0.0508	0.0047	0.0231
		互联网普及率 C_{24}	0.0565	0.0019	0.0238
		人均快递业务量 C_{25}	0.0799	0.0021	0.0333
		每万人公共交通运营线路总长度 C_{26}	0.0343	0.0023	0.0151
		每万人文化文物及相关产业从业人员数 C_{27}	0.0237	0.0075	0.0140
		人均拥有公共图书馆藏书量 C_{28}	0.0056	0.0096	0.0080
		教育投入强度 C_{29}	0.0091	0.0297	0.0215
		每万人拥有卫生技术人员数 $C_{2\,10}$	0.0142	0.0127	0.0133
		每万人拥有卫生机构床位数 $C_{2\,11}$	0.0121	0.0053	0.0080
		社会保障覆盖率 $C_{2\,12}$	0.0092	0.0199	0.0156
	生态环境质量 B_3	工业废水排放达标率 C_{31}	0.0170	0.0338	0.0271
		单位工业产值 CO_2 和 SO_2 排放量 C_{32}	0.0031	0.0178	0.0119
		工业废物综合利用率 C_{33}	0.0131	0.0605	0.0415
		生活垃圾无害化处理率 C_{34}	0.0329	0.0231	0.0270
		城镇居民人均绿地面积 C_{35}	0.0163	0.0226	0.0201
	人口发展质量 B_4	每十万人口中在校大学生数 C_{41}	0.0274	0.0281	0.0278
		城镇登记失业率 C_{42}	0.0069	0.0562	0.0365
	空间发展质量 B_5	建成区人口密度 C_{51}	0.0132	0.0379	0.0280
		人均城市道路面积 C_{52}	0.0212	0.0253	0.0236

续表

一级指标	二级指标	三级指标	熵值法权重	德尔菲法+层次分析法权重	综合权重 $\alpha_1=0.4$, $\alpha_2=0.6$
城乡协同程度 A_2	经济差异程度 B_6	城乡人均 GDP 之比 C_{61}	0.0044	0.0314	0.0206
		城乡居民人均可支配收入之比 C_{62}	0.0133	0.0942	0.0619
	社会差异程度 B_7	城乡居民人均消费支出之比 C_{71}	0.0170	0.0096	0.0126
		城乡恩格尔系数之比 C_{72}	0.0129	0.0035	0.0072
		城乡人均教育经费之比 C_{73}	0.0129	0.0263	0.0210
		城乡每万人拥有卫生技术人员数之比 C_{74}	0.0070	0.0184	0.0139
		城乡每万人拥有卫生机构床位数之比 C_{75}	0.0185	0.0050	0.0104
城镇化效率 A_3	经济发展效率 B_8	劳动效率 C_{81}	0.0329	0.0037	0.0154
		资本效率 C_{82}	0.0270	0.0037	0.0130
		能源效率 C_{83}	0.0200	0.0037	0.0102
		城镇人均非农产业产值增长率 C_{84}	0.0116	0.0074	0.0091
		城镇居民可支配收入增长率 C_{85}	0.0116	0.0109	0.0112
		高技术产品占制造业比重 C_{86}	0.0641	0.0013	0.0264
	社会发展效率 B_9	城镇住房保障支出 C_{91}	0.0183	0.0027	0.0089
		农民工与雇主或单位签订劳动合同比例 C_{92}	0.0095	0.0088	0.0091
		农民工社保参保率 C_{93}	0.0399	0.0048	0.0189
	环境保护效率 B_{10}	工业污染源治理投入增长率 $C_{10\,1}$	0.0055	0.0046	0.0049
		环保投入增长率 $C_{10\,2}$	0.0064	0.0046	0.0053
	人口发展效率 B_{11}	城镇户籍人口与常住人口之比 $C_{11\,1}$	0.0114	0.0059	0.0081
		农民工落户数量 $C_{11\,2}$	0.0459	0.0118	0.0254
	空间发展效率 B_{12}	城市建设用地增长率 $C_{12\,1}$	0.0042	0.0018	0.0028
		固定资产投资增长率 $C_{12\,2}$	0.0048	0.0053	0.0051

注：层次分析法计算指标权重，各判断矩阵、第一指标层和第二指标层均通过随机一致性检验，表中各项指标原始权重 $w_i \in (0, 1)$，$\sum_{i}^{48} w_i = 1$。

资料来源：作者计算。

（二）评价模型

1. 指标数据标准化。一般而言，指标可分为三类：一是正项指标，即具有指标值"越大越优"的性质；二是逆向指标，即具有指标值"越小越优"的性质；三是适度指标，即具有指标值"适度为优"的性质。在评价指标体系中，不同的指标具有不同的量纲，为消除量纲的差异所带来的不可公度性，必须对指标进行标准化。因此，指标的标准化包括指标类型的一致化和指标数值的无量纲化两个过程。这里仍然采用与前文熵值法中数据标准化相同的方法：

设指标数据的阵为：

$$X = \{x_{ij}\}_{n \times m} (1 \leqslant i \leqslant n, 1 \leqslant j \leqslant m), \quad (3-6)$$

其中，x_{ij} 为第 i 年中国城镇化评价指标体系中第 j 个指标的统计数值。

第一步，逆向指标和适中指标的一致化：逆向指标，令 $x'_{ij} = M - x_{ij}(1 \leqslant i \leqslant n)$，其中 M 是指标 $x_{ij}(1 \leqslant i \leqslant n)$ 的一个允许的上界，令 $M = \max(x_{ij})$；适中指标，令 $x'_{ij} = K - |a - x_{ij}|(1 \leqslant i \leqslant n)$，其中 a 是 $x_{ij}(1 \leqslant i \leqslant n)$ 的适度值，令 $a = 1$。K 是 $|a - x_{ij}|$ 的一个允许的上界，令 $K = \max(|a - x_{ij}|)$。

对于正向指标，再令 $x'_{ij} = x_{ij}$，则指标数据阵变换为：

$$X' = \{x'_{ij}\}_{n \times m} (1 \leqslant i \leqslant n, 1 \leqslant j \leqslant m)。 \quad (3-7)$$

第二步，指标的无量纲化：使用极差化法对指标数据进行无量纲化处理，

令

$$y_{ij} = \frac{x'_{ij} - \min(x'_{ij})}{\max(x'_{ij}) - \min(x'_{ij})}。 \quad (3-8)$$

则标准化后的指标数据阵为：

$$Y = \{y_{ij}\}_{n \times m} (1 \leqslant i \leqslant n, 1 \leqslant j \leqslant m)。 \quad (3-9)$$

2. 综合评价模型。根据以上指标权重和指标数据的标准化，可得中国第 i 年的城镇化质量指数为：

$$q_i = y_i w^T = \sum_{j=1}^{m} y_{ij} w_j 。 \quad (3-10)$$

其中，y_i 为第 i 年标准化后的指标数据集，即 Y 的第 i 行向量；w 为综合权重向量。

四、中国城镇化质量的测评与分析

（一）指标数据的获取

数据的全面、准确是城镇化质量评价研究的基础，也是难点之一。空间尺度对测评城镇化质量的指标设计和数据获取影响较大，这里针对全国城镇化进行测评，所用到的数据来源包括：国家统计局网站（数据库）、各部委网站（历年的统计公报或统计年报）、《中国统计年鉴》《中国城市统计年鉴》《中国科技统计年鉴》《中国高技术产业统计年鉴》《中国人口和就业统计年鉴》《中国文化文物统计年鉴》《中国环境统计年鉴》《中国环境年鉴》《中国教育统计年鉴》《中国教育经费统计年鉴》《国家教育督导报告》《中国卫生统计年鉴》《中国民政统计年鉴》《中国劳动统计年鉴》《中国农村统计年鉴》《国土资源年鉴》《中国人力资源和社会保障年鉴》等。指标数据以国家统计局数据库和《中国统计年鉴》为主要来源，其他数据来源作为补充。在数据的获取过程中，有些数据可以直接搜集到，比如城镇恩格尔系数、互联网普及率、城镇登记失业率等；大部分数据需要将搜集到的相关数据进行整理和计算，比如工业能耗、按不变价计算的城镇居民可支配收入、教育投入强度（城镇教育投入/非农产业产值）、劳动效率（不变价 GDP/就业人数）等。这里对非单一来源的数据进行认真核验，数据有冲突的以国家统计局官方公布的数据为准。数据的缺失对于评价测算会有一定的影响，对于因未公布而缺少的数据，本书采取了两种处理方法：一是时间区间两段缺少的数据用线性回归法填补；二是时间区间内缺少的数据用线性插值法填补。特别说明的是，因为数据来源比较广泛，本测评的数据缺失仅是个别现象。其中，1995年之后互联网在中国开始走向民用，之前的互联网普及率默认为零；对于社会保障覆盖率，这里以养老保险为例，1978～1984年城镇职工仍是企业保险，1985年开始重建养老保险社会统筹试点，1991年国务院颁布《关于企业职工养老保险制度改革的决定》，在全国重新建立实行了社会统筹制度。按照中国养老保险发展历程，对于缺少的数据，这里采取了线性回归法进行估计；高技术产品占制造业的比重在1995年之前的数据有缺失，同样采取线性回归法进行估计；2008年《中华人民共和国劳动合同法》实施之后，农民工与雇主或单位签订劳动合同比例大幅上升，对于1992年之前的数据缺失，这里也采用线性回归法进行估计；虽然2011年7月1日《中华人民共和国社会保险法》已经实施，但农民工社保参保率仍然很低，1995年前的数据默认为零。

（二）城镇化质量的测算与分析

根据获取的指标数据，运用中国城镇化质量评价模型，计算了1978～2015年共38年的中国城镇化质量指数（见表3-4）。

表3-4　　中国城镇化质量指数（1978～2015年）

年份	1978	1979	1980	1981	1982	1983	1984	1985	1986	1987	1988	1989	1990
城镇化质量指数	11.65	14.43	14.61	17.25	20.27	21.82	24.00	24.47	25.75	26.66	26.19	24.80	25.05
年份	1991	1992	1993	1994	1995	1996	1997	1998	1999	2000	2001	2002	2003
城镇化质量指数	25.72	24.86	24.52	25.19	26.58	27.52	28.57	30.10	31.84	34.74	34.75	36.42	36.97

续表

年份	2004	2005	2006	2007	2008	2009	2010	2011	2012	2013	2014	2015
城镇化质量指数	39.65	42.47	42.58	48.08	53.36	55.80	61.73	66.56	71.06	74.73	78.93	84.50

注：为方便观察，将城镇化质量指数扩大 100 倍，令 $q_i \times 100$ 为新的城镇化质量指数。48 项指标数据中共有 11 项数据有不同程度的缺失，对于缺失的数据，这里均按照前文介绍的两种方法妥善处理。

资料来源：作者计算。指标数据具体搜集、整理和计算过程略。

1. 中国城镇化质量整体快速提升。1978 年城镇化质量指数仅为 11.65，2015 年已增至 84.50，38 年中国城镇化质量指数增加了 6.25 倍，年均提高 1.97。这充分说明，在改革开放以来，中国的经济在发展取得了巨大成功的同时，也走出了一条成功的城镇化道路。从中国城镇化质量指数变化规律来看，改革开放前 30 年，增长缓慢，自 2007 年进入了高速增长期。这表明，城镇化质量的提升需要一个经济发展积累的过程，只有经济发展到一定程度，才能为社会发展、环境保护、人口发展和空间布局等提供坚实的物质基础。

2. 改革开放以来，中国的城镇化质量发展可分为四个阶段。第一，快速起步阶段。1978～1982 年城镇化质量由 11.65 增至 20.27，年均增长 1.72。根据第二章中国城镇化历程的分析可知，城镇化质量的快速起步主要是改革开放前城镇化被抑制所集聚的能量释放的结果。第二，波动徘徊阶段。1983～1995 年城镇化质量由 21.82 增至 26.58，年均增长 0.37。这一阶段城市经济体制改革开始推进，受城乡二元结构制约，城镇化质量处于低水平波动徘徊状态。第三，低速增长阶段。1996～2006 年城镇化质量由 27.52 增至 42.58，年均增长 1.37。随着经济体制改革的深入，户籍制度、农村土地制度、住房市场化等改革推进，中国不仅迎来了快速城镇化时期，城镇化质量也随之逐渐提高。随着城镇化的快速发展，各种问题也在逐渐显现，特别是环境污染、城乡差距扩大、社会矛盾增多等问题突出。第四，快速增长阶段。2007~2015年城镇化质量由48.08增至84.50，年均增长高达4.05。这一阶段，城镇化质量的意识逐渐形成，粗放式的城镇化所带来的种种问题，使得城镇化不可持续，科学的新型城镇化道路是必然的选择。问题导向的新型城镇化发展模式，迅速提高了中国的城镇化质量。

3. 中国城镇化质量已"超过"城镇化水平。这里将城镇化率与城镇化质量指数对时间的函数图像放在同一个坐标系下（见图3-2）。虽然这两者的含义和单位均不相同，但从各自的变化过程来看仍有一定比较分析的意义。1978~2006年中国城镇化率和城镇化质量几乎是同步增长，且在大部分时间里城镇化质量指数以及变化率均低于城镇化率及其变化率。自2007年以来，从直观上看中国城镇化质量指数已经"超过"城镇化率，且呈现逐年扩大趋势。从两者的变化率来看，2007~2015年中国城镇化质量指数增加了75.7%，而同期的城镇化率仅增加了22.2%。因此，至少从变化率来看，中国城镇化质量已经"超过"城镇化水平。

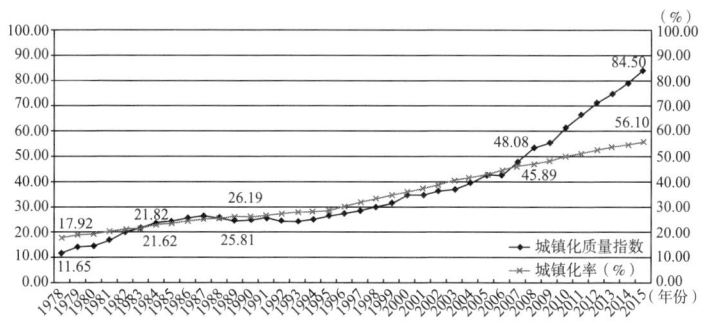

图3-2 中国城镇化的质量和水平

资料来源：作者绘制。

4. 城镇发展质量、城乡协同发展程度和城镇化效率发展情况各不相同。城镇发展质量、城乡协同程度和城镇化效率分别是城镇化质量的三个层面，根据各指标数据和综合权重分别计算出城镇发展质量、城乡协同发展程度和城镇化效率3项指数（见表3-5）。城镇发展质量指数起步最低、增长速度最快、水平最高，1978～2015 年由 7.81 快速增至 92.21，年均增长 2.22。这说明改革开放以来，中国的城镇取得了巨大的发展，中国的城镇发展质量增加了 10.80 倍；城乡协同程度指数起步最高、增长速度最慢、水平最低，1978～2015 年由 28.40 增至 55.01，年均仅增长 0.70。这也说明改革开放以来，虽然城镇发展质量显著增加，但城乡协同发展程度相对较低，"强城市、弱农村"的问题突出；城镇化效率指数起步、增长速度、水平均处于城镇发展质量指数和城乡协同程度指数中间，1978～2015 年由 12.43 增至 79.43，年均增长 1.76。这说明改革开放以来，中国城镇化推进的效率也取得了巨大提升，效率增加了 5.39 倍，但仍有很大提升空间。

表 3-5　　中国城镇发展质量、城乡协同发展程度和城镇化效率指数（1978～2015 年）

年份	1978	1979	1980	1981	1982	1983	1984	1985	1986	1987	1988	1989	1990
城镇发展质量指数	7.81	9.39	10.79	13.07	15.32	17.81	18.48	19.13	19.68	20.02	19.79	19.11	19.91
城乡协同程度指数	28.40	38.59	38.34	42.93	50.62	53.69	62.16	65.95	71.16	73.33	71.39	65.59	66.28
城镇化效率指数	12.43	13.61	9.43	11.80	13.87	10.46	13.19	10.15	10.94	12.99	12.88	12.43	10.16
年份	1991	1992	1993	1994	1995	1996	1997	1998	1999	2000	2001	2002	2003
城镇发展质量指数	20.34	20.64	20.98	22.84	24.07	25.17	26.45	28.22	30.14	32.29	34.04	36.20	37.37

续表

年份	1991	1992	1993	1994	1995	1996	1997	1998	1999	2000	2001	2002	2003
城乡协同程度指数	63.92	55.90	53.15	48.60	44.90	44.36	41.89	44.49	47.16	45.95	46.12	42.54	38.11
城镇化效率指数	14.33	14.99	14.07	14.53	20.88	22.43	25.55	25.21	25.48	34.80	27.86	32.04	34.47

年份	2004	2005	2006	2007	2008	2009	2010	2011	2012	2013	2014	2015
城镇发展质量指数	40.44	43.17	45.84	51.97	56.26	60.89	67.51	72.28	77.74	81.71	86.26	92.21
城乡协同程度指数	39.08	33.03	29.85	32.36	35.48	35.59	35.33	39.99	42.60	47.61	51.53	55.01
城镇化效率指数	37.02	47.72	40.67	46.20	57.19	53.03	61.56	66.75	69.11	70.50	73.51	79.43

注：为方便观察，将城镇发展质量、城乡协同发展程度和城镇化效率指数均扩大100倍，令 $a_i \times 100$（$i=1, 2, 3$）为新的城镇发展质量、城乡协同发展程度和城镇化效率指数。

资料来源：作者计算。

从图3-3中可以直观地看出，城镇发展质量指数一直处于递增的状态，特别是2006年以后，呈现加速增长的态势，2006～2015年的10年增加了46.37，是前28年增加值的1.22倍。显然，2006年前中国的城镇发展处于低质量的状态，而当前城镇发展质量大都是近10年科学发展的成果；城乡协同程度指数波动较大，整体呈现出先增后减又增的态势，1987年曾达到最大值73.33，10年共增加了44.93，这与改革开放初期的农村体制改革密切相关。1987～2006年城乡协同程度指数波动降至29.85，20年共减少了43.49，这与改革开放中农村处于弱势地位，城镇化中长期"城乡脱节、重城市轻农村"的发展密不可分；城镇化效率指数整体处于震荡上升的状态，1978～1994年基本处于震荡停滞状态，这与改革开放初期粗放式的城镇化有关。自 1995 年以后，城镇化效率指数快速震荡上升，21 年共增加了 58.55，在某种程度上，这与社会主义市场经济体制的逐渐完善，市场在资源配置中作用逐渐增大相关。从整体上看，自 2006 年以后，三项指数均呈现快速的增加趋势，显然这与城镇化质量意识的形成直接相关。

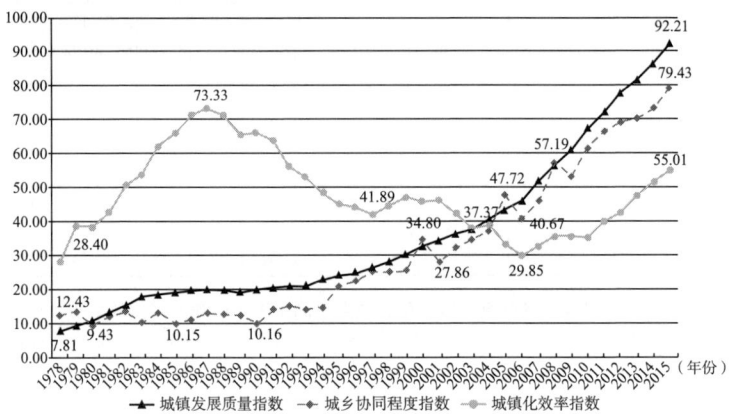

图 3-3　中国城镇发展质量、城乡协同发展程度和城镇化效率指数

资料来源：作者绘制。

（三）结论与启示

1. 中国城镇化质量测评的主要结论

通过前文测评结果的分析，结合中国城镇化的发展历程，这里可以得出以下主要结论：

第一，中国城镇化质量较高，特别是 2006 年以来，城镇化质量快速提升已超过城镇化水平。中国城镇化质量的提升主要得益于改革开放以来经济的持续高速发展，经济稳定的快速增长同时，社会发展质量、生态环境保护、人口素质结构以及城镇空间质量均得到了全面的提高。中国城镇化是"政府+市场"

的驱动模式,改革的过程是不断转变政府的职能,逐步强化市场在资源配置中的作用的过程。事实证明,这种渐进改革式的城镇化模式适合中国的国情,引领着中国走出了一条成功的城镇化道路。

第二,城乡发展不平衡是影响城镇化质量的主要原因。城镇发展质量、城乡协同程度和城镇化效率是城镇化质量的三个方面,当前,中国城镇发展质量已相对较高,而城乡协同程度相对最低,城镇化效率处于两者之间。从宏观上来看,城乡协同程度不高是拉低城镇化质量的主要原因;从微观上看,城乡发展的不平衡性,已成为城镇发展质量和城镇化推进效率各指标继续提升的主要约束因素。因此,不论从测评数据来看中国城镇化质量变化的过程和趋势,还是从城镇化质量指数背后的原因分析,城乡发展不平衡均是影响现在和将来城镇化质量的主要原因。

第三,未来城镇化质量提升将会面临更大挑战。这里城镇化质量测评模型所计算出的指数,虽然具有一定的相对性,但就时间区间内城镇化质量指数的变化来看,未来城镇化质量指数的增加率应逐渐趋于减缓,这就使得指数提高相同幅度要比以往付出更大的代价。城镇化的过程将始终要求城镇化质量的不断提升,这就需要找准影响质量提升的短板问题,并不断施策破解。这里从城镇化质量评价指标体系以及指标数据标准化的结果来看,当前主要的短板至少包括:城镇发展质量方面的城镇经济密度不高,工业能耗较大,教育投入强度不高,社会保障覆盖率较低,特别是农民工参保率极低;除城乡恩格尔系数差别不大外,城乡协同程度其他指标均差距过大;城镇化效率方面的劳动、资本和能源效率不高,高技术产品占制造业比重较低,农民工与雇主或单位签订劳动合同比例以及社保参保率均极低,城镇户籍人口与常住人口差距在扩大,农民工落户城镇比重在减少。以上问题都不是城镇化孤立的个别问题,需要系统分析研究,中国城镇化面临的主要问题将在第四章中进行系统分析。

2. 中国城镇化质量测评的主要启示

根据以上分析，本书认为当前在推进新型城镇化的过程中应注意下几点：

第一，坚持走中国新型城镇化道路的勇气和自信。事实证明，中国在城镇化方面已经取得一定成绩，城镇化质量已达到了一个相对较高的水平，这得益于政府正确的改革方向和政策主张。推进新型城镇化是中国经济社会发展的客观要求，只有立足城镇化的现实，抓住重点领域、核心问题，继续坚定不移的深化改革，破除各种体制机制的障碍，充分发挥市场和政府的协同作用，增强市场主体的活力，维护城镇化核心"人"的权益，才能在新型城镇化中走出成功的中国道路。

第二，城镇化过程中仍存在诸如城乡发展不平衡、生态环境问题、社会矛盾增加等突出问题，因此要有紧迫感和危机意识。提高城镇化质量关键是在新的发展理念的引领下，坚持科学合理城镇化道路，改变传统粗放式的城镇化模式。中国城镇化面临的诸多问题，主要是没有完全摆脱发展路径的依赖，没有彻底破除束缚城镇化发展的各种体制机制，全国上下不论是在思想上，还是在行动上均需要进一步坚定深化改革的决心。转变经济发展方式不断优化产业结构，区域统筹发展加快调整产业布局，提高城镇化的绿色发展能力，破除生态环境问题；通过实施诸如户籍管理、土地管理、社会保障、财税金融、行政管理等体制改革，加速推进农民工市民化，建立惠及城乡居民的基本公共服务体系，实现城乡一体化发展。

第三，提高城镇化质量是一个系统工程，要从城镇发展质量、城乡协同程度和城镇化效率三个方向同时发力，但又要有所区别。城镇发展质量是城镇化的结果，也是城镇化质量的最重要的表征。随着城镇化的推进，中国城镇发生了翻天覆地的变化，从经济、社会、环境、人口和空间5个方面都取得了巨大进步，城镇居民的生产生活效率和质量逐渐提升。但是，农村和城市的发展并未完全同步,整体上处于一种低水平的协同关系。从微观上分析,城乡经济和社会发展的不平衡矛盾仍较突出,城乡二元结构依然存在并有着"顽强的生命力"。城镇化效率与城镇化推进过程的模式直接相关,从经济、社会、环境、人口和空间 5 个方面不断提高城镇化效率,本身就是优化城镇化模式的过程。城镇化效率的提升,也必将拉动城镇发展质量的提升,进而加速提升城镇化质量。因此,当前应以推进城乡协同发展为主攻方向,重点从经济和人口发展两个方面提高城镇化效率,从社会发展和生态环保两个方面提升城镇发展质量。

五、中国城镇化的成效

通过第二章对中国城镇化历程的分析和本章对中国城镇化质量的综合测评,本书认为中国城镇化经过中华人民共和国成立 60 多年的持续探索,特别改革开放后近 40 年的伟大实践目前已经取得显著成效,成绩可谓举世瞩目。

(一)城镇发展质量显著提高

1. 城镇化水平持续提高,城镇体系不断完善。改革开放以来,伴随着工业化进程加速,中国城镇化经历了一个起点低、速度快的发展过程。1978~2015 年,城镇常住人口从 1.72 亿人增至 7.71 亿人,城镇化率从 17.92% 提升到 56.10%,年均提高 1.01 个百分点;城市数量从 193 个增至 656 个,建成区面积已达 52 102.31 平方公里,建制镇数量从 2 173 个增至 20 515 个。① 随着中国的城镇化水平不断提高,城镇的数量和规模持续扩大,城

---

① 资料来源:《2015 年城市建设统计年鉴》,国家统计局年度数据,http://data.stats.gov.cn/easyquery.htm? cn = C01。

市已成为国民经济和社会发展的主要载体。随着社会主义市场经济的建立和完善，城镇化水平的持续提高，中国城镇之间的联系日趋密切，城镇体系不断完善。以一个或多个核心城市为中心，众多中小城镇共同组成的城市群迅速成长，成为中国对外参与经济全球化和国际竞争，对内引领区域发展的战略要地。特别是京津冀、长江三角洲、珠江三角洲三大城市群，以约2.85%的国土面积集聚了约18%的人口，创造了超过36%的国内生产总值，成为带动中国经济快速增长和参与国际经济合作与竞争的主要平台，在辐射带动城乡和区域发展中发挥了重要作用。此外，交通便利的沿海和沿江的山东半岛城市群、辽中南城市群、长江中游城市群和海峡西岸城市群也在快速崛起。随着国家西部大开发、中部崛起和振兴东北老工业基地战略的实施，在内地的成渝城市群、关中城市群、天山北坡城市群、北部湾城市群、中原城市群、哈长城市群等也在不断的发育和壮大。北京、上海、广州、深圳等超大和特大城市跨国公司总部集聚，国际影响力逐步提高，成为奥运会、世博会、亚运会等各类大型国际活动的承办城市，是展示中国改革开放近40年来城市建设成就的重要窗口。大城市的发展也辐射带动了中小城镇的繁荣，中小城镇在吸纳广大农村转移劳动力就近就地市民化和统筹城乡发展方面功能独特，在中国城镇化进程中也发挥了重要作用。目前，中国已基本形成以城市群为主体，大城市为中心，中小城市为骨干，小城镇为基础的多层次的大中小城市和小城镇协调发展的城镇体系。

2. 中国城市市政公用设施服务能力和供给能力增强。城市水、电、路、气、信息网络等基础设施显著改善，教育、医疗、文化体育、社会保障等公共服务水平明显提高，人均住宅、公园绿地面积大幅增加（见表3-6）。许多城市开启了地下综合管廊和海绵城市建设，并积极创新性地运用专项建设基金和PPP模式，有效缓解城市建设的自己压力。随着城市公共基础设施水平的提高，城市管理水平也在持续提升，信息化、智能化和便捷化程度逐步提高。城市棚户区改造的推进和保障性住房的建设极大改善了城市低收入群众和农民工的住房条件，是中国城镇化的一大亮点。城市建设和社会治理协同推进，使城市更加"宜人居"。

表3-6　　　　城市基础设施和服务设施变化情况

指标	2000年	2005年	2010年	2015年
用水普及率（％）	63.90	91.09	96.68	98.07
燃气普及率（％）	44.60	82.08	92.04	95.30
集中供热面积（万平方米）	110 766.45	252 056.00	435 668.00	672 204.87
人均道路面积（平方米）	6.13	10.92	13.21	15.60
建成轨道交通线路长度（公里）	117.00	444.00	1 428.87	3 069.23
每万人拥有公共交通车辆（标台）	\	8.62	11.20	13.29
城市宽带接入用户（万户）	900.50	3 735.00	9 963.50	19 547.16
人均住宅建筑面积（平方米）	20.30	27.80	31.60	32.90*
污水处理率（％）	34.25	51.95	82.31	91.90
人均公园绿地面积（平方米）	3.69	7.89	11.18	13.35
建成区绿化覆盖率（％）	28.15	32.54	38.62	40.12
普通高等学校数（所）	1 041	1 792	2 358	2 560
病床数（万张）	142.60	186.42	230.23	341.82
社会服务机构单位数（个）	\	\	1 268 926	1 765 004

注：＊人均住宅建筑面积（平方米）32.90为2012年的数据。

资料来源：《2015年城市建设统计年鉴》，国家统计局年度数据，http：//data.stats.gov.cn/easyquery.htm？cn＝C01。

3. 城乡居民生活水平全面提高。城镇化的快速推进，吸纳了大量农村劳动力转移就业，提高了城乡生产要素配置效率，推动了国民经济持续快速发展，带来了社会结构深刻变革，促进了城乡居民生活水平全面提升。1978~2015年,城镇居民人均可支配收入从343.4元增至31 195元,增加了89.8倍;农村居民家庭人均纯收入从133.6元增至11 422元,增加了84.5倍。1980~2015年,城镇居民人均消费支出从412.4元增至21 392.36元,增加了50.9倍;农村居民人均消费支出从162.2元增至9 222.59元,增加了55.9倍。1978~2014年,城乡居民储蓄存款年底余额从210.60亿元增至485 261.30亿元,增加了2 303.2倍。1978~2012年,城市和农村家庭恩格尔系数由57.5和67.7分别降至36.2和39.3。①

(二)城市现代文明与传统文化共同发展

城镇不仅是一个工作和居住的地方,更是一个文化和文明的聚集地,城镇的精神文明建设和物质文明建设同等重要。近年来,随着经济发展和城市建设的推进,中国城镇居民的整体素质和城市的文明程度也在持续提高,优秀传统文化保护和传承也取得了突破。2005~2015年,中国已分四批评出87个全国文明城市(区),②各地通过文明城市创建工作,极大提高了城市的"精气神",增强了城市的软实力,提升了城镇化的内涵。提升城市现代文明的同时,各地通过深入挖掘自身的传统文化内涵,定期举办既有浓郁传统特色又富有现代生活气息的文化活动,弘扬中国优秀传统文化,留住文化的"乡愁"。

(三)城乡一体化发展势头良好

随着城乡经济体制的改革和社会主义市场经济的发展,城乡

---

① 资料来源:国家统计局年度数据,http://data.stats.gov.cn/easyquery.htm?cn=C01。经作者计算。

② 2005年第一批共评出12个全国文明城市(区),2009年第二批共评出14个全国文明城市(区),2011年第三批共评出27个全国文明城市(区),2015年第四批共评出34个全国文明城市(区)。资料来源:中国文明网,http://xm.wenming.cn/wmcs/index.html。

分割的二元体制正在逐渐被打破，城乡之间的资本、人力资源、技术等生产要素流动日益增多。经过改革开放近40年的实践，中国在许多方面的改革都取得了显著成效，在诸如户籍制度、就业制度、社会保障制度、行政管理体制以及农村土地制度等重点领域的改革也不断取得突破。特别是近年来国家出台了一系列的支农惠农政策，极大提高了农村基本公共服务水平。城乡养老保险和医疗保险基本实现了并轨，义务教育实现了"两免一补"和生均公用经费定格资金可携带，国家财政性经费保障义务教育阶段随迁子女就学比例已超过90%。目前，中国已初步建立有利于城乡经济社会一体化发展的制度框架，新农村建设和新型城镇化统筹推进，城乡一体化发展势头良好。

（四）科学的城镇化道路已经形成

城镇化的道路决定城镇化的质量，中国的城镇化实践重要成就之一就是在实践中形成了科学的中国特色城镇化之道路，即中国新型城镇化道路。中国的城镇化历经60多年的艰辛探索，在中国共产党的领导下，逐渐走上了一条符合中国国情的新型城镇化道路。以"人"为核心的新型城镇化道路，更加注重创新发展、协调发展、绿色发展和融合发展，不断推动中国城镇化转型升级。正如习近平总书记（2013）所指出，一个拥有13多亿人口的发展中大国实现城镇化，在人类历史上没有先例，在这样一个十分关键的路口，中国必须走中国特色、科学发展的新型城镇化道路。[①]

[①] 《2013年中央城镇化工作会议》，人民网，2013年12月15日，http://politics.people.com.cn/n/2013/1215/c1024-23842026.html。

第四章

挑战：中国城镇化面临的问题[①]

提高城镇化质量是中国城镇化的关键，必须以质量为中心推进新型城镇化。通过第三章对中国城镇化质量测评可知，当前中国城镇化质量已经达到一个相对较高的水平，但是为什么现实中我们感觉到城镇化质量好像并没有那么高呢？造成客观的数据和主观的感受差别的原因之一就是人们对城镇化质量的评判符合"木桶原理"，即决定人们对城镇化质量主观判断的往往是城镇化所面临的那些问题，比如环境污染问题、"城市病"问题、"半城镇化"问题、城市规模结构不合理问题等。这些问题是城镇化质量的"短板"，走新型城镇化道路，提高城镇化质量，最重要的就是要补齐这些"短板"。为此，首先必须着力弄清当前中国城镇化存在哪些主要问题，这些问题产生的根源何在？第三章的中国城镇质量测评结论已经指出了部分指标数据所反映出的"短板"，这里需要进一步进行系统分析。事实上，中国城镇化所面临问题的分析是对城镇化质量研究的一个延续，也是科学认识当前城镇化形势，指导新型城镇化的必然要求。

当前中国正处于城镇化进程中的问题多发期，根据第三章城

---

① 本章的部分观点已发表。朱鹏华、刘学侠：《新型城镇化：基础、问题与路径》，载于《中共中央党校学报》2017年第1期，第114~122页。

镇化质量评价指标体系的指标数据分析，概括起来，中国城镇化主要面临以下问题。

一、城镇化驱动力的阻碍因素

1. 前期粗放式、低水平城镇化需要进一步消化。从表4-1可知，2005~2015年城市建成区面积年均增长约为5.5%，高于城镇人口年均约为3.4%的增长率；2015年城市建设用地面积和城镇人口比2005年分别增长74.1%和37.2%。显然，中国的城镇化是走了一条靠土地扩张的粗放式、低水平的城镇化道路，主要体现在"城中村""新建鬼城""被城镇化"和"'大跃进'城镇化"等问题。比如，大部分城市的开发区企业用地均不足50%，其他都是道路、绿化以及大片的闲置土地；很多中小城市也热衷于大广场、大园区以及一些所谓标志性建筑，土地资源的集约利用程度不高；几乎所有城市都能看到许多土地长期圈而不用、闲置浪费。长时间的土地城镇化快于人口城镇化所造成的影响，在未来需要一定的消化期，城镇化发展路径的依赖，使得城镇化方式的转变在一定程度上减弱了未来城镇化的驱动力。

造成这种粗放式、低水平城镇化的原因复杂，本书认为主要包括：一是粗放式的工业化。中国作为后发展国家，目前整体上仍处在工业化的中后期，长期、快速追赶型的工业化是一种粗放式的发展模式。[①] 二是地方政府对土地财政的依赖。长期以来地方政府利用土地资源的资本化来扩大财政空间，增加政府可支配的财政资源，也助长了政府加快土地城镇化的积极性。[②] 这不仅

---

① 黄群慧：《中国的工业化进程：阶段、特征与前景》，载于《经济与管理》2013年第7期，第5~11页。
② 唐在富：《解决中国土地财政问题面临历史性机遇》，载于《经济经纬》2014年第2期，第1~4页。

表 4-1　城市建设用地和人口

年份 指标	2005	2006	2007	2008	2009	2010	2011	2012	2013	2014	2015
建成区面积 （平方公里）	32 520.72	33 659.8	35 469.65	36 295.3	38 107.26	40 058.01	43 603.23	45 565.76	47 855.28	49 772.63	52 102.31
城市建设用地面积 （平方公里）	29 636.83	31 765.7	36 351.65	39 140.46	38 726.92	39 758.42	41 860.61	45 750.67	47 108.5	49 982.74	51 584.1
城镇人口 （万人）	56 212	58 288	60 633	62 403	64 512	66 978	69 079	71 182	73 111	74 916	77 116

资料来源：国家统计局年度数据，http：//data.stats.gov.cn/easyquery.htm? cn = C01。

会造成地方财政不稳,更会造成地方政府依靠"卖地"而导致土地资源大量浪费的情况发生。① 三是城市规划及管理不到位。一方面城市规划不科学,贪大求洋、脱离城市发展阶段,盲目追求"新奇";另一方面规划被权力控制,不能发挥其应有的作用。② "三分规划,七分管理",科学高效的城市"经营管理"对于城镇化也是至关重要的。

2. 经济发展已进入新常态,由经济的高速增长转变为中高速增长,在这种背景下,城镇吸纳就业的能力整体有所减弱。产业结构的优化升级,加剧了就业结构和产业结构之间的矛盾,进一步加大了农村转移劳动力落户城镇的难度。高新技术产业大部分是知识密集型,对就业的带动作用趋小;自动化流水线和工业机器人的普及,大量减少了低端技术工人特别是农民工的需求。例如,位于昆山市的富士康公司通过引入机器人,将解雇6万余名工人,昆山市政府调查显示,多达600家企业已经计划在不久的将来引入机器工人。③ 随着科技的发展和在产业中的大规模应用,"机器取代"工人的现象将会成为一个必然的趋势。一方面已经进城的农民工被机器排挤和代替,迫使他们重新返回农村;另一方面进城务工门槛的提高,阻碍了新生代农民进城的通道。据统计,从2005～2010年中国每年农民工外出的增长速度为年均4%,2011年以来农民工总量增速持续回落。2012年、2013年、2014年和2015年农民工总量增速分别比上年回落0.5、1.5、0.5和0.6个百分点。青壮年农民工比重继续下降,40岁以上的农民

---

① 朱道林、周鑫、林瑞瑞:《财产性土地财政的现实问题与改革方向》,载于《中国土地科学》2012年第10期,第29～33页。
② 段进:《中国城市规划的理论与实践问题思考》,载于《城市规划学刊》2005年第1期,第24～27页。
③ 《富士康工厂解雇6万名工人用机器人取代真人》,中商情报网,2016年2月25日,http://www.askci.com/news/hlw/20160525/16300620651.shtml。

工所占比重从 2008 年的 30% 提高到了 2014 年的 44.8%。①

就业结构和产业结构之间矛盾升级的主要原因是中国农村转移劳动力整体文化素质不高，缺乏相应的职业技能，职业选择和就业空间小，绝大多数农民工只能在劳动密集型企业中从事技能要求不高的生产性劳动，尤其是低端制造业、建筑业和服务业。科技的发展使农民工转化为现代产业工人的技能要求更高，缺少文化知识和职业技能已成为农民工市民化的主要障碍之一。据调查，新生代农民工接受各类技术培训的人数占 16.4%，无技术的人数占 83.6%，有专业技术职称的占 2.2%，获各种技术等级证书的占 5.2%；农村劳动力中接受过短期职业培训的占 20%，接受过初级职业技术培训或教育的占 3.4%，接受过中等职业技术教育的占 0.13%，而没有接受过技术培训的高达 76.4%。② 这种形势短期内无法根本改变。

3. 农业现代化滞后。农业是工业化和城镇化的基础，农业的发展不仅为城镇人口提供大量生活资料，集约化和机械化的农业生产方式还会在农业中转移出剩余劳动力，为城镇化提供充足的人力资源。农业机械化程度、农业劳动力比重、农业劳动生产率是衡量农业现代化的重要指标。发达工业化国家的农业机械化率高于 90%，农业劳动力比重小于 10%，三次产业劳动生产率差别基本消失。近年来，中国的综合农业机械化率快速增长，2016 年已增至 65%，但与发达国家还有很大差距。③ 2013 年，美国、英国、日本、韩国和巴西的农村人口比例分别为 18.72%、17.91%、7.51%、17.75% 和 14.83%，而中国的农村

---

① 《2015 年农民工监测调查报告》，中华人民共和国中央人民政府网，2016 年 4 月 28 日，http://www.gov.cn/xinwen/2016-04/28/content_5068727.htm。
② 郑风田：《新生代农民工群体的十大关键性问题判断》，载于《工会博览》2010 年第 7 期，第 17~19 页。
③ 《农作物耕种收综合机械化率预计超过 65%》，载于《农业装备与车辆工程》2017 年第 2 期，第 16 页。

人口比例高达46.27%，农业就业人数多达24 171万人。[①] 2015年中国三次产业增加值比重分别为8.8%、40.9%和50.2%，而三次产业的就业比重依次为28.3%、29.3%和42.4%，三次产业比较劳动生产率（比较劳动生产率越高，表明本部门的产值与劳动力比值越大）分别为0.31、1.40和1.18，显然农业远远低于工业和服务业。从图4-1可知，相对于工业和服务业，农业发展滞后长时间没有发生根本性的改变。中国人均耕地面积小，部分地区农业机械化和现代化的难度大，当前仍然是以分散性和粗放式经营为特征的传统农业为主，生产规模小、投入高、效益

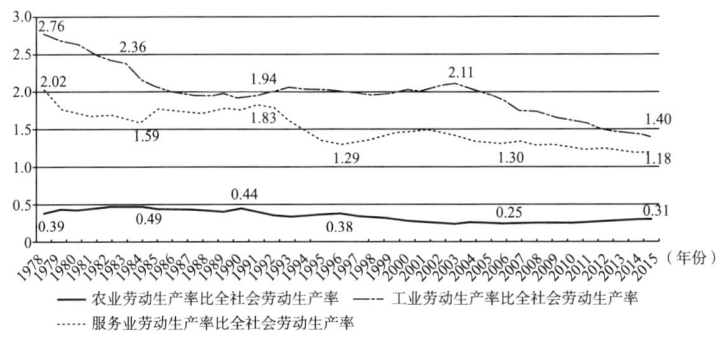

图4-1 三次产业劳动生产率比较

注：三次产业增加值比重 $\lambda_i = \dfrac{Q_i}{GDP}$，三次产业就业比重 $\delta_i = \dfrac{N_i}{N}$；则 $\dfrac{\lambda_i}{\delta_i} = \dfrac{\dfrac{Q_i}{GDP}}{\dfrac{N_i}{N}} = \dfrac{\dfrac{Q_i}{N_i}}{\dfrac{GDP}{N}}$ （$i = 1, 2, 3$）。三次产业劳动生产率与全社会劳动生产率的比值具有相对性，通过对比可以衡量三次产业劳动率的差距及其变化。

资料来源：作者根据以下文献计算结果绘制：国家统计局，http：//data.stats.gov.cn/easyquery.htm？cn = C01。

---

① 资料来源：国家统计局国际数据——主要国家（地区）年度数据，http：//data.stats.gov.cn/easyquery.htm？cn = G0104；

国家统计局年度数据，http：//data.stats.gov.cn/easyquery.htm？cn = C01。

低，农业现代化滞后于工业化。① 随着经济社会的发展，城镇化对农业和农村的支撑作用的要求在逐步提高，农业现代化的滞后在一定程度上正在减弱新型城镇化的驱动力。

造成农业现代化滞后的原因众多，但主要原因并不是中国人多地少，而是农业生产方式落后，现代农业发展缓慢。中国农业生产方式落后的主要原因至少包括：一是农村土地制度。中国农村土地为集体所有，随着时代的发展，家庭联产承包责任制不便于农业机械化和现代化的实施，造成了人力资源的浪费，在某种程度上已经阻碍了中国农业的发展。农地使用权流转是解决当前中国农村土地利用细碎化及撂荒、闲置的有效途径，对于优化土地资源配置、提高土地利用效率、促进农业"转方式、调结构"具有重要作用。二是中国发展战略与政策长时间偏向城市和工业，农村和农业基本一直处于资金净流出的状态，② 从整个社会来看，农业的投资始终相对不足。三是农村市场化改革的滞后。中国的改革从农村开启，但时至今日，农村的改革步伐已远远落后于城市。农村市场机制不健全，农业生产要素就无法实现有效配置，农业现代化就没有坚实的微观基础。③

二、"半城镇化" 问题

在第一章绪论中已经指出，"半城镇化" 是农村人口向城镇人口转换过程中的一种不完全的城镇化状态。④ 虽然"半城

---

① 简新华、罗钜钧、黄锟：《中国城镇化的质量问题和健康发展》，载于《当代财经》2013 年第 9 期，第 5～16 页。
② 温铁军：《农业三要素流出农村制度亟待改变》，载于《东方城乡报》2006 年 11 月 9 日，第 B01 版。
③ 杨桂宏、王伟：《近代中国农业现代化滞后原因初探》，载于《中国农业大学学报（社会科学版）》2002 年第 2 期，第 17～21 页。
④ 何为、黄贤金：《半城市化：中国城市化进程中的两类异化现象研究》，载于《城市规划学刊》2012 年第 2 期，第 24～32 页。

镇化"现象世界各国在城镇化进程中均普遍存在，但中国在城镇化过程中不仅地区景观和空间结构（即半城镇化区域），人口也存在大量的半城镇化状态（即半城镇化人口）。2016年中国常住人口城镇化率虽然已达57.35%，但户籍人口城镇化率仍不足40%（2012年为35.3%[①]），两者相差近20%。在城镇常住人口中有1/3为非本地城镇户籍人口，其权益与公平得不到与本地城镇户籍居民同等的待遇，处于一种"非农、非城"的"半城镇化"尴尬境遇。[②] 人口大规模流动或转移是工业化的必然产物，但是"半城镇化"的存在已经造成了日益严重的社会问题。大部分农民工在农村与城镇之间长期处于尴尬的"两栖"状态，既不利于推行城镇化，也不利于发展农业现代化。受城乡分割的户籍制度制约，被统计为城镇人口的2.82亿（2016年为28 171万人）农民工及其随迁家属，未能在就业、教育、医疗、养老、保障性住房等方面享受和城镇居民均等的基本公共服务和市民权力，"玻璃门"现象较为普遍。[③] 总体来看，中国"半城镇化"特征显著，见表4-2，当前农民工"半城镇化"的社会具象仍然没有从根本上改变。与此同时，城镇内部出现新的二元矛盾，农村留守儿童、妇女和老人问题日益凸显，已经给经济社会发展带来了诸多隐患。"半城镇化"问题是城镇化的痛点，解决"半城镇化"问题也是新型城镇化的难点和重点。

[①] 资料来源：《国家新型城镇化规划（2014~2020年）》，http://www.gov.cn/gongbao/content/2014/content_2644805.htm。

[②] 李爱民：《中国半城镇化研究》，载于《人口研究》2013年第4期，第80~91页。

[③] 中共中央宣传部：《习近平总书记系列重要讲话读本》，人民出版社2014年版，第72页。

表4-2　　　　　农民工"半城镇化"的社会具象

序号	层面	主要特征	备注
1	系统层面	城市各个系统之间相互不衔接和不整合，在中国主要表现为市场系统与社会、体制和文化之间的不整合。半城镇化人口在城市不能享受完整市民权力，比如"同工同酬、同工同时、同工同权"。（陆学艺，2005）	半城镇化的主要特征
2	经济层面	农民工大多都是非正规就业，被局限在城市的"次级劳动力市场"，并且没有被赋予组织权、社会保障权、发展权（比如接受培训和教育等）等，职业发展和向上晋升的通道不畅，甚至随着时间的流逝而不断弱化或减少。一方面随着产业结构的调整和升级，以及城市生活水平的提高，他们越来越弱势化；另一方面由于受利益结构刚性化的影响，再加上农民工缺少发言权和影响力，再分配体系难以出现向农民工倾斜的调整和改革，使他们缺少公共服务和社会支撑系统的保障。最能说明问题的是教育领域，很少有公立学校会将就近的农民工子女纳入入学范围，到初中和高中阶段，因为受升学的学籍限制，父母不得不把他们再送回农村上学。农民工父母的弱势地位通过各种机制传递给子女，使他们不能增强在城市社会的生存和发展能力。	经济层面是半城镇化存在的基础
3	心理层面	由于不能融入城市生活，并时常受到周围城市居民歧视，致使半城镇化人口对城市社会的复杂情结，逐渐地转向对内群体的认同，寻找内群体的情感支持和社会支持。"盲流""打工仔""打工妹"等歧视性的称呼折射出城市对农村流动人口的排斥心态，最初是绝对排斥，现在则陷入了两难困境：一方面城市已经离不开农村流动人口的工作和劳动；另一方面又不希望他们长期待在城市，仍然以居高临下甚至鄙视的目光看待他们，从而为排斥他们寻找合理的借口。	心理层面是半城镇化的隐性特征

续表

序号	层面	主要特征	备注
4	生活层面	农民工不能进入城市主流社会，只能生活在城市的边缘地带，与城市居民形成了明显的隔离，难以建立交往纽带。由于缺乏与城市居民的交往和理解，享受不到基本的市民权，于是，他们在城市社会中失去了话语权，经常遭到城市社会的歧视和妖魔化，成为城市社会问题的替罪羊和首选的排斥对象。绝大多数农民工居住和生活在与城市隔离的城乡结合部或城中村的"孤岛"之中。	生活层面是经济和心理层面的直接体现

资料来源：根据王春光（2006）① 的论述整理。

"半城镇化"现象复杂、多样，涉及社会、经济、体制、社会认同等多个层面，形成的原因也非常复杂。正如前文所述，半城镇化不是孤立的现象，几乎所有国家在城镇化过程中都曾出现类似的现象。事实上，我们通过访谈式调研发现，任何农村转移人口（包括农村生源的大学毕业生、农村进城的创业人员和农民工）不论从工作上，还是在生活习惯和思维方式上，都不能立马与城市社会相融合，都需要有一个适应缓冲期。在快速城镇化的过程中，中国城镇户籍居民向上推 1～3 代基本也都是农村人。从这个意义上看，"半城镇化"具有普遍意义。从典型发达国家城镇化历程来看，虽然他们也有类似中国农民工群体的"半城镇化"现象，但是却没有中国这种体制隔离问题。一般地，"半城镇化"主要发生在社会生活、行动和认同层面，而在体制层面基本上不存在障碍和不整合。② 因此，可以说中国的"半城镇化"问题主要是体制机制层面的问题，消除体制性障碍是消除"半城镇化"问题的关键。户籍制度是解决中国"半城镇化"问题的

---

①② 王春光：《农村流动人口的"半城市化"问题研究》，载于《社会学研究》2006 年第 5 期，第 107～123 页。

主要体制性障碍,改革开放以来,中国的半城镇化过程始终伴随着特有的户籍制度改革。近年来,中央政府试图从制度和政策上进行改革和调整,以解决"半城镇化"问题,提高城镇化质量。比如,2014年国务院发布《关于进一步推进户籍制度改革的意见》,标志着户籍制度改革这一基础性改革开始进入全面实施阶段。但是牵涉到地方利益、群体利益的调整,改革遭遇重重阻碍,与教育、就业、医疗、养老、住房保障、土地等方面的改革统筹配套、协同推进难度很大,当前城乡分割的二元户籍制度影响仍然没有彻底改变。当然,这里也应该认识到诸如户籍制度一类的体制改革是一项复杂的系统工程,面临的情况复杂、需要兼顾的因素多、统筹推进的难度大。一是我国人口众多、城乡和区域发展差距较大,难以平衡;二是许多公共服务和社会福利政策长期与户籍直接挂钩,难以剥离;三是各类群体发展愿望和利益诉求多元多样,难以协调。这些深层次矛盾决定了推进户籍制度改革的复杂性、艰巨性和长期性。① 还需要特别注意的是要防止"半城镇化"现象大规模在代际间传递,一代农民工在城市融不下,可以选择回乡,而二代、三代还是融不下,就会演化成一个"回不去农村、融不进城市"的特殊的社会群体,这也是中国新型城镇化的重大挑战之一。面对"半城镇化"的困境,政府必须出台一些就业、教育、医疗、社会福利、社会保障等政策,帮助这些处于"半城镇化"的弱势群体早日融入城市社会。

三、土地利用效率低问题

中国人口众多,人均占有资源严重匮乏,2014年人均耕地

---

① 《权威访谈:一项助圆亿万人市民梦的重大改革》,中华人民共和国中央人民政府网,2014年7月31日,http://www.gov.cn/xinwen/2014-07/31/content_2727405.htm。

第四章 挑战：中国城镇化面临的问题

仅有0.095公顷，而俄罗斯、加拿大、美国和巴西人均耕地分别为1.39、1.80、1.14和0.807公顷，分别是中国的14.6、18.9、12.0和8.5倍。[①] 因此，中国城镇化更应该节约用地，提高土地资源的利用效率，走土地集约型的城镇化道路。从表4-1可知，2015年中国城市建成区面积和建设用地面积是2005年的1.60倍和1.74倍，但城镇常住人口仅增加37.2%，城镇化土地利用效率低。从第二次全国土地调查的数据来看，城镇低效用地占约40%，农村空闲住宅达到10%~15%。处于低效利用状态的城镇工矿建设用地约5 000平方千米，占全国城市建成区的11%。许多地方的工业园区、企业都是打着高科技或者物流的名义，大规模低价圈地。[②] 近年来，中国人均城市建设用地虽然一直在下降，但2014年人均仍有245.74平方米，与欧美发达国家和主要发展中国家人均82.4平方米和83.3平方米相差很大。[③] 部分地方推进城镇化过度依赖土地抵押融资和土地出让收入，导致了土地粗放、低效利用，贪大求新、千城一面，不仅浪费了大量耕地资源，也加大了地方政府性债务等财政金融风险。

城镇化本身是加速土地集约利用的过程，也是土地效率提高的过程，因此土地利用效率低是城镇化面临的重大挑战。前文已经分析了粗放式城镇化形成的主要原因，那些也同样是土地利用效率低的原因。此外本书认为，中国城镇化土地利用效率低的主要原因在土地资源的配置机制。从经济学角度分析，市场是配置资源的最有效手段，土地资源没有市场流通和定价，而是被"权力"支配，这是造成土地利用效率低的主要原因。长期以来，中

[①] 资料来源：姚士谋、陈维肖、陈振光、彭丽华：《新常态下中国新型城镇化的若干问题》，载于《地域研究与开发》2016年第1期，第1~4页。

[②] 刘涛、杨瑛：《土地低效利用的成因及对策研究》，载于《科技和产业》2014年第11期，第122~127页。

[③] 资料来源：国家统计局年度数据，http://data.stats.gov.cn/easyquery.htm?cn=C01。吴江、王斌、申丽娟：《中国新型城镇化进程中的地方政府行为研究》，载于《中国行政管理》2009年第3期，第88~91页。

国城市采用"双轨制"的土地配置方式,征地成本普遍低下,很多地方政府为了招商引资以行政手段压低地价,这促使了企业粗放式的使用土地。此外,随着经济的发展,产业升级是提高土地利用率的必然要求,随着产业结构的转型升级土地变更也要及时跟上,但现实操作中的问题非常复杂。因此,城市产业结构转型造成的土地变更不完全也是导致土地利用效率低下的重要原因。针对城镇化中土地利用效率低的问题,中国政府在积极施策,推动土地利用效率的提升。宏观层面,设立城市增长边界红线、基本农田数量红线以及生态红线,用"三条红线"倒逼地方走向集约用地模式。① 微观层面,逐渐完善土地资源配置市场化,加强土地监管,同时重视城市更新即旧城改造,适应产业结构升级、社会治理和环境保护对城镇化的新要求。②

四、城乡发展失衡问题

在第三章对中国城镇化质量测评中已指出,城乡协同程度是拉低城镇化质量的主要因素。不可否认,中国改革开放以来,最大的问题就是城乡关系。③ 可以说,城乡失衡是中国城镇化面临的最大挑战。从表4-3可以看出,1978~2015年中国二元对比系数(第一产业比较劳动生产率与第二、第三产业比较劳动生产率的比率,可由图4-1的数据算出)始终在0.15~0.26之间波动。当前,发展中国家的二元对比系数通常为0.31~0.45,发达国家一般为0.52~0.86,显然,中国二元对比系数比发展中国家

---

① 梁倩:《国家设"三条红线"倒逼地方集约用地》,载于《经济参考报》2014年12月8日,第3版。
② 黄小虎:《城市更新与土地制度改革》,载于《中国土地》2016年第6期,第13~15页。
③ 厉以宁:《城乡二元体制改革该开始了》,载于《中国报道》2008年第4期,第111页。

还低；中国城乡人均 GDP 之比在 7.26~11.97 之间波动，虽然 2006 年以来比值一直下降，到 2015 年仍有 8.08；城镇化伴随着城乡收入差距的扩大，1978~2015 年，中国城乡居民人均可支配收入之比平均高达 2.65，国际劳工组织的数据显示，绝大多数国家的城乡居民人均收入比都小于 1.6，中国是世界上城乡收入差距最大的国家之一；由于城乡收入的差距，城乡居民人均消费支出之比也随之较高，1978~2015 年始终在 2.17~3.65 之间波动，平均值为 2.99，显然收入较低的农村居民消费意愿更低；城乡医疗卫生资源虽然差距一直在减小，但 2015 年城乡每万人拥有卫生技术人员数之比和每万人拥有卫生机构床位数之比仍然高达 2.62 和 3.81。城乡之间的教育也存在巨大差距，除了前文曾分析的教育资源配置不均衡之外，由于"半城镇化"导致的进城务工人员子女的教育状况更是令人担忧。从表 4-4 可知，2013~2015 年中国进城务工人员子女（小学和初中）评价占全国总数的 24.03%，也就是说全国平均 4 个小学或初中生就有 1 个是进城务工人员的子女。其中，随迁子女平均占比为 37.49%，而农村留守儿童或少年（初中和小学）平均占比高达 62.51%；2015 年农村留守小学和初中在校生分别占农村初中和小学在校生总数的 46.65% 和 90.47%，比例之高，不得不让我们反思城镇化过程中的城乡发展问题。由于家庭结构的拆分，农村留守儿童的家庭教育和学校教育都面临一系列的问题。解决留守儿童的根本途径是让更多儿童跟随父母进城，并且享受到与城市孩子"同质"的教育资源。[①] 通过以上对城乡经济和社会差距的列举分析，我们不难发现，缩小城乡差距实现城乡均衡发展，是新型城镇化的必须要面对的难题。这里还应该指出，从表 4-3 和表 4-4 中可以看出，近年来，反映中国城乡差距的各项指标

[①] 段成荣、吕利丹、王宗萍：《城市化背景下农村留守儿童的家庭教育与学校教育》，载于《北京大学教育评论》2014 年第 3 期，第 13~31 页。

均在向城乡差距变小的趋势发展。这也说明,中国新型城镇化的作用正在逐步显现。

表 4-3 城乡发展对比情况

年份	二元对比系数	城乡人均GDP之比	城乡居民人均可支配收入之比	城乡居民人均消费支出之比	城乡每万人拥有卫生技术人员数之比	城乡每万人拥有卫生机构床位数之比
1978	0.16	11.97	2.57	2.93	4.40	7.94
1979	0.19	9.65	2.57	2.67	4.42	7.59
1980	0.19	9.87	2.57	2.75	4.44	7.55
1981	0.21	8.69	2.57	2.56	4.68	7.59
1982	0.23	7.65	2.53	2.22	4.45	7.63
1983	0.24	7.50	2.50	2.17	4.22	7.89
1984	0.26	7.26	2.24	2.22	3.99	7.73
1985	0.23	8.30	1.98	2.17	3.76	7.89
1986	0.23	8.48	1.82	2.20	3.60	7.71
1987	0.24	8.26	1.84	2.23	3.30	7.84
1988	0.23	8.51	1.86	2.37	3.20	8.08
1989	0.22	8.62	2.13	2.29	3.10	8.35
1990	0.24	7.70	2.17	2.24	3.00	8.49
1991	0.21	8.57	2.17	2.45	2.90	8.42
1992	0.19	9.74	2.28	2.87	2.70	8.35
1993	0.18	10.75	2.20	3.24	2.50	8.34
1994	0.20	10.37	2.40	3.40	2.40	8.22
1995	0.22	10.03	2.58	3.55	2.35	8.02
1996	0.23	9.52	2.80	3.25	2.30	7.34

第四章 挑战：中国城镇化面临的问题

续表

年份	二元对比系数	城乡人均GDP之比	城乡居民人均可支配收入之比	城乡居民人均消费支出之比	城乡每万人拥有卫生技术人员数之比	城乡每万人拥有卫生机构床位数之比
1997	0.22	9.79	2.86	3.19	2.20	6.88
1998	0.21	9.65	2.71	3.32	2.21	6.52
1999	0.19	9.80	2.51	3.54	2.17	6.20
2000	0.17	10.24	2.47	3.65	2.17	5.85
2001	0.16	10.18	2.51	3.60	2.17	5.51
2002	0.15	10.16	2.65	3.59	2.10	5.72
2003	0.15	10.41	2.79	3.54	2.13	5.43
2004	0.17	9.40	2.90	3.52	2.27	5.42
2005	0.16	10.07	3.11	3.53	2.15	5.26
2006	0.16	10.56	3.23	3.50	2.26	5.08
2007	0.17	10.29	3.21	3.53	2.37	4.66
2008	0.18	9.88	3.22	3.46	2.39	4.25
2009	0.18	9.85	3.28	3.44	2.48	3.99
2010	0.18	9.51	3.33	3.46	2.53	3.82
2011	0.19	9.12	3.31	3.22	2.48	3.83
2012	0.21	8.68	3.33	3.14	2.50	3.80
2013	0.22	8.40	3.23	3.04	2.56	3.82
2014	0.24	8.29	3.13	2.92	2.55	3.84
2015	0.24	8.08	3.10	2.81	2.62	3.81

资料来源：国家统计局年度数据，http://data.stats.gov.cn/easyquery.htm?cn=C01。经作者计算。

表4-4 进城务工人员子女和农村留守儿童在校情况

项目	全国学生	进城务工人员子女	进城务工子女占比（%）	随迁子女	农村留守儿童	随迁子女占全国比例（%）	农村留守儿童占全国比例（%）	农村学生	农村留守儿童占农村儿童比例（%）
2013年小学在校生数（人）	93 605 487	23 713 258	25.33	9 308 533	14 404 725	39.25	60.75	32 170 406	44.78
2013年初中在校生数（人）	44 401 248	10 325 914	23.26	3 463 140	6 862 774	33.54	66.46	8 145 335	84.25
2014年小学在校生数（人）	94 510 651	23 651 171	25.02	9 555 861	14 095 310	40.40	59.60	30 498 612	46.22
2014年初中在校生数（人）	43 846 297	10 050 302	22.92	3 391 446	6 658 856	33.74	66.26	7 484 587	88.97
2015年小学在校生数（人）	96 921 831	23 972 215	24.73	10 135 581	13 836 634	42.28	57.72	29 658 985	46.65
2015年初中在校生数（人）	43 119 500	9 891 121	22.94	3 535 380	6 355 741	35.74	64.26	7 024 964	90.47

资料来源：《中国统计年鉴》（2014～2016）。经作者计算。

第四章 挑战：中国城镇化面临的问题

城乡失衡是指农村在经济发展、社会进步、人口素质、文化繁荣等诸方面落后于城市的情况。造成城乡失衡过大原因非常复杂，前文的分析已经阐述了诸如城乡资源配置不均、城乡二元体制等主要原因，除此以外，这里再指出两点重要原因：一是城市偏向政策。中国作为一个发展中的大国，从农业文明逐渐向工业文明转变，这个过程城市偏向或工业偏向是发展博弈的结果。美国经济学家利普顿（Michel Lipton，1968）在其著作《为什么穷人口总是穷？——关于世界发展中城市偏向问题研究》中提出了城市偏向理论（Urban Bias），一个国家在经济发展战略上以城市为中心，集中国家各种资源优先发展城市和工业，并设想在未来以先进的工业化和城市带动农业和农村共同发展的偏向城市的发展模式是不公平和低效率的。利普顿认为在许多不发达国家，由于受到来自城市各阶层（工商业家、中小资本家和城市工人等）的压力，政府所制定的投资、税收、价格、金融、外贸及其他政策均有利于城市，在城市和农村之间不合理地偏向城市，由此造成城乡生活水平的差距，且这种差距是农村人口向城市迁移的主要吸引力，是城镇化的动因。他还进一步指出，发展中国家应坚持城乡均衡化的发展战略，削弱甚至摒弃各种畸形的偏向城市战略，以实现城乡间的均衡发展。[①] 显然，中国城镇化过程中城乡差距过大，城市偏向问题也是广泛存在。比如，在第二章分析中国城镇化历程中提及的政府的发展政策偏向、投资偏向、价格制定偏向、土地利用偏向、社会公共服务偏向、社会保障偏向等，长期以来重城镇产业、轻农村农业，重城镇投资、轻乡村发展等。这种非均衡发展模式，在一定历史条件下的确对发展国民经济发挥了一定的积极作用，但长时间的发展已经成为一种固化的

[①] Lipton M., *Why Poor People Stay Poor: Urban Bias in World Development.* Cambridge, MA: Harvard University Press, 1977.

Lipton M., *Urban Bias: Consequences, Class and Causality.* Journal of Development Studies, Vol. 29, No. 4, 1993, pp. 229–258.

结构,导致的后果就是城乡失衡、差距过大。通过图4-2可以直观的了解中国城市偏向及城乡失衡的形成机理。二是公共服务的资本化。随着中国改革开放,并建立社会主义市场经济体制,公共领域的投资的资本化,使得人口密度大的城镇收益远远大于乡村。相对于城市偏向政策,公共服务资本化具有内生性,客观上无法通过政策扭转彻底解决。① 近年来,中国采取了一系列矫正性的外部政策并取得了重要的政策效果,但城乡发展失衡问题仍然突出,因此提高农村公共服务资本化能力内源性增长十分重要,且越来越具有决定性作用。

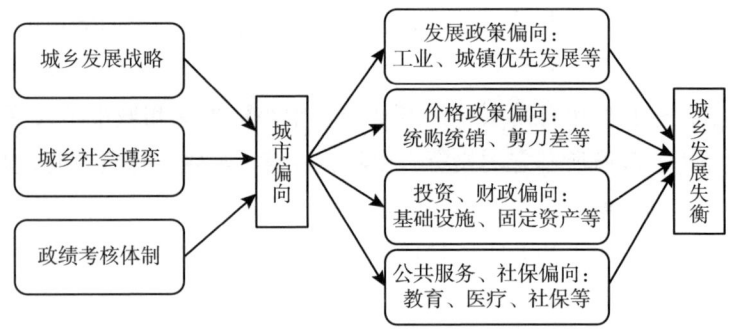

图4-2 "城市偏向"与城乡发展失衡的形成机理

资料来源:根据武小龙、刘祖云(2013)② 的分析整理。

五、社会矛盾问题

在快速城镇化的进程中农民工的基本权益没有得到充分保障,除了收入比在农村有所提高,社会保险、文化服务、心理接

---

① 李燕凌、刘远风:《城乡差距的内生机制:基于公共服务资本化的一个分析框架》,载于《农业经济问题》2013年第4期,第15~24页。

② 武小龙、刘祖云:《城乡差距的形成及其治理逻辑:理论分析与实证检验——基于城市偏向理论的视角》,载于《江西财经大学学报》2013年第4期,第78~86页。

纳和身份认同等其他权益长时间严重缺失。新进城镇居民和原居民之间不平等，促使旧城乡二元结构转化为城镇内部的新二元分割，从而阻滞了城镇化过程中的社会融合。[1] 传统粗放式的城镇化，给新进城镇居民的社会融合带来消极效应，在一定程度上也增加了社会矛盾。从表4－5可知，劳动争议案件受理数2008~2014年平均655 725件，是2000年4.85倍；2014年解除、终止劳动合同争议案件受理数和劳动争议案件结案数比2000年分别增加了3.88倍和4.44倍。事实上，劳动争议主要是发生在农民工身上的有关劳动报酬、社会保险和劳动合同等争议，劳动争议案件数量及案件劳动者当事人数量增加倍数（2014年分别是2000年的5.29倍和1.85倍）远高于城镇人口增加倍数（2014年是2000年的1.63倍）。2015年农民工与雇主或单位签订了劳动合同的农民工比重为36.2%，比上年下降1.8个百分点；被拖欠工资的农民工所占比重为1%，比上年提高0.2个百分点；被拖欠工资的农民工人均被拖欠工资为9 788元，比上年增加277元，增长2.9%。[2] 由行政区划的调整、城市空间的"摊大饼式"扩张和城市重点项目建设所诱发的"被动型城镇化"，[3] 引发了一系列的群体性事件和恶性争端事件，比如，暴力强制拆迁、农民"被动上楼"、"天价"补偿等，这些矛盾在社会上给城镇化产生了负面影响，以至于一提到城镇化就让人联想到征地拆迁、一夜暴富、钉子户等。

---

[1] 陈云松、张翼：《城镇化的不平等效应与社会融合》，载于《中国社会科学》2015年第6期，第78~97页。
[2] 《2015年农民工监测调查报告》，中华人民共和国中央人民政府网，2016年4月28日，http://www.gov.cn/xinwen/2016－04/28/content_5068727.htm。
[3] 林梅：《转型期城镇化道路的特点》，载于《学习时报》2012年8月6日，第4版。

表4-5　中国劳动争议受理及处理情况

年份 指标	2000	2001	2002	2003	2004	2005	2006	2007	2008	2009	2010	2011	2012	2013	2014
当期受理案件（件）	135 206	154 621	184 116	226 391	260 471	313 773	317 162	350 182	693 465	684 379	600 865	589 244	641 202	665 760	715 163
劳动合同争议案件受理（件）	31 965	39 336	43 848	52 060	57 021	68 873	67 868	80 261	139 702	43 876	31 915	118 684	129 108	147 977	155 870
劳动争议案件结案（件）	130 688	150 279	178 744	223 503	258 678	306 027	310 780	340 030	622 719	689 714	634 041	592 823	643 292	669 062	711 044
受理案件劳动者当事人（人）	682 062	753 830	983 352	1 315 615	1 242 973	1 154 014	1 028 026	925 249	1 717 041	1 316 523	1 026 876	954 275	1 114 381	1 106 951	1 264 972

资料来源：国家统计局年度数据，http：//data.stats.gov.cn/easyquery.htm?cn=C01。

第四章 挑战：中国城镇化面临的问题

由城镇化而引发的社会矛盾都是"利益"性矛盾，这是城镇化过程中社会结构变化所必需面对的"镇痛"。所谓社会结构变化，是指各种社会角色和社会地位之间的比例关系变化，这些角色和地位之间的社会互动关系形态变化，以及规范和调节各种社会互动关系的价值观念变化。[①] 当前，随着城镇化的推进，社会各个方面的结构及其关系形态都发生了并且还在继续发生着不同程度的变化。本书认为，在众多社会结构中与社会矛盾最为密切的就是经济活动结构和社会关系结构。市场化取向的经济体制改革逐步形成了相对独立的市场经济组织体系，非公有制企业数量在不断增多，规模也在不断壮大，已成为社会主义市场经济的主要力量。1994~2015年国有企业法人单位、集体企业法人单位分别从217万个和546万个减少到13.36万个和14.49万个，而私营企业法人单位数、港澳台及外商投资企业法人单位数从43万个和20.6万个增加至865.65万个和23.75万个，从数量上看非公有制企业已成为国民经济的主体。从城镇化的角度来看，在经济活动结构中以就业结构最为突出，经济非农化和市场化使得农业剩余劳动力不断变化自己的职业和身份。由于非农领域劳动关系的市场化转型已基本完成，在新的就业领域和环境中，由于外部环境还不成熟，内部机制也不够健全，导致劳资双方矛盾持续增加，主要表现在与农民工有关劳动报酬、社会保险和劳动合同等争议问题。[②] 所有制结构的变化是社会关系结构转型的动力源，按照前文所述，非公有制经济不论数量、投资量还是就业量均已经超过公有制经济。伴随着城镇化，进城务工的农民形成了农民工阶层，成为工人阶级的组成部分；个体工商户、私营企业主、各种非公有制企业的经营管理人员成为一个新的阶层；知

[①] 陈光金：《当前我国若干重大社会结构变化与结构性矛盾》，载于《中国社会科学院院报》2007年11月15日，第7版。
[②] 朱鹏华：《基于社会保险视角下的非公有制企业劳资关系研究》，山东大学2010年硕士学位论文，第17~19页。

识分子作为专业技术人员,国家机关、社会团体和各种企业事业单位中的办事人员也成为一个独立阶层。在新的社会关系结构中,不同社会阶层成员的资源占有不同,起点条件和机会际遇各异,市场和非市场因素共同决定利益分配时不协调是引发社会矛盾的根源。

六、城镇空间分布、规模结构和"城市病"问题

从整体来看,当前中国城镇空间分布和规模结构不合理,与资源环境承载能力不匹配。一方面从城镇空间分布来看,中国城镇化极不平衡,从区域来看呈现明显的"东高西低"的分布。从表4-6可知,2014年东部和东北地区城镇化率已达63.64%和60.83%,而中西部地区分别为49.79%和47.37%,均低于东部和东北地区2005年53.15%和55.15%的水平;城镇化的速度呈现出"东北最低、中西部高"的态势,2005~2014年东部、东北、中部和西部四大区域城镇化率年均增长率分别为1.05%、0.57%、1.33%和1.29%。东部一些城镇密集地区资源环境约束趋紧,而中西部资源环境承载能力较强地区的基础设施薄弱、公共服务设施建设普遍滞后。另一方面从城市规模来看,大城市(包括大城市Ⅰ、Ⅱ、特大城市和超大城市)人口密度普遍高于中小城市(包括中等城市、小城市Ⅰ和Ⅱ)人口密度,部分大城市、特大城市和超大城市主城区公共设施完善、就业机会多,但人口与综合承载能力之间的矛盾正不断加剧;绝大多数中小城市和小城镇集聚产业不足、公共设施不完善、城镇服务功能较弱,对转移人口的吸引能力较低,如此造成的恶性循环增加了城镇化的经济社会和生态环境成本。东部大中城市是人口主要的迁移去向,然而,北京、上海等大城市的综合承载能力已经相对饱

和。外来人口大量涌入,必然会进一步加剧城市环境恶化、交通拥堵等"城市病"的加剧。"城市病"是城镇化过程中,城市自身系统存在缺陷所导致的对经济社会的负面效应。[①] 当前,许多城市"摊大饼"式粗放扩张,长时间只注重经济发展和城市建设,而忽视环境保护和城市管理服务,环境污染严重,交通拥堵且公共服务供给不足,"城市病"问题突出。事实上,不论是大城市还是小城镇都有"城市病"问题,胡欣和江小群(2005)[②]曾将"城市病"分为 24 种类型。

表 4-6 四大区域城镇化率(%)

年份 地区	2005	2006	2007	2008	2009	2010	2011	2012	2013	2014
东部地区	53.15	54.49	55.41	56.38	57.35	59.84	60.75	61.86	62.80	63.64
东北地区	55.15	55.52	55.81	56.69	56.88	57.65	58.74	59.60	60.21	60.83
中部地区	36.54	38.00	39.42	40.92	42.26	43.58	45.48	47.19	48.49	49.79
西部地区	34.52	35.69	37.00	38.48	39.66	41.44	42.99	44.74	45.98	47.37

注:东部地区包括北京市、天津市、河北省、上海市、江苏省、浙江省、福建省、山东省、广东省、海南省,东北地区包括辽宁省、吉林省、黑龙江省,中部地区包括山西省、安徽省、江西省、河南省、湖北省、湖南省,西部地区包括内蒙古自治区、广西壮族自治区、重庆市、四川省、贵州省、云南省、陕西省、甘肃省、青海省、宁夏回族自治区、新疆维吾尔自治区。

资料来源:国家统计局地区年度数据,http://data.stats.gov.cn/easyquery.htm?cn=E0103. 经本书作者计算。

中国城镇空间分布与自然地理条件以及国家非均衡发展战略有关,东部沿海地区,长江三角洲、珠江三角洲以及京津地区,是我国城镇网络密度最大的区域。改革开放以来,东部地区凭借

[①] 覃剑:《我国城市病问题研究:源起、现状与展望》,载于《现代城市研究》2012 年第 5 期,第 58~64 页。
[②] 胡欣、江小群:《城市经济学》,立信会计出版社 2005 年版,第 211~221 页。

优越的区位和政策优势,吸引了大量的外国资金和技术,获得了发展优势。在人才、资金、技术等生产要素的相互作用下,产业快速向东部地区集聚。① 东部的发展吸引了中西部的广大剩余劳动力,这是市场经济发展的必然结果。总体来看东部有产业、但缺乏资源和劳动力,而中西部地区恰好相反,在资源要素的空间集聚效应的作用下,东西部的差距会逐渐扩大。同样,大城市的生产成本和交易费用相对较低,土地利用效率相对较高,城市经营以及控制污染的能力更强,同时大城市能给外来人口提供更多的就业机会,因此大城市比中小城市和镇更具聚集效应和规模效应。比如,《2015年农民工监测调查报告》显示,2015年8.6%的外出农民工流入四大直辖市,比上年提高0.5个百分点,这明显高于四大直辖市常住人口占比6.7%;22.6%流入省会城市,提高0.2个百分点;跨省流动农民工80%流入地级以上大中城市,比上年提高3个百分点。② 造成这种局面的一个很重要的原因是东部发达地区或大城市在经济结构调整过程中不愿将制造业转移到中西部地区或中小城镇,这样不仅阻碍了中西部地区或中小城镇产业聚集和发展,同时也在一定程度上制约了东部地区或大城市自身的产业结构升级。此外,中国等级化的城市行政管理体制也造成了各种资源优先向高等级城市集中,这事实上已经成为中小城市进一步发展的掣肘和障碍。③

"城市病"是城镇空间布局和规模结构不合理的直接后果,究其背后的原因主要有两方面。一是市场机制失灵的表现。一般地,城市资源环境承载力具有公共品属性,市场机制无法自觉将

---

① 关兴良、魏后凯、鲁莎莎、邓羽:《中国城镇化进程中的空间集聚、机理及其科学问题》,载于《地理研究》2016年第2期,第227~241页。
② 《2015年农民工监测调查报告》,中华人民共和国中央人民政府网,2016年4月28日,http://www.gov.cn/xinwen/2016-04/28/content_5068727.htm。
③ 李铁:《新型城镇化路径选择》,中国发展出版社2016年版,第176页。

外部性问题内部化,因而导致城市的"公有地悲剧"。① 二是政府职能的缺位。在城镇化过程中,一般政府会首先把精力和目标放在经济建设上,生态效益和社会效益往往被忽视,甚至以牺牲生态效益和社会效益来谋求经济效益。比如,"GDP 政绩"的考核模式就必然催生"GDP 政府"和"GDP 官员",其后果就是盲目的"非理性城镇化"。

七、生态环境问题

长时间粗放式的城镇化,使得生态环境问题日益严重,目前已成为新型城镇化所要面临的主要问题之一。中国大部分河流、湖泊、近海以及地下的水质都有不同程度的下降,有些污染已经到了异常严重的地步。例如 2013 年,黄河流域的城市河段中有 7 处为重度污染;31 个大型淡水湖泊中,有 17 个受到不同程度的污染;东海近岸海域劣四类海水点位比高达 49.5%。② 2015 年,在 5 118 个地下水水质监测点中,水质较差级的为 42.5%,极差级的为 18.8%。③ 自 2008 年以来,中国很多城市出现了严重的雾霾天气,大气污染已经严重影响人们的生产和生活。中国气象局基于能见度的观测结果表明,2013 年全国平均霾日数为 35.9 天,为 1961 年以来最多;华北中南部至江南北部的大部分地区雾和霾日数范围为 50~100 天,部分地区超过 100 天。④ 2015 年,全国 338 个地级以上城市中,有

---

① 曹钟雄、武良成:《中国"城市病"解析》,引自樊纲、武良成主编:《城市化:着眼于城市化的质量》,中国经济出版社 2010 年版,第 204~231 页。
②④ 资料来源:《2013 年中国环境状况公报》,http://www.mep.gov.cn/gkml/hbb/qt/201407/W020140707500480541425.pdf。
③ 资料来源:《2015 年中国环境状况公报》,http://www.gov.cn/xinwen/2016-06/02/5078966/files/9ab14b4ce3294d5ab212bc83d3d31b7b.pdf。

265个城市环境空气质量超标，占78.4%；480个城市降水监测数据表明，酸雨比例为22.5%，酸雨频率平均为14.0%。① 除此之外，当前绝大部分城市还存在不同程度的噪声污染、光污染、电磁波污染等问题。

生产和消费是生态环境问题的根源，马克思曾深刻地指出，"一个社会不能停止消费，同样，它也不能停止生产。"② 城镇化使人口不断向城镇大规模聚集，伴随着"三废"排放的增加，环境自我恢复能力的降低，城镇的环境压力不断增大。虽然城镇化对生态环境的影响不可避免，但是造成严重的污染肯定是有原因的，本书认为主要有两方面。第一，从生产方面来看，粗放式的工业化是最主要原因。改革开放以来，中国以煤为主的能源结构长期存在，在工业化进程中，造纸、酿造、电力、化工、建材、冶金等行业长期粗放式发展，给生态环境带来了巨大的破坏。长时间的GDP标准，政府监管执法不严，企业污染的低成本，甚至零成本，也助涨了污染蔓延。此外，在农业生产中化肥农药的不合理使用、养殖业的无序发展也是环境污染的重要原因。第二，从消费方面来看，一方面由于城市和农村生活习惯不同，城镇化使人口快速聚集，客观上拉低了城镇人口的平均生态水平。③ 另一方面社会消费转型中，电子电器废物、机动车尾气、有害建筑材料和室内装饰盲目过度消费。同时，很多城市特别是小城镇，环境基础设施建设滞后，大量的垃圾与污水得不到安全处置也是环境问题的重要原因。

这里需要再强调的是对城镇化所面临问题的客观分析，并非是否定中国城镇化质量和成效。认清当前中国城镇化所面临的挑

---

① 资料来源：《2015年中国环境状况公报》，http://www.gov.cn/xinwen/2016-06/02/5078966/files/9ab14b4ce3294d5ab212bc83d3d31b7b.pdf.
② 马克思：《资本论》第1卷，人民出版社2004年版，第653页。
③ 刘成军：《试论城镇化的关键要素：人口、土地和产业所引发的城镇生态环境问题》，载于《理论月刊》2017年第1期，第116~121页。

战,是提高城镇化质量的必然要求,也是中国新型城镇化道路的重要组成部分。城镇化作为一种社会资源重置的过程,在快速发展过程中必然会导致许多的经济、社会、生态环境等问题,中国特殊的经济政治体制虽然在快速城镇化中没有大面积的出现平民阶层和"贫民窟",但中国也出现了大量的游离于城市和乡村的农民工以及留守老人、儿童和妇女现象。不论是城镇化驱动力的阻碍因素、"半城镇化"问题、土地利用效率低问题、城乡失衡问题、社会矛盾问题、城镇空间分布、规模结构和"城市病"问题,还是生态环境问题,归根结底还是城镇发展质量、城乡协同程度以及城镇化效率问题。通过前面分析可知,很多问题都是系统性问题,问题背后的原因十分复杂,需要多方协调、综合施策。比如,最基本的农村进城务工人员能否融入城市,而不是在城里打工几年,早早退出了城市劳动力的供给,这不仅是经济发展、产业升级、户籍制度的问题,还与农村土地制度、职业培训、社会保障、文化关怀等因素有着密切的关系;再比如,大城市和小城镇的关系问题。人口向条件较好的东部沿海城市以及中心大城市聚集,这是市场经济环境下城镇化的必然规律。如果仅仅靠户籍制度、房产限购政策,而忽视等级化城市行政管理体制改革、技术创新、产业转移、公共服务均等化等重要因素,结果是大城市和小城镇的"城市病"都不能彻底解决。又比如,等级化城市行政管理体制已严重扭曲了资源配置,资源从最低等级城市向最高等级城市集中,等级越高的城市优质资源越集中,行政资源分布影响了市场资源分布。人口向高等级的城市聚集主要看中那里的优质资源和优质公共服务,而这也恰恰是等级高的大城市的"臃肿病"和等级低的中小城镇"体弱病"的重要原因。

事实上,除了前面分析的问题,中国城镇化所要面临的挑战还包括政府职能转变以及制度层面的问题。一方面是政府如何通过自身改革、自身治理,在新形势下,建立起适应新型城镇化发展的高效政府。政府职能转变是深化行政体制改革的核心,也是发展市场经济、法治经济和新型城镇化的保障；另一方面是包括法律、制度、政策因素，修订和完善与新型城镇化配套的法律体系、政策体系和制度体系。比如，按照新型城镇化建设的总要求，从国家顶层设计到乡镇具体规制都要做出科学完整的制度设计。再比如，户籍制度、土地制度、房产税制度、城乡均衡的分配制度、社会保障制度等，都需要在新型城镇化过程中不断改革和创新。

第五章

选择：新型城镇化道路

费孝通（1998）曾指出，"中国的经济发展过程出现过许多曲折，但是总的趋势是在从传统经济向现代化经济发展，从农业经济向工业化的方向发展。这是中国必然要走的路子。"① 通过第二章对中国城镇化历程的梳理，我们发现中国城镇化也同样经历了许多波折，但是总的趋势是从农村文明向城市文明发展，从农业文明向工业文明的方向发展。城镇化是一个国家经济社会现代化的必经之路。2002年11月，党的十六大报告第一次将城镇化的内容写入，首次明确指出"农村富余劳动力向非农产业和城镇转移，是工业化和现代化的必然趋势"，并提出"走中国特色的城镇化道路"。② 十年之后，2012年12月，中央经济工作会议首次提出要"走集约、智能、绿色、低碳的新型城镇化道路"。③ 当前，新型城镇化已经成为各方面关注的社会"热词"，同时也是党中央治国理政的"关键词"。改革开放之初的1978年，中国城镇化率只有17.92%；到2016年末，常住人口城镇化率已达

---

① 费孝通：《我看到的中国农村工业化和城市化道路》，载于《浙江社会科学》1998年第4期，第3~6页。
② 《党的十六大报告（全文）》，中国经济网，2003年10月9日，http://www.ce.cn/ztpd/xwzt/guonei/2003/sljsanzh/szqhbj/t20031009_1763196.shtml。
③ 《中央经济工作会议在北京举行》，载于《人民日报》2012年12月17日，第1版。

57.35%，年均提高 1.01%。① 但是，从国际比较看中国的城镇化率不仅低于发达国家约 80% 的水平，也低于和中国发展阶段类似的发展中国家约 60% 的水平。② 当前，中国已有 79 298 万（2016 年末）的城市常住人口，但城镇化水平仍然相对滞后。根据城镇化一般规律，中国仍处于城镇化率 30%～70% 的快速发展区间，到 2030 年，城镇化率预计要超过 70%，将有超过十亿的人口生活在城市。③ 城镇化是经济持续发展的主要动力和社会稳定发展的基本保障，能否推行好新型城镇化，是实现"两个一百年"奋斗目标的重要决定因素。

一、新型城镇化的内涵

在第一章绪论中已经指出，城镇化或城市化（Urbanization），是指伴随工业化发展，非农产业在城镇集聚、农村人口向城镇集中的自然历史过程。④ 城镇化既是一个新事物形成的过程，也是一个旧事物转换的过程，至少包括以下几个特征：一是非农产业扩大，第二产业，特别是第三产业比重不断提高；二是人口向城市集聚，城市常住人口不断增多，城镇人口比重逐渐提高；三是城镇空间扩张，城市建成区面积不断扩大；四是城镇观念意识持续转化，城市的生活方式不断扩散，并逐步成为社会主流。新型

---

① 资料来源：国家统计局网站，http://data.stats.gov.cn/easyquery.htm? cn = C01.《2016 年国民经济和社会发展统计公报》，http://www.stats.gov.cn/tjsj/zxfb./201702/t20170228_1467424.html，经作者计算。
② 中国金融 40 人论坛课题组：《加快推进新型城镇化：对若干重大体制改革问题的认识与政策建议》，载于《中国社会科学》2013 年第 7 期，第 59~78 页。
③ 简新华、黄锟：《中国城镇化水平和速度的实证分析与前景预测》，载于《经济研究》2010 年第 3 期，第 28~39 页。本书第二章通过 Logistic 模型对中国未来城镇化进行预测，到 2028 年中国城镇化率将超过 70%。
④ 中共中央、国务院：《国家新型城镇化规划（2014~2020 年）》，中华人民共和国中央人民政府网，2014 年 3 月 16 日，http://www.gov.cn/gongbao/content/2014/content_2644805.htm。

城镇化是城镇化的升级版,谢志强(2003)[①]较早使用了"新型城镇化"一词,但究竟"新"在何处?学术界尚无定论。比较有代表性的观点有:仇保兴(2012)[②]指出新型城镇化的核心是六个方面的转型,即"从城市优先发展的城镇化转向城乡互补协调发展的城镇化,从高能耗的城镇化转向低能耗的城镇化,从数量增长型的城镇化转向质量提高型的城镇化,从高环境冲击型的城镇化转向低环境冲击型的城镇化、从放任式机动化的城镇化转向集约式机动化的城镇化,从少数人先富的城镇化转向社会和谐的城镇化";沈清基(2013)[③]认为新型城镇化"新"在四个方面,即"以人为本的价值取向,改善民生的发展目标,政府和市场有机结合的运作程序,以及要素协调发展的城乡关系";单卓然和黄亚平(2013)[④]认为"新型城镇化是以民生、可持续发展和质量为内涵,以追求平等、幸福、转型、绿色、健康和集约为核心目标,以实现区域统筹与协调一体、产业升级与低碳转型、生态文明和集约高效、制度改革和体制创新为重点内容的崭新的城镇化过程。"中国金融40人论坛课题组(2013)[⑤]认为"城镇化的核心是农村人口转移到城镇,完成农民到市民的转变。新型城镇化的'新'是由过去片面注重追求城市规模扩大、空间扩张,改变为以提升城市的文化、公共服务等内涵为中心,真正使城镇成为具有较高品质的宜居之所。"姚士谋等(2014)[⑥]基本

[①] 谢志强:《新型城镇化:中国城市化道路的新选择》,载于《社会科学报》2003年7月3日,第4版。
[②] 仇保兴:《新型城镇化:从概念到行动》,载于《行政管理改革》2012年第11期,第11~18页。
[③] 沈清基:《论基于生态文明的新型城镇化》,载于《城市规划学刊》2013年第1期,第29~36页。
[④] 单卓然、黄亚平:《"新型城镇化"概念内涵、目标内容、规划策略及认知误区解析》,载于《城市规划学刊》2013年第2期,第16~22页。
[⑤] 中国金融40人论坛课题组:《加快推进新型城镇化:对若干重大体制改革问题的认识与政策建议》,载于《中国社会科学》2013年第7期,第59~78页。
[⑥] 姚士谋、张平宇、余成、李广宇、王成新:《中国新型城镇化理论与实践问题》,载于《地理科学》2014年第6期,第641~647页。

认同单卓然和黄亚平对新型城镇化的界定,并强调新型城镇化应结合中国实际国情,认识中国城镇化本身的发展规律,走出一条资源节约型、质量和效益型以及城乡协调发展的健康之路。张占斌(2014)[①]认为新型城镇化的"新"主要表现为新核心,即以人为核心,新理念,即包容共享发展,新动力,即"四化"统筹推动,新方式,即融入生态文明,新格局,即以主体功能区规划为指导,以及新重点,即注重制度软件建设,共六个方面。魏后凯(2014)[②]认为新型城镇化内涵丰富,主要体现在以人为本、集约智能、绿色低碳、城乡一体、四化同步等方面,同时多元、渐进、集约、和谐、可持续是新型城镇化的重要特征。李小建和罗庆(2014)[③]指出新型城镇化实质上就是协调发展的城镇化过程,主要包括城乡协调、各类规模的城镇协调、土地城镇化与人口城镇化的协调、居住城镇化与公共服务城镇化的协调、有型的城镇化与无形的城镇化的协调、政府作用与市场作用的协调、上下协调等等。徐林和曹红华(2014)[④]认为在内涵上新型城镇化不仅关注城市与农村之间的人口分布方式变化及城市地域范围的扩张,而且还包含了平等、幸福、健康及可持续发展等相互关联的内容。任远(2014)[⑤]指出新型城镇化本质是人的城镇化,应该以迁移人口的市民化为主要内容,以追求人民的福利和

[①] 张占斌:《走中国特色的新型城镇化道路》,载于《经济研究参考》2014年第8期,第4~14页。

[②] 魏后凯:《走中国特色的新型城镇化道路》,社会科学文献出版社2014年版。魏后凯、关兴良:《中国特色新型城镇化的科学内涵与战略重点》,载于《河南社会科学》2014年第3期,第18~26页。

[③] 李小建、罗庆:《新型城镇化中的协调思想分析》,载于《中国人口·资源与环境》2014年第2期,第47~53页。

[④] 徐林、曹红华:《从测度到引导:新型城镇化的"星系"模型及其评价体系》,载于《公共管理学报》2014年第1期,第65~76页。

[⑤] 任远:《人的城镇化:新型城镇化的本质研究》,载于《复旦学报(社会科学版)》2014年第4期,第134~139页。

幸福为根本目的,以人的发展和参与为真正动力。董晓峰等(2017)①认为"新型城镇化是实现人的城镇化,坚持以人为本,以新型产业化为动力,以统筹兼顾为原则,全面提升城镇化质量和水平,实现城乡统筹、节约集约、生态宜居、社会和谐的发展目标。"学者们对新型城镇化的内涵界定的侧重点各不相同,虽然都有其合理之处,但尚未形成一个系统全面、层次分明、逻辑自洽的科学内涵体系。通过梳理学术界的研究成果,总体来看,新型城镇化内涵的基本内容包括:以人为核心,转变城镇化发展方式,提高城镇化质量,实现城乡一体化,注重生态环境,走协调、节约、集约的城镇化发展之路。

科学界定一个概念要首先选择一个学科范畴,城镇化是具有明显交叉学科特性的复杂系统,其至少与经济学、人口学、社会学、地理学、城市规划学等学科直接相关。这里在马克思主义政治经济学的视阈下,按照生产力和生产关系辩证关系原理,对新型城镇化进行界定:新型城镇化是以进一步解放和发展社会生产力为基础,以人民的权益为核心,通过综合创新、协调、绿色和融合的发展模式,不断破解中国城镇化所面临难题和提高城镇化质量的改革过程。本书认为新型城镇化主要"新"在对城镇化的战略定位,引领城镇化的发展理念,推进城镇化的模式创新,以及城镇化的目标指向等方面。

(一)新型城镇化是解放和发展社会生产力的改革过程②

解放和发展社会生产力是人类一切活动的基础,城镇化也不例外。城镇化是一场深刻的变革,它必然引致人们思想观

---

① 董晓峰、杨春志、刘星光:《中国新型城镇化理论探讨》,载于《城市发展研究》2017年第1期,第26~34页。
② 李铁(2014)认为"改革是新型城镇化的动力",见文《用改革推进新型城镇化》,载于《人民日报》2014年1月19日,第5版。本书认为新型城镇化本身就是一个改革过程。

念、生产方式、生活方式和行为方式等一系列的转变。① 改革要"用理性、科学的方法来研究、探索中国城镇化的规律,而不是'设计'城镇化的规律。"② 正如习近平总书记(2015)所强调,"做好城市工作,首先要认识、尊重、顺应城市发展规律,端正城市发展指导思想。"③ 新型城镇化更加注重改革落后的"生产关系",释放城镇化的活力。改革的核心是正确处理好市场、社会和政府的关系,要让市场在资源配置中起决定性作用,让社会力量更多的参与到城镇化中来,同时更好发挥政府的作用。

(二) 新型城镇化是以人民的权益为核心的共享发展过程

人是新型城镇化的核心,要引导人口合理流动,推进农业转移人口有序市民化。④ 城镇化的本质是使人们生活得更美好,真正将广大人民的权益放到首要位置,是新型城镇化过程中一切工作的出发点和落脚点。⑤ 新型城镇化不是少数人的城镇化,要实施共享发展,推行基本公共服务均等化,缩小贫富差距,"注重提升人民群众获得感和幸福感",不断积累共同富裕的因素。人民是历史的创造者和社会变革的决定性力量,是新型城镇化的核心力量,调动社会各阶层最广大人民的积极性是新型城镇化取得成功的关键。

---

① 王国刚:《城镇化:中国经济发展方式转变的重心所在》,载于《经济研究》2010年第12期,第70~82页。

② 张鸿雁:《中国新型城镇化理论与实践创新》,载于《社会学研究》2013年第3期,第1~15页。

③ 《习近平主持召开中央财经领导小组第十一次会议》,新华网,2015年11月10日,http://news.xinhuanet.com/politics/2015-11/10/c_1117099915.htm。

④ 中共中央,国务院:《国家新型城镇化规划(2014~2020年)》,中华人民共和国中央人民政府网,2014年3月16日,http://www.gov.cn/gongbao/content/2014/content_2644805.htm。

⑤ 宁越敏:《中国推进新型城镇化战略的思考》,载于《上海城市规划》2014年第1期,期43~46页。

第五章 选择：新型城镇化道路

（三）新型城镇化要综合创新、协调、绿色和融合的发展模式

第一，创新是破解城镇化所面临的难题，走新型城镇化之路的动力源。改革开放以来，城镇化的快速发展主要依赖于相对廉价的土地、劳动力等生产要素的贡献，新型城镇化要从"要素驱动"转向"创新驱动"。[①] 要通过不断的科学规划和制度创新，优化城市发展空间结构，提高土地资源利用效率，增强城镇化的市场活力和社会创造力。坚持创新发展，使城镇化释放出创造需求和供给的巨大潜力。[②] 第二，协调是新型城镇化的内在要求和关键方法。城镇化是一个巨大的系统工程，牵动着全社会的各个方面，关系到中国现代化的全局，必须协调推进。[③] 比如，城市和乡村相协调、各级城市之间相互协调、政府和市场作用相协调、城市现代化和历史文化传承相协调、城市规划上下相协调、居住的城镇化与服务的城镇化相协调、有形的城镇化和无形的城镇化相协调等。第三，绿色是新型城镇化的必要条件和重要体现。新型城镇化必须节约利用资源、保护生态环境，坚持可持续发展，形成人与自然和谐发展的新格局。[④] 摆脱传统城镇化只追求速度与数量、忽略质量的发展模式，全面推动基于绿色发展的新型城镇化。[⑤] 推动城镇化绿色发展、循环发展、低碳发展，逐步形成绿色环保的城市建设运营模式和生产生活方式。第四，融

[①] 辜胜阻、刘江日：《城镇化要从"要素驱动"走向"创新驱动"》，载于《人口研究》2012年第6期，第3~12页。

[②] 张占斌：《用五大理念引领新型城镇化建设》，载于《国家行政学院学报》2016年第1期，第13~18页。

[③] 陆大道、陈明星：《关于"国家新型城镇化规划（2014~2020）"编制大背景的几点认识》，载于《地理学报》2015年第2期，第179~185页。

[④] 《中华人民共和国国民经济和社会发展第十三个五年规划纲要》，中华人民共和国中央人民政府网，2016年3月17日，http://www.gov.cn/xinwen/2016-03/17/content_5054992.htm。

[⑤] 蔡宁、丛雅静、吴婧文：《中国绿色发展与新型城镇化——基于SBM-DDF模型的双维度研究》，载于《北京师范大学学报（社会科学版）》2014年第5期，第130~139页。

合是新型城镇化的本质要求和重要手段。在人类历史发展中,城镇化是农业生产力的提高和工业化在人们居住空间格局上的改变,是经济社会融合发展的结果。新型城镇化要与新型工业化、信息化以及农业现代化的深度融合,同时还有以要素平等交换和公共资源均衡配置为特征的城乡融合发展。只有综合创新、协调、绿色和融合的发展模式,新型城镇化才能真正解放和发展社会生产力,最终实现经济社会现代化的目标。

(四) 新型城镇化要聚焦中国城镇化所面临的难题

一方面要立足国情。中国是在人口众多、资源相对短缺、生态环境比较脆弱、城乡区域发展不平衡的国情下城镇化的,这决定了新型城镇化必须从社会主义初级阶段这个最大实际出发。[①]中国的城镇化被视作21世纪影响人类社会进程的最主要的两件大事之一,[②] 新型城镇化必须从国情出发,脱离了中国发展实际就会迷失方向。[③] 第二章对中国城镇化历程的梳理同时也是在城镇化的视角下对中国国情变化的分析,城镇化是一个自然历史过程,对中国城镇化历程的准确把握是推进新型城镇化的前提。另一方面要以问题为导向。当前城镇化面临着许多难题,有些是历史遗留的老问题,有些是刚刚出现的新问题;有些是系统性问题,有些是局部性问题,聚焦问题、破解难题是推进新型城镇化的必然选择。第四章对中国城镇化面临的问题进行了系统分析,当前城镇化驱动力的阻碍因素、"半城镇化"问题、土地利用效

---

① 中共中央、国务院:《国家新型城镇化规划 (2014~2020年)》,中华人民共和国中央人民政府网,2014年3月16日,http://www.gov.cn/gongbao/content/2014/content_2644805.htm。
② 诺贝尔经济学奖获得者美国经济学家斯蒂格利茨 (Joseph E. Stiglitz, 2000) 预言:"21世纪影响人类社会进程的最主要的两件大事:一是美国的新技术革命,二是中国的城镇化。"
③ 吴良镛、吴唯佳、武廷海:《从世界城市化大趋势看中国城市化发展》,载于《科学新闻》2003年第17期,第7~9页。

率低、城乡失衡、社会矛盾问题，城镇空间分布、规模结构和"城市病"问题以及生态环境问题等方面是中国城镇化所面临的主要难题。新型城镇化既是理论问题，更是现实问题，直面城镇化所面临的挑战，是新型城镇化道路的重要组成部分。

（五）新型城镇化最终要提高城镇化质量

提高质量是城镇化永恒的主题，也是新型城镇化的最终目标。第三章对中国城镇化质量测评表明中国城镇化质量已经达到相对较高的水平，但这仅仅是一个动态的相对指数，城镇化质量本身就是一个变化的量，从动态的评价模型来看城镇化质量的提高没有上限。推动城镇化从速度型增长转向质量型增长，是跨越"中等收入陷阱"的必要条件，也是新型城镇化的内在要求。① 提高城镇化质量不仅要提高城镇化质量的"短板"，即破解中国城镇化所面临的问题；还要从整体上转变城镇化发展方式，系统推进城镇发展质量、城乡协同程度和城镇化效率的提高。新型城镇化是不断破解中国城镇化所面临的难题和提高城镇化质量的改革过程，走新型城镇化之路，最重要的就是深化改革，通过体制机制的创新，破除提高城镇化质量的制度性障碍。②

二、新型城镇化的战略选择

中国道路是中国共产党在马克思主义指导下，带领全国人民经过艰苦卓绝的实践，建设中国特色社会主义市场经济、民主政治、先进文化、和谐社会、生态文明，向着共同富裕的方向前进

---

① 韩俊，何宇鹏：《以人为核心全面提高城镇化质量》，载于《人民日报》2014年4月9日，第10版。
② 简新华：《破除提高城镇化质量的制度障碍》，载于《人民日报》2014年1月19日，第5版。

的道路。新型城镇化是中国道路的重要组成部分，新中国成立以来，特别是改革开放以来，中国在城镇化的实践中总结经验和教训，主动选择了中国特色的新型城镇化道路。唯物史观认为，一个国家的城镇化道路是历史规律制约和主体能动创造的辩证统一。影响中国城镇化道路的因素是错综复杂的，是历史条件和现实条件、主观条件和客观条件、自然地理条件和人文社会条件等在一定历史阶段综合作用的结果。在遵循城镇化规律的同时，社会发展主体能否充分发挥主观能动性和创造性，在很大程度上决定中国新型城镇化道路的成败。中国新型城镇化道路的开辟和拓展既面临重要机遇，也充满风险与挑战。只有与时俱进、勇于创新，才能始终保持正确的方向。新型城镇化是中国实现"两个一百年"奋斗目标的核心策略之一，它描绘和展现的是未来经济健康可持续发展、社会和谐稳定、生态绿色环境优美、政治民主文化繁荣、城乡一体化的美好愿景。在城镇化的实践中为何中国选择了新型城镇化道路？本书认为至少有以下四个方面的原因。

（一）遵循中国道路的方向

和英国、美国等典型的市场化国家不同，政府调控对中国的城镇化道路发挥了主要作用，特别是在城市行政管理体制、土地资源配置、劳动力流动管理等决定城镇化进程的诸多方面，政府均发挥了决定性作用。改革开放以来，中国城镇化和经济发展相互促进，城市综合服务能力、基础设施和人居环境等各方面明显改善，城镇发展质量和城镇化效率显著提高；大量农村劳动力转移就业，改变了城乡亿万人民生产生活条件，中国的城镇化所取得的成就举世瞩目，第三章的测评表明中国城镇化质量已相对处于较高水平，但中国城镇化也面临诸多问题。随着中国经济转型发展的加速，城镇化转型发展的要求更加迫切。在中国道路的征程中，新型城镇化道路是中国共产党带来全国人民沿着中国道路的方向的主动选择，体现着中国道路的方向。从宏观上看，在新型城镇化过程中，一方面保障经济社会持续健康发展，另一方面更加注重保障人民的权益，走发展和惠民同步的新道路。

（二）总结中国城镇化的经验

随着社会主义市场经济改革的推进，中国的城镇化对市场机制的依赖逐渐增强，当前的中国城镇化格局，是市场力量与政府政策相互作用的产物。通过第三章对中国城镇化质量的测评可知，相对于改革开放之初，中国城镇化质量已有较大提高，中国城镇化的成效显著，这表明中国城镇化已积累许多成功经验。新型城镇化首要是坚持了中国城镇化的成功经验，特别是改革开放40年以来的城镇化的实践经验。

1. 党中央的坚强领导为城镇化的顺利推进提供了坚强的政治保障。在中国这样人口众多、区域差异明显的大国开展城镇化，需要一个稳定的社会环境，协调各方力量共同推进，要是离开了中国共产党的坚强领导是不可能完成的。改革开放40年的伟大实践表明，党中央的坚强领导是中国城镇化水平和质量提高的首要条件。

2. 中国向着"市场+政府"的城镇化模式，走了一条渐进式改革的城镇化道路，事实证明，这是符合中国国情的成功之路。前文分析表明，城镇化与经济发展密切相关，超前或滞后的城镇化不仅会造成城镇化的质量不高，还会影响经济的健康发展，比如，巴西等拉美国家的过度城镇化。中国的城镇化与经济转型发展总体上保持同步，城镇化始终建立在坚实的工业化基础之上。改革开放40年来，中国通过在城市建设各类工业园区，在乡村大力发展乡镇企业，各地发挥比较优势发展特色产业，培育产业集群，使得经济的发展不断带动农村剩余劳动力的转移。

3. 城镇化是个不断调整生产关系的改革过程，加强顶层设计，用不断深化改革破解城镇化所面临的困难和挑战，也是中国城镇化的成功经验。通过第二章对中国城镇历程的分析可知，中国的城镇化与经济社会体制机制密切相关，改革开放以来城镇化的发展始终伴随着改革的步伐。在中国的具体经济社会体制下，中央政府发挥着主导性作用，地方政府的作为和市场运行机制是在中央政府的调控和指导下展开的。这里还可以从国民经济和社会发展五年计划（简称"五年计划"）的演变来探究新型城镇化的战略选择（见表5-1）。通过梳理改革开放以来的"五年计划（规划）"，不难发现，自"六五"以来中国政府就一直在对城镇化进行主动调控和引导，通过经济体制改革和政府自身改革带动城镇化的发展。"十五"提出城镇化战略，之后"十二五"提出新型城镇化战略，进而"十三五"开始全面推进新型城镇化战略。显然，新型城镇化道路是中国政府在不断推进经济社会改革的过程中，根据国情和经济社会发展实际所作出的战略选择，新型城镇化本身就是继续深化改革的重要环节和主要组成部分。正如前文对新型城镇化内涵的界定，新型城镇化本质上就是"不断破解中国城镇化所面临难题和提高城镇化质量的改革过程"。

表5-1　　　"五年计划（规划）"的演变（1981~2020年）

名称	主题	主要内容
"六五"（1981~1985年）	迈向改革开放，发展有计划的商品经济	以经济建设为中心，实施改革开放，推进农村经济体制改革。调整所有制结构，发展有计划的商品经济。严格控制大城市，合理发展中等城市，积极发展小城市。提出大城市要有计划的建设卫星城镇。
"七五"（1986~1990年）	计划调控市场，市场引导企业	改革由农村转移到城市，全面推行经济体制改革。私营企业和三资企业逐渐发展，国企改革起步，以价格为中心，逐渐建立市场对资源的配置机制。在城镇化调控方面仍然延续"六五"方针。

第五章 选择：新型城镇化道路

续表

名称	主题	主要内容
"八五"（1991~1995年）	建立社会主义市场经济体制（1993）	改革开放进程的转折期。放权让利，分税制改革（1994），调动地方、企业和个人积极性，增强宏观调控能力。推进城镇住房制度（1994）和社会保障制度改革，大力开展交通运输建设。
"九五"（1996~2000年）	"两个根本转变"方针，经济实现软着陆	继续推进社会主义市场经济体制改革，经济体制从传统的计划经济体制向社会主义市场经济体制转变，经济增长方式从粗放型向集约型转变。对于城镇化淡化"六五"方针，提出按照市场经济规律、经济内在联系和地理自然特点，发展以中心城市和交通要道为依托的经济带。
"十五"（2001~2005年）	市场配置资源，提出城镇化战略	对外开放加快步伐，加入WTO（2001），进入中等收入国家行列（按照世界银行公布数据，2001年中国人均GDP为1 053美元①），市场机制的作用逐渐增大。提出积极推进城镇化的战略，走符合中国国情，大中小城市和小城镇协调发展的多样化的城镇化道路，逐渐形成合理的城镇体系。提出有重点的发展小城镇，积极发展中小城市，完善区域性中心城市功能，发挥大城市的辐射带动作用，引导城镇密集区有序发展。提出打破城乡分割的体制障碍，改革户籍制度、城镇用地制度和农村劳动力就业制度等。
"十一五"（2006~2010年）②	贯彻科学发展观，坚定改革开放	提出必须保持经济平稳较快发展，必须加快转变经济增长方式，必须提高自主创新能力，必须促进城乡区域协调发展，必须加强和谐社会建设，必须不断深化改革开放。从促进区域协调发展的角度，提出促进城镇化健康发展。在"十五"的基础上，提出要把城市群作为推进城镇化的主体形态。以特大城市和大城市为龙头，培育和增强城市群的综合实力。形成以若干城市群为主体，其他城市和小城镇点状分布，永久耕地和生态功能区相隔离，高效协调可持续的城镇化空间格局。

① 资料来源：The Word Bank：http://data.worldbank.org/indicator/NY.GDP.PCAP.CD.。
② 自"十一五"开始，国民经济和社会发展五年"计划"更名为国民经济和社会发展五年"规划"。意味着从计划的"指令性"向规划的"指导性"转变，这本身也是深化改革的结果，是社会主义市场经济发展的必然要求。

续表

名称	主题	主要内容
"十二五"（2011~2015年）	加快经济转型发展，提出新型城镇化战略（2012）	提出工业化、信息化、市场化、国际化和城镇化是驱动发展的驱动力之一；提出工业反哺农业、城市支持农村；提出走中国特色的城镇化道路，科学制定城镇化发展规划。遵循城市发展客观规律，以大城市为依托，中小城市为重点，形成辐射作用大的城市群，促进大中小城市和小城镇协调发展。坚持以人为本、节地节能、生态环保、安全实用、突出特色、保护文化和自然遗产的原则，科学规划，健全城市建设标准，提高建成区人口密度，优化建设用地结构，增强城市综合承载能力。预防和治理"城市病"；稳步推进农业转移人口转为城镇居民；构建城镇化战略格局。提出"两横三纵"城镇化战略格局。
"十三五"（2016~2020年）	推进新型城镇化，全面建成小康社会	提出坚持以人的城镇化为核心、以城市群为主体形态、以城市综合承载能力为支撑、以体制机制创新为保障，加快新型城镇化步伐，提高社会主义新农村建设水平，努力缩小城乡发展差距，推进城乡发展一体化。主要包括加快农业转移人口市民化、优化城镇化布局和形态、建设和谐宜居城市、健全住房供应体系、推动城乡协调发展五大方面。提出新型城镇化建设八项重点工程："三个亿人"城镇化、新生中小城市、特色小城镇、智慧城市、绿色森林城市、海绵城市、地下管廊（网）和美丽乡村。

资料来源：作者根据历年"五年计划（规划）"资料整理。

4. "人"是城镇化的核心。中国的城镇化历程表明，以人为核心的城镇化理念是在实践中逐渐形成的。实践表明，城镇化质量增长快的时期，一定是更加注重人民权益的时期。党的十八届三中全会通过的《中共中央关于全面深化改革若干重大问题的决定》提出，"坚持走中国特色新型城镇化道路，推进以人为核心的城镇化,推动大中小城镇协调发展、产业和城镇融合发展,促进城镇化和新农村建设协调推进。"① 从以城市经济发展为中心,到以城市建设为中心,再到统筹城乡以人的权益为核心;从仅关注物质条件的发展,到物质和精神文明同等发展,经济社会的发展更加注重人的需求和全面发展,同样也成为新型城镇化的主要特征。

5. 许多地方政府,因地制宜,不断探索创新城镇化的模式,也总结了很多城镇化成功的具体实践经验。总体来看,中国各级地方政府在推进农村转移人口市民化、提高城乡要素配置效率、推进城乡一体化发展、推进新型城市建设以及拓宽城镇化建设投融资渠道等方面都做出了成功探索,积累了许多城镇化的实践经验,这些成功经验为新型城镇化道路提供了重要支撑(具体案例见后文)。

(三) 直面中国城镇化的挑战

由第二章的分析可知,自中华人民共和国成立以来,中国城镇化已经历了两个时期和三个阶段,即城镇化的初期(1949~1996年)和中期(1996~2016年),改革开放之前(1949~1978年)、改革开放之初(1979~1995年)和社会主义市场经济下的城镇化阶段(1996~2016年)。第三章和第四章的分析表明,中国在城镇化过程中虽然取得了举世瞩目的成就,但也面临着前所未有的巨大挑战。主要表现为:第一,城镇化驱动力的阻碍因素增大。一是前期粗放式、低水平城镇化需要进一步消化,二是因产业结构升级城镇吸纳农民工的能力整体有所减弱,三是农业现代化滞后。第二,"半城镇化"问题突出。农村转移人口的主力军农民工及其随迁家属,未能在就业、教育、医疗、养

---

① 中共中央:《中共中央关于全面深化改革若干重大问题的决定》,新华网,2013年11月15日,http://news.xinhuanet.com/politics/2013-11/15/c_118164235.htm。

老、保障性住房等方面享受和城镇居民均等的基本公共服务，在精神和文化方面未能真正融入城市。第三，土地利用效率低。"摊大饼"式城镇化，贪大求新、千城一面，城镇发展缺少特色，不仅浪费了土地资源，也增加了地方政府性债务等财政金融风险。第四，城乡发展失衡显著。长时期以来，农村在经济发展、社会进步、人口素质、文化繁荣等诸方面均明显落后于城市。第五，社会矛盾加剧，快速城镇化过程中劳动者特别是农民工的权益没有得到充分保障，由劳资关系、征地拆迁等引发的社会矛盾整体增多。第六，城镇空间分布、规模结构不尽合理，"城市病"问题泛滥。一是中国城镇化发展东中西区域不均衡，二是大中小城镇发展协调性较低，三是各类城市均面临不同程度的"城市病"问题。第七，生态环境问题严重。随着工业化和城镇化的发展城市面临的水、土壤、大气、噪声、光、电磁波等污染问题越发严重。此外，户籍管理、土地管理、社会保障制度等法律制度，以及财税金融、行政管理等体制机制不健全，也阻碍了城镇化健康发展。以上问题的存在，对城乡居民的生产生活和健康水平已造成一定影响，阻碍了城镇化质量的提升，推进城镇化发展转型升级，走新型城镇化道路是问题导向的必然选择。

（四）借鉴世界各国城镇化的经验和教训

从第一章绪论对典型国家城镇化的分析可知，一般地，城镇化率突破50%以后，随着城镇化水平的不断提高，由城镇化所引致的各种弊病会不断涌现，包括城乡发展失衡问题、生态环境恶化问题、社会矛盾增多问题等。可以说，城镇化水平在50%~70%区间的时期，是一个国家城镇化的关键时期。世界各国城镇化的历程各不相同，发展道路、经验和教训各有千秋，从经济、社会、人口、环境和城市空间等方面总的来说，主要是如何在保持经济发展的同时提高城镇化质量，这其中关键是要解决城镇化所面临的问题，特别是缩小城乡差距，实现城乡一体化发展。①从整体上分析，凡是城镇化不成功且陷入"中等收入陷阱"的国家都有一个共同点，就是仅从城市特别是超大城市自身的发展来推进城镇化，从而形成一面是发达的现代化大城市，另一面却是贫穷落后的广大农村，两者形成尖锐的对照；凡是城镇化质量高的国家，城市发展不同程度地兼顾到农村的发展，形成超大城市、大城市、中等城市、小城镇与农村层次分明的结构，市场机制运行比较顺畅，各自的功能得到比较好的发挥。②中国自2011年（51.27%）已经进入了城镇化的关键时期，按照世界银行公布的数据，中国2011年人均GDP为5 633.80美元，2015年已达8 027.68美元，③已进入上中等收入国家行列，经济发展也同样进入转型发展的关键时期。中国经济要转变经济发展方式，避免陷入"中等收入陷阱"，同样中国城镇化也需要转变发展方式，从片面追求城镇化水平向全面提升城镇化质量转变。推进城镇发展质量、城乡协同程度和城镇化的效率三个方面协调发展，避免陷入"高水平低质量的城镇化陷阱"。事实上，当前在经济社会和城镇化发展的新阶段，积极稳妥推进新型城镇化既是解决城镇化自身问题的基本途径，也是解决经济社会问题的重要出路，对于推动国民经济持续发展，跨越"中等收入陷阱"，都具有重要意义。

三、新型城镇化的现实基础

改革开放以来，中国城镇化快速发展，有超过5亿的农民从

---

① 关于"典型国家城镇化的经验与启示"，请参见第一章。
② 田雪原：《在转型中提高城镇化质量》，载于《经济日报》2013年4月12日，第15版。
③ 资料来源：The Word Bank：http：//data.worldbank.org/indicator/NY.GDP.MKTP.CD。

农村走进城镇,从农业转向了工业和服务业,推动了中国前所未有的经济转型,① 也为新型城镇化打下了坚实的现实基础。

(一) 经济增长和结构优化

研究表明,城镇化与经济发展水平具有的高度相关性,两者相互依存和促进。② 在过去的 30 多年中,中国经济的高速增长和大规模的工业化推动了城镇化的高速发展。③ 从表 5 - 2 可以看出,2015 年 GDP 和三次产业增加值分别是 2006 年的 3.08 倍、2.61 倍、2.63 倍和 3.72 倍,这为中国新型城镇化奠定了坚实的经济基础;第一产业比重持续下降,2015 年仅占 9.0%,同时就业人员的比重快速下降,2015 年比 2006 年下降了 14.3%;第三产业比重持续增加,2015 年已达 50.5%,吸纳就业的能力快速提升,由 2006 年 32.2% 增至 2015 年 42.4%,年均增长 1.02%;2015 年在第一、第二产业就业人数分别下降 871.4 万人和 405.9 万人,但第三产业新增就业 1 475.2 万人。第二产业比重下降是产业发展的一般规律,其中自 2013 年以来第二产业就业人员比重下降,与中国经济进入新常态后"转方式调结构"有关。朱鹏华和李鹏(2016)研究发现中国经济转型虽然仍处在起步阶段,但已经呈现出加速转变的良好趋势。④ 在未来中长期,中国经济的持续转型发展,将为新型城镇化提供强劲动力。

---

① 国务院发展研究中心和世界银行联合课题组:《中国:推进高效、包容、可持续的城镇化》,载于《管理世界》2014 年第 4 期,第 5~41 页。
② Henderson J V., *The urbanization process and economic growth: The so-what question.* Journal of Economic Growth, Vol. 8, No. 1, 2003, pp. 47 - 71. 顾朝林:《改革开放以来中国城市化与经济社会发展关系研究》,载于《人文地理》2004 年第 2 期,第 1~5 页。
③ 陈明星、陆大道、刘慧:《中国城市化与经济发展水平关系的省际格局》,载于《地理学报》2010 年第 12 期,第 1443~1453 页。
④ 朱鹏华、李鹏:《五大发展理念导引的经济转型测度:自指标体系生发》,载于《改革》2016 年第 8 期,第 12~134 页。

第五章 选择：新型城镇化道路

表 5-2 三次产业增加值和就业人员

指标＼年份	2006	2007	2008	2009	2010	2011	2012	2013	2014	2015
国内生产总值（亿元）	219 438.5	270 232.3	319 515.5	349 081.4	413 030.3	489 300.6	540 367.4	595 244.4	643 974.0	676 708.0
第一产业增加值（亿元）	23 317.0	27 788.0	32 753.2	34 161.8	39 362.6	46 163.1	50 902.3	55 329.1	58 343.5	60 863.0
第二产业增加值（亿元）	104 361.8	126 633.6	149 956.6	160 171.7	191 629.8	227 038.8	244 643.3	261 956.1	277 571.8	274 278.0
第三产业增加值（亿元）	91 759.7	115 810.7	136 805.8	154 747.9	182 038.0	216 098.6	244 821.9	277 959.3	308 058.6	341 567.0
就业人员（万人）	74 978.0	75 321.0	75 564.0	75 828.0	76 105.0	76 420.0	76 704.0	76 977.0	77 253.0	77 451.0
第一产业就业人员（万人）	31 940.6	30 731.0	29 923.3	28 890.5	27 930.5	26 594.2	25 773.0	24 171.0	22 790.0	21 918.6
第二产业就业人员（万人）	18 894.5	20 186.0	20 553.4	21 080.2	21 842.1	22 543.9	23 241.0	23 170.0	23 099.0	22 693.1
第三产业就业人员（万人）	24 142.9	24 404.0	25 087.2	25 857.3	26 332.3	27 281.9	27 690.0	29 636.0	31 364.0	32 839.2
第一产业增加值（%）	10.6	10.3	10.3	9.8	9.5	9.4	9.4	9.3	9.1	9.0
第二产业增加值（%）	47.6	46.9	46.9	45.9	46.4	46.4	45.3	44.0	43.1	40.5
第三产业增加值（%）	41.8	42.9	42.8	44.3	44.1	44.2	45.3	46.7	47.8	50.5
第一产业就业人员比重（%）	42.6	40.8	39.6	38.1	36.7	34.8	33.6	31.4	29.5	28.3
第二产业就业人员比重（%）	25.2	26.8	27.2	27.8	28.7	29.5	30.3	30.1	29.9	29.3
第三产业就业人员比重（%）	32.2	32.4	33.2	34.1	34.6	35.7	36.1	38.5	40.6	42.4

资料来源：国家统计局年度数据，http://data.stats.gov.cn/easyquery.htm?cn=C01。《2015年国民经济和社会发展统计公报》，http://www.stats.gov.cn/tjsj/zxfb/201602/t20160229_1323991.html。

(二) 城镇化已超过工业化

从历史的逻辑来看，城镇化是工业化的产物，产业的发展和集聚使就业扩大、收入增加以及土地利用方式改变，从而推动着城镇化的不断发展。中华人民共和国成立以来，城镇化长时间滞后于工业化，见图5-1（或见图2-3、图2-6和图2-8）。2008年常住人口城镇化率为47.0%，首次超过工业化率46.9%。城镇化是拉动内需的重要途径，2008年前城镇化滞后于工业化被学术界认为是阻碍内需的重要力量。自2008年以来，城镇化快速增长，而工业在GDP中的比重在持续下降，到2016年两者的差距已达17.6%。城镇化超过工业化将促进基本公共服务均等化，人力资源素质的提高，增加就业、优化就业结构，进而加快服务业特别是生产性服务业的快速发展，这为新型城镇化积累了重要的积极因素。

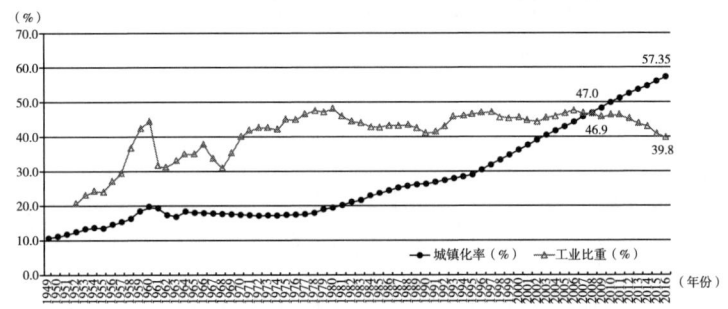

图5-1 1949~2016年城镇化率与工业化率

资料来源：作者根据以下文献计算结果绘制：国家统计局，http://data.stats.gov.cn/easyquery.htm?cn=C01。

(三) 各种要素的实力显著增强

随着经济社会的发展、产业结构的优化升级和教育水平的提高，人力资源、资本、基础设施、医疗和社保等驱动城镇化的要素数量大幅增加、质量明显提升。

1. 人力资源的素质大幅提高。随着教育水平的提升，中国人力资源素质特别是农村人力资源素质显著提高。从表5-3中可以看出，中国每年都有大量的高等教育毕业生，并呈现持续快速增长趋势，其中大专及以上毕业生数2014年比2005年增长了93.5%，受过高等教育的人口比重2014年比2005年增长了5.96%。中国职业教育发展迅速，从表5-4中可以看出，2005~2014年全国职业学校共毕业8645.82万人，2014年中等和高等职业学校在校生人数分别达到1607.68万人和1006.60万人；高等职业教育已占整个高等教育规模的40%，中等职业教育招生数占高中阶段招生数的44.12%。目前，中国已建成世界上规模最大的职业教育体系，形成了基本完善的职业教育法律制度体系，职业教育的人才培养水平正在稳步提升。职业教育培养出数以亿计的技术技能型人才，将成为建设制造强国、发展战略新兴产业和现代服务业的关键力量。人力资源素质的提升，将逐渐提升"人口红利"的层次，为新型城镇化提供坚实的人才基础，同时农村籍的大中专毕业生也将成为新型城镇化的主力军。

（2）固定资产投资快速增长。在经济发展过程中，固定资产投资规模、结构影响着就业和人口聚集，进而对城镇化起到推动和促进作用。[①] 固定资产投资规模的增长是实体经济发展的基础，实体经济是城镇化正向发展的主要动力。[②] 从表5-5中可以看出，近年来，中国固定资产投资投资规模大、增长速度快，2015年城镇固定资产投资已达551 590亿元，是2006年5.9倍；资金来源结构不断优化，2006~2015年固定资产投资自筹资金平均占65.8%，而国家预算内资金仅占4.9%。固定资产投资的规模和增速，一方面中国以城镇化为主体的投资需求巨大；另一方面中国投资市场资金充裕。因此，中国具备庞大的固定资产投资能力，这也为新型城镇化奠定了坚实的资金基础。

[①] 李元春：《固定资产投资结构变化对城镇化的影响》，载于《小城镇建设》2004年第10期，第19~22页。

[②] 李晓梅、赵文彦：《我国城镇化演进的动力机制研究》，载于《经济体制改革》2013年第3期，第20~24页。

表5-3 大专及以上教育情况

年份 指标	2005	2006	2007	2008	2009	2010	2011	2012	2013	2014
大专及以上毕业生数（万人）	568.52	573.089	738.2371	805.6789	860.971	921.6247	971.7452	1 004.902	1 045.9327	1 100.3169
受大专及以上教育人口比重（%）	5.56	6.22	6.56	6.70	7.29	8.93	10.06	10.59	11.32	11.53

资料来源：国家统计局年度数据，http：//data.stats.gov.cn/easyquery.htm? cn=C01。其中大专及以上毕业生包括研究生、普通教育本专科、成人教育本专科和网络教育本专科；受大专及以上教育人口比例依据6岁及6岁以上人口数抽样调查样本数据计算得出。经作者计算。

表5-4 职业教育在校生和毕业生人数统计

年份 指标	2005	2006	2007	2008	2009	2010	2011	2012	2013	2014	毕业生合计
中等职业学校（机构）在校学生数（万人）	1 324.74	1 489.07	1 619.86	1 688.24	1 779.85	1 816.44	1 774.91	1 689.88	1 536.38	1 607.68	/
中等职业学校（机构）毕业生数（万人）	349.19	392.63	431.24	471.09	509.67	543.65	541.13	554.38	557.56	516.15	4 866.69

续表

年份 指标	2005	2006	2007	2008	2009	2010	2011	2012	2013	2014	毕业生合计
技工学校在校学生数（万人）	275.30	320.80	367.15	397.52	415.30	422.10	430.42	423.81	386.59	338.97	/
技工学校毕业生数（万人）	69.00	86.40	99.66	109.00	115.50	121.60	119.22	120.51	116.88	106.79	1 064.56
普通专科（高职）在校生数（万人）	712.96	795.50	860.59	916.80	964.81	966.18	906.36	911.90	921.48	1 006.60	/
普通专科（高职）毕业生数（万人）	160.22	204.80	248.20	286.27	285.57	316.37	308.66	302.51	301.11	300.86	2 714.57
毕业生总计（万人）	578.41	683.83	779.10	866.36	910.73	981.62	969.01	977.40	975.55	923.80	8 645.82

资料来源：国家统计局年度数据，http://data.stats.gov.cn/easyquery.htm?cn=C01。2015年9月15日教育部公布的《全国职业教育工作专项督导报告》，http://www.moe.edu.cn/jyb_xwfb/gzdt_gzdt/s5987/201509/t20150915_208334.html。其中2005～2010年普通专科在校生人数和毕业生数包括师范类普通专科毕业生。经作者计算。

表 5—5　固定资产投资规模与资金来源

年份 指标	2006	2007	2008	2009	2010	2011	2012	2013	2014	2015
城镇固定资产投资（亿元）	93 368.68	117 464.47	148 738.30	193 920.39	243 797.79	302 396.06	364 854.15	435 747.43	501 264.87	551 590.00
固定资产投资（不含农户）国家预算内资金（亿元）	4 438.74	5 464.13	7 377.01	11 493.63	13 104.67	14 843.29	18 958.66	22 305.26	26 745.42	30 924.00
固定资产投资（不含农户）国内贷款（亿元）	18 814.82	22 136.08	25 466.01	37 634.14	45 104.70	46 034.83	51 292.37	59 056.31	64 512.22	60 757.00
固定资产投资（不含农户）利用外资（亿元）	3 811.05	4 549.02	4 695.79	3 983.55	4 339.64	5 061.99	4 468.78	4 319.44	4 052.86	2 854.00
固定资产投资（不含农户）自筹资金（亿元）	56 547.51	74 520.88	97 846.45	127 557.67	165 751.97	220 860.23	268 560.22	324 431.50	369 964.69	405 009.00
固定资产投资（不含农户）其他资金（亿元）	18 147.02	24 073.34	23 194.42	38 117.69	44 823.61	50 094.76	56 555.02	70 953.34	67 449.58	74 245.00

注：从 2011 年起，城镇固定资产投资数据发布口径改为固定资产投资（不含农户），固定资产投资（不含农户）等于原口径的城镇固定资产投资加上农村企事业组织的项目投资。

资料来源：国家统计局年度数据，http：//data.stats.gov.cn/easyquery.htm? cn = C01。《2015 年国民经济和社会发展统计公报》，http：//www.stats.gov.cn/tjsj/zxfb/201602/t20160229_1323991.html。

3. 基础设施大幅改善，建设能力增长显著。改革开放以来，中国的基础设施和城市建设能力都有了翻天覆地的变化，特别是近年来增长显著。从表5-6中可以看出，2015年铁路营业里程和公路里程分别为12.1万公里和457.73万公里，比2010年增加32.7%和14.2%；内河航道里程和民用航班飞行机场数分别比2010年增加了2.3%和20%。2015年城市污水处理能力达到13 784万立方米/天，污水处理率达91.0%；生活垃圾无害化处理率达92.5%；集中供热面积64.2亿平方米，增长5.1%；建成区绿地面积189万公顷，增长3.7%；人均公园绿地面积13.16平方米，增加0.08平方米。[①] 从表5-7中可以看出，中国建筑业已具备强大的生产能力，2015年有施工活动的建筑业企业已达80 911个，完成总产值180 757.47亿元，分别比2010年增加了12.6%和88.2%；2015年按建筑业总产值计算的劳动生产率为323 733元/人，是2010年的1.6倍。这都说明，中国基础设施在大幅改善，特别是建设能力明显提升，为新型城镇化提供了坚实的物质基础。

表5-6　　　　　　交通运输线路长度和质量

指标＼年份	2010	2011	2012	2013	2014	2015
铁路营业里程（万公里）	9.12	9.32	9.76	10.31	11.18	12.1
国家铁路电气化里程（万公里）	3.27	4.6	5.1	5.6	6.5	7.4
公路里程（万公里）	400.82	410.64	423.75	435.62	446.39	457.73
等级公路里程（万公里）	330.47	345.36	360.96	375.56	390.08	404.63

---

① 资料来源：国家统计局：《2015年国民经济和社会发展统计公报》，中华人民共和国统计局网站，2016年2月29日，http://www.stats.gov.cn/tjsj/zxfb/201602/t20160229_1323991.html。

续表

指标＼年份	2010	2011	2012	2013	2014	2015
内河航道里程（万公里）	12.42	12.46	12.5	12.59	12.63	12.70
等级航道里程（万公里）	6.23	6.26	6.37	6.49	6.54	6.63
民用航班飞行机场数（个）	175	178	180	190	200	210
管道输油（气）里程（万公里）	7.85	8.33	9.16	9.85	10.57	/
快递量（亿件）	23.4	36.7	56.9	91.9	139.6	206.7

资料来源：国家统计局年度数据，http://data.stats.gov.cn/easyquery.htm?cn=C01；《2015年交通运输行业发展统计公报》，http://zizhan.mot.gov.cn/zfxxgk/bnssj/zhghs/201605/t20160506_2024006.html。

表5-7　　　　　　　中国建筑业生产能力

指标＼年份	2010	2011	2012	2013	2014	2015
建筑业总产值（亿元）	96 031.13	116 463.32	137 217.86	160 366.06	176 713.42	180 757.47
建筑业企业单位数（个）	71 863	72 280	75 280	78 919	81 141	80 911
建筑业企业资产合计（亿元）	75 221.77	93 859.86	111 692.15	/	148 372.79	/
建筑业企业自有施工机械设备年末总台数（台）	11 209 484	10 054 231	10 157 280	11 467 280	12 030 587	/
建筑业企业自有施工机械设备年末总功率（万千瓦）	19 386.39	21 822.41	24 275.31	25 423.98	29 602.17	/

续表

指标＼年份	2010	2011	2012	2013	2014	2015
按建筑业总产值计算的劳动生产率（元/人）	203 962	233 104	296 424	324 842	317 633	323 733

资料来源：国家统计局年度数据，http：//data.stats.gov.cn/easyquery.htm?cn=C01。

4. 医疗卫生和社会保障水平大幅提升。近年来，中国医疗卫生和社会保障事业实现了突飞猛进的发展，基本建立起了覆盖城乡的医疗卫生体系和社会保障体系。从表5-8中可以看出，2015年医疗卫生机构数量为987 289个，比2010年增加了5.4%；2015年每万人拥有卫生技术人员、执业（助理）医师和注册护士数量分别为58人、22人和24人，比2010年分别增加了31.8%、22.2%和60.0%；2015年每万人医疗机构床位数为51.12张，比2010年增加了43.0%。以上所列医疗卫生人力资源和基础设施的数量均超过世界平均水平，且增长速度处于领先水平。[1] 特别地，城市医疗资源远多于农村，仅每万人医疗机构床位数，城市就是农村的2.2倍。医疗卫生水平的快速增长不仅能为新型城镇化提供的有力支撑，同时新型城镇化也会逐步均衡城乡医疗资源的分布。从表5-9中可以看出，随着经济的快速发展，2015年全国社会保险基金收入46 012亿元，是2010年的2.4倍；社会保险基金累计结余59 486.3亿元，是2010年的2.5倍，"五险"结余均有大幅度增长。2015年参加全国基本养老保

---

[1] 世界卫生组织：《2010年世界卫生统计》，http：//apps.who.int/iris/bitstream/10665/44292/3/9789245563983_chi.pdf。全球每万人拥有医师14人、护理和助产人员28人、医院床位27张；中上收入组群每万人拥有医师24人、护理和助产人员40人、医院床位39张。

险和城镇基本医疗保险人数为 85 833 万人和 66 582 万人,比 2014 年分别增加 1 601 万人和 6 835 万人。社会保障的快速发展,为新型城镇化提供了重要的保障基础。

表5-8 中国医疗卫生水平

年份 指标	2010	2011	2012	2013	2014	2015
医疗卫生机构数(个)	93 6927	954 389	950 297	974 398	981 432	987 289
每万人拥有卫生技术人员数(人)	44	46	49	53	56	58
每万人拥有执业(助理)医师数(人)	18	18	19	21	21	22
每万人拥有注册护士数(人)	15	17	19	21	22	24
每万人医疗机构床位数(张)	35.76	38.36	42.4	45.5	48.45	51.12
城市每万人医疗机构床位数(张)	59.4	62.4	68.84	73.58	78.37	82.70
农村每万人医疗机构床位数(张)	26	28	31.14	33.45	35.4	37.15

资料来源:国家统计局年度数据,http://data.stats.gov.cn/easyquery.htm? cn=C01。

表5–9　　中国社保体系水平

指标＼年份	2010	2011	2012	2013	2014	2015
社会保险基金收入（亿元）	19 276.1	25 153.3	30 738.8	35 252.9	39 827.7	46 012
社会保险基金累计结余（亿元）	23 407.5	30 233.1	38 106.6	45 588.1	52 462.3	59 486.3
基本养老保险累计结余（亿元）	15 365.3	19 496.6	23 941.3	28 269.2	31 800	39 937
失业保险累计结余（亿元）	1 749.8	2 240.2	2 929	3 685.9	4 451.5	5 083
医疗保险累计结余（亿元）	5 047.1	6 180	7 644.5	9 116.5	10 644.8	12 525.8
工伤保险累计结余（亿元）	561.4	742.6	861.9	996.2	1 128.8	1 285
生育保险累计结余（亿元）	261.4	342.5	427.6	514.7	592.7	684

资料来源：国家统计局年度数据，http：//data.stats.gov.cn/easyquery.htm?cn=C01；《2015年度人力资源和社会保障事业发展统计公报》，http：//www.mohrss.gov.cn/SYrlzyhshbzb/dongtaixinwen/buneiyaowen/201605/t20160530_240967.html。

（四）城镇化成效显著并积累了经验

中共中央《关于制定国民经济和社会发展第十个五年计划的

建议》首次将城镇化纳入国家发展战略,"城镇化可以为经济发展提供广阔的市场和持久的动力,是优化城乡经济结构,促进国民经济良性循环和社会协调发展的重大措施,要不失时机地实施城镇化战略。"① 经过16年的快速发展,当前,中国已经初步形成了"政府引导下的市场主导"式的城镇化道路,既注重顺应城镇化的一般规律,又注重因势利导科学规划,并取得了显著成效。城市规模逐步扩大,2015年全国城市城区面积为191 775.54平方公里,其中建成区面积为52 102.31平方公里;城镇人口增多,2016年城镇常住人口79 298万人;城镇体系逐渐完善,城市数量为656个,建制镇数量为20 515个,形成了京津冀、长江三角洲、珠江三角洲三大城市群以及十几处省会城市群;城市建设水平明显提高,城市水、电、路、气、信息网络、公共交通等基础设施显著改善,教育、医疗、文化体育、社会保障等公共服务水平明显提高,人均住宅、公园绿地面积等大幅增加,城市管理水平也有显著提升。② 城镇化的快速推进,吸纳了大量农村剩余劳动力转移就业,提高了城乡生产要素配置效率,推动了国民经济持续快速发展,促进了城乡居民生活水平整体提升,也为新型城镇化积累了经验。

1. 城镇化的理念发生了转变。当前,以人为核心的新型城镇化理念已经深入人心,城镇化过程中的问题倒逼着人们已经认识到要放弃以往只追求规模和数量的外延式城镇化,转而向质量、环境和效益内涵式城镇化;放弃单一追求部分城市或某些指标项目,转向统筹兼顾,协调推进城乡、城市之间及城市群的发展。在新型城镇化理念引领下,加快转变城镇化发展方式,中国

---

① 中共中央文献研究室:《十五大以来重要文献选编》中卷,人民出版社2001年版,第1381~1382页。
② 资料来源:国家统计局网站年度数据,http://data.stats.gov.cn/easyquery.htm?cn=C01;《国家新型城镇化规划(2014~2020年)》:http://www.gov.cn/gongbao/content/2014/content_2644805.htm。

城镇化水平和质量正在不断的提高。

2. 城镇规划科学性逐渐增强。在城镇化的过程中，城乡规划具有引领作用，科学的规划是新型城镇化的必然要求。近年来，中国城乡规划的科学性不断增强，特别是 2008 年 1 月 1 日《中华人民共和国城乡规划法》的施行，进一步增强了城乡规划的科学性、前瞻性、权威性和公开性，保障了城镇化的统一性、协调性和科学性。当前，各地政府正探索"多规合一"的模式，这使得城镇化更具协调性，也增强了绿色发展的主动性。

3. 城镇化的投融资模式在不断创新。城镇化建设资金需求大、期限长，商业效益远小于社会效益，因此资金问题是新型城镇化所要面临的重要问题。税收、土地和政府投融资平台融资是当前城镇化融资的主要方式，市场化融资方式支持城镇化建设，是未来的主要发展方式。近年来，中国政府通过探索政府购买服务、城市开发投资基金、PPP 等模式融资，积极引导社会资金参与城镇化建设，取得了一定的成效，为进一步做好市场化融资推进新型城镇化奠定了基础。努力实现投资主体多元化、资金来源社会化、经营机制市场化、管理方式科学化，着力解决重大基础设施和市政工程建设领域存在的资金紧缺、机制僵化等突出问题。

4. 各地城镇化的实践经验不断丰富。城镇化既是理论问题，更是实践问题，实践的经验对于推进新型城镇化至关重要。这里根据国家发展和改革委员会公布的"新型城镇化系列典型经验"案例，[1] 重点梳理了以下几个具有代表性的城镇化实践经验。

一是推进农村转移人口市民化。深化户籍制度改革，降低农村转移人口进城落户门槛。比如，山东省威海市 2004 年就已取

---

[1] 国家发展和改革委员会：《农业转移人口市民化案例》，国家发展和改革委员会网，2016 年 12 月 9 日，http://www.gov.cn/xinwen/2016 - 12/19/5149898/files/2078b68f4_b214933b523da7b2db8d3f3.pdf；国家发展和改革委员会：《国家新型城镇化综合试点地区探索实践》，国家发展和改革委员会网，2016 年 12 月 30 日，http://www.gov.cn/xinwen/2017 - 01/12/5159122/files/64d5b4d74f7240a7b91430f2f6b4d5ac.pdf。

消"农业户口"和"非农业户口"的性质划分，实现了户口"一元化"管理。超大城市重庆市（2015年为1 500万人口），根据不同的区域功能定位，设置差别化落户条件；探索省域内城市群不同城市间户籍政策统一和人口自由迁移。比如，湖南省制定户籍改革相关政策，允许户籍在长沙、株洲、湘潭三市市区的居民实现户籍通迁；扩大居住证覆盖面、拓展互认区域范围、丰富公共服务内容，提升农业转移人口生活质量。比如，河北省石家庄市允许在市内持有居住证并符合保障条件的外来务工人员，与户籍人口同等申请公租房。江苏苏州和无锡市居住证持有人分别可享受与本地户籍居民同等的24项和25项基本公共服务。福建省晋江市允许并鼓励居住证持有人担任市、镇（街道）两级"两代表一委员"，2014年全市共有341名非户籍人员担任"两代表一委员"，占全市总量的31.7%。广东省东莞市通过"购买学位"的方式为满足一定条件的随迁子女提供义务教育服务。安徽省合肥市实施符合条件的农民工随迁子女义务教育阶段"五个百分之百"政策；推进确权工作，明晰农村产权，保护农民在农村的各项合法权益。比如，山东省武城县实行农村集体经济组织成员备案证制度，对在城镇落户的农村转移人口，发放《农村集体经济组织成员备案证书》，保留其在原行政村的农村集体经济组织成员资格，保障他们的宅基地使用权、土地承包经营权、集体资产收益分配权以及这"三权"的合法继承权；完善农村转移人口市民化成本分担机制。比如，重庆市通过明晰政府（承担城市基础设施和基本公共服务投入，约占30%）、企业（承担养老、医疗等社会保险成本，约占40%）、个人（担社保个人缴费部分及其他开支，约占30%）分担比例，建立多主体、长周期、可负担的市民化长效成本分担机制。

二是提高城乡要素配置效率。完善农村产权制度，提高农民财产性收入。比如，贵州省湄潭县探索农村集体经营性建设用地就地入市、调整入市等路径。浙江省德清县建立县、镇（街道）、村、农户四级联动的农村综合产权流转交易平台，制定农村综合产权流转交易管理办法19项，推动农村土地、山林、水域等资源要素的高效顺畅流转，激活了农村"沉睡"资产；易地扶贫搬迁与新型城镇化有机结合。比如，西藏自治区曲水县在实施易地扶贫搬迁时，建设集中安置点基础设施和配套产业，完善公共服务，实现搬迁群众就地就业，确保搬得出、稳得住、能致富；盘活城乡闲置资源，提高城乡土地利用效率。比如，广东省深圳市以城中村和旧工业区为目标，通过综合整治、功能改变和拆除重建三种模式开展城镇低效用地再开发，不少旧区经过规划和修缮，成为艺术村落、创意园、珠宝街、民宿客栈集中的特色街区，城市建设的个性化和人性化得以体现。

三是推进城乡一体化发展。推进城乡教育、医疗、养老等公共服务资源城乡共享和均衡配置。比如，山西省孝义市在教育上组建8个覆盖全市中小学的学校发展共同体，在城乡医疗上建立城乡医疗机构双向转诊制度和长期结对帮扶机制。四川省成都市建立了"有档次之差、无身份之别、可自由转换"的城乡社会保障体系。湖北省宜城市构建了"零门槛全覆盖无差别"的城乡公共服务体系；促进城乡基础设施互联共享。比如，浙江省嘉兴市按照现代化网络型田园城市布局，推进城乡基础设施互联共享，路网、公交网、电网、信息网等全部从城市延伸到农村，95%以上居民喝上了安全卫生的自来水，率先建成全国第一个新农村电气化市，所有自然村实现了广播电视、宽带网络全覆盖；引导农民工返乡就业创业，促进农村转移人口就近就地城镇化。比如，湖北省仙桃市通过提供土地、税收和人力资源等帮扶，主动承接产业转移，吸引返乡创业者，并以此带动农村转移人口就地城镇化；积极建设美丽乡村。比如，贵州省湄潭县湄江镇金华村大清沟组通过村内统一组织，以合作社为平台，成立生态旅游公司，引入旅游服务产业，挖掘农业新价值，极大促进了当地农民增收致富。

四是推进新型城市建设。引导大数据和"互联网+"融入城市建设，建设智慧城市。比如，山东省威海市通过建设市民网、12349居家服务呼叫中心、智慧社保、智慧公交等设施，提供无处不在的惠民服务；加强生态保护和修复，改善环境质量，建设绿色城市。比如，福建省永安市开展重点生态区商品林购买试点。广东省深圳市光明新区实施绿色建筑示范区建设专项规划；推进创新体制机制改革，充分发挥企业的创新主体作用，建设创新城市。比如，广东省深圳市制定全国首部创新型城市规划、"自主创新33条""促进科技创新62条"等"科技新政"。

五是拓宽投融资渠道。完善政府与社会资本合作机制。比如，浙江省台州市发挥民间资本充裕的优势，借助试点平台，大力推广政府和社会资本合作模式。广东省东莞市出台了《关于建立多元化可持续的城镇化资金保障机制的意见》，大力推动PPP项目建设；探索成立股权结构清晰、资金来源可靠的地方性政府投资基金。比如，湖南省浏阳市由财政出资设立花炮产业集群发展专项资金，服务炮花产业发展；建立多元化融资平台。比如，贵州省都匀市将市级融资平台转型成为基金业务投资平台、多渠道资金筹集平台、城市资产运营平台。探索保险等资金投入城镇基础设施建设。比如，江苏省引导保险资金参与交通、城建、水务、保障房等基础设施建设。

（五）政府简政放权为新型城镇化释放了活力

新型城镇化是一个不断深化改革的过程，改革的核心是通过简政放权推动政府职能转变。近年来，政府简政放权和商事制度改革，通过制度创新和体制创新打破束缚发展的条条框框，进一步增强经济的内生动力，也为新型城镇化提供了良好制度环境。2014年以来，国务院已先后分六批取消了319项职业资格许可和认定事项，占国务院部门设置职业资格总数的52%；已分两批取消了214项中央指定地方实施的行政审批事项；已累计停止执行995个与现行法律法规不一致、不利于办事创业、不适应经济

第五章 选择：新型城镇化道路

社会发展需要的政策性文件；清理规范工程建设领域保证金，降低企业成本、营造公平竞争环境，这将盘活建筑业企业近万亿元资金；已清理规范投资项目报建审批事项65项，清理后减少为42项，精简比例为35%。① 2016年1月1日起施行新修订的《中央定价目录》，定价种类由13种（类）减少到7种（类），约减少46%。具体定价项目由100项左右减少到20项，约减少80%左右；"五证合一、一照一码"商事制度自2016年10月1日起在全国全面实施。政府的简政放权，促使创新创业的快速增长，2016年上半年，国内发明专利授权量16.4万件，同比增长41%；全国新设市场主体日均超过4万户，日均新登记企业1.4万户。② 通过简政放权，转变政府职能，降低制度性交易成本、激发社会投资活力，在公共服务和基础设施等领域进一步放宽市场准入，为新型工业化和农业现代化打下了良好的微观基础，进而为新型城镇化释放了活力。同时，各地区新户籍政策的出台和实施，随着户籍制度上附着的城乡利益差别的逐渐消失，长时间阻碍城镇化发展的城乡分割政策壁垒正在被打破。

---

① 资料来源：国务院：《关于取消一批职业资格许可和认定事项的决定》，http://www.gov.cn/xinwen/2016-06/13/content_5081780.htm。截至2016年6月13日第六批取消47项；国务院：《国务院关于第二批取消152项中央指定地方实施行政审批事项的决定》。http://www.gov.cn/zhengce/content/2016-02/19/content_5043903.htm。截至2016年2月19日第二批取消152项，2015年10月14日第一批取消62项；《李克强主持召开国务院常务会议 决定宣布失效一批与现行法律法规不一致不利于办事创业不适应经济社会发展需要的政策性文件 部署清理规范工程建设领域保证金 降低企业成本营造公平竞争环境》，http://www.gov.cn/premier/2016-06/15/content_5082518.htm。国务院：《清理规范投资项目报建审批事项实施方案》，http://www.gov.cn/xinwen/2016-05/26/content_5077097.htm。

② 资料来源：国家发展和改革委员会：《国家发展改革委发布重新修订的〈中央定价目录〉》，中华人民共和国国家发展和改革委员会网，2015年10月21日，http://www.sdpc.gov.cn/xwzx/xwfb/201510/t20151021_755252.html；亢舒：《供给侧结构性改革打响攻坚战》，中华人民共和国中央人民政府网，2016年8月15日，http://www.gov.cn/xinwen/2016-08/15/content_5099487.htm。

四、新型城镇化的主要任务

新型城镇化所涉及的任务可谓千头万绪,其中一些任务事关全局,把握一些原则、处理好这些主要任务,对于顺利推进新型城镇化至关重要。这里根据新型城镇化的内涵,结合新型城镇化的现实基础和面临的问题,以全面提高城镇化质量为目标,确定新型城镇化的主要任务(见表5-10)。

表5-10 　　　　　　新型城镇化的主要任务

目标	主要任务	分解任务	主要针对的问题
提高城镇化质量	农村转移人口市民化	提高农村转移人口在城镇的落户率。健全落户制度,有序实施差别化落户政策。	户籍城镇化率低,"半城镇化"问题。
		推进农村转移人口享有城镇基本公共服务。保障随迁子女平等享有受教育权利,扩大社会保障覆盖面,将农民工及其随迁家属纳入社区卫生服务体系和医疗救助范围,将进城落户农村转移人口完全纳入城镇住房保障体系,完善针对农民工的公共就业创业服务体系。	"半城镇化"问题,城镇新"二元结构"问题,社会矛盾问题。
		健全农村转移人口市民化推进机制。各级政府应强化主体责任,企业主动承担社会责任,农村转移人口要积极参加社保、创业和就业培训,提升融入城市社会的能力。	户籍城镇化率低,"半城镇化"问题,城镇新"二元结构"问题,社会矛盾问题。
		加强精神文化层面城镇化。各级政府和用工企业要更加加强对农村转移人口的人文关怀,丰富其精神文化生活,引导农业转移人口有序参政议政和参加社会管理。	"半城镇化"问题,城镇新"二元结构"问题,社会矛盾问题。
	城乡发展一体化	完善城乡发展一体化体制机制。建设城乡统一要素市场建设,推进城乡规划、基础设施和公共服务一体化。	城乡二元结构的体制机制障碍问题,城乡发展失衡问题。
		加快农业现代化。转变农业发展方式,大力推进农业供给侧结构性改革,重点提升农业现代化水平,同时完善农产品仓储和流通体系。	农业现代化滞后问题,城乡发展失衡问题。

第五章 选择：新型城镇化道路

续表

目标	主要任务	分解任务	主要针对的问题
提高城镇化质量	城乡发展一体化	推进社会主义新农村建设。全面提升乡镇村庄规划管理水平，加强农村基础设施和服务网络建设，加快农村社会事业发展。	城乡发展失衡问题，社会矛盾问题。
		培育现代新职业农民。通过政府主导，社会企业参与，建立新型职业农民培育体系。	农业现代化滞后问题，城乡发展失衡问题。
	转变城镇发展方式	提高城市规划建设水平。创新规划理念，完善规划程序，强化规划管控，严格建筑质量管理。	粗放城镇化问题，土地利用效率低问题，"城市病"问题。
		强化城市产业就业支撑。优化城镇产业结构，提高城镇创新创业和吸纳就业的能力。	提高城镇化的驱动力。
		优化城镇空间结构和管理格局。大城市、特大城市和超大城市改造提升中心城区功能，中小城镇完善城市各项配套设施建设，扩大对产业和人口的吸引力，严格规范各类城市的新城新区建设。	土地利用效率低问题，提高城镇化的驱动力，"城市病"问题。
		提升城市基本公共服务水平。优先发展城市公共交通，建设安全高效便利的生活服务和市政公用设施网络体系，完善基本公共服务体系。	提高城镇化的驱动力，"城市病"问题。
		推行新型城镇建设，提升城镇内在品质。比如创新城镇建设，绿色城镇建设，智慧城市建设，人文城市建设。	提高城镇化的驱动力，生态环境问题，"半城镇化"问题。
		加强和创新城镇社会治理。完善城市治理结构，强化社区自治和服务功能，创新社会治安综合治理，健全防灾减灾救灾体制。	提高城镇化的驱动力，社会矛盾问题。

续表

目标	主要任务	分解任务	主要针对的问题
提高城镇化质量	优化城镇化空间分布和规模结构	综合提升京津冀、长江三角洲和珠江三角洲3大城市群，发挥其对全国经济社会发展的重要支撑和引领作用。	城镇空间分布、规模结构问题。
		有序提升东部其他区域性城市群。充分发挥区位优势，集聚创新要素，增强创新能力。	城镇空间分布、规模结构问题。
		加快培育发展中西部地区城市群。吸纳东部返乡和就近转移的农民工，加快产业集群发展和人口集聚。	城镇空间分布、规模结构问题。
		建立城市群发展协调机制。加快推进城市群一体化进程，完善跨区域城市发展协调机制。	政府职能和体制机制问题，城镇空间分布、规模结构问题。
		促进大中小城市和小城镇协调发展。增强中心城市辐射带动功能，加快发展中小城市，大力发展特色小城镇。	城镇空间分布、规模结构问题，提高城镇化的驱动力。
		强化综合交通运输网络支撑。完善城市群之间和城市群内部的综合交通运输网络，建设城市综合交通枢纽，提升中小城市和小城镇交通能力。	城镇空间分布、规模结构问题，提高城镇化的驱动力。
	改革城镇化发展机制	户籍制度改革。建立居住证制度，健全人口信息管理制度，消除城乡区域间户籍壁垒，促进人口有序流动、合理分布和社会融合。	户籍城镇化率低，"半城镇化"问题，政府职能和体制机制问题。
		土地管理制度改革。建立城镇用地规模结构调控机制，节约集约用地，有序推进农村土地管理制度改革，深化征地制度改革。	社会矛盾问题，粗放城镇化问题，土地利用效率低问题，政府职能和体制机制问题。

续表

目标	主要任务	分解任务	主要针对的问题
提高城镇化质量	改革城镇化发展机制	城镇化资金保障机制改革。财政转移支付制度、地方税体系、城市建设投融资机制等方面改革。	提高城镇化的驱动力，政府职能和体制机制问题。
		城镇住房制度改革。健全住房供应体系，健全保障性住房制度，健全房地产市场调控长效机制。	"半城镇化"问题，政府职能和体制机制问题，提高城镇化的驱动力。
		生态环境保护制度改革。建立生态文明考核评价机制，建立国土空间开发保护制度，实行最严格的环境监管制度；实行资源有偿使用制度和生态补偿制度，建立资源环境产权交易机制。	生态环境问题，政府职能和体制机制问题。

资料来源：作者根据《国家新型城镇化规划（2014~2020年）》等资料整理。

（一）农村转移人口市民化①

推进农村转移人口的市民化是全面提高城镇化质量的重大战略举措。农村转移人口主要包括农民工、农村进城创业者、高校和职业技术院校毕业生，这其中农村进城创业者、高校和职业技术院校毕业生具有资金、知识和技能的优势，在物质和精神上能更快的市民化，而在城镇化过程中农民工相对是弱势群体。因此，推进农业转移人口市民化，关键是"使农民工成为真正的城里人"，彻底解决"半城镇化"、城镇新"二元结构"以及社会矛盾增多等问题。

1. 加快推进户籍制度改革，逐步使符合条件的农村转移人

---

① 农村转移人口包括农业专业人口，因为农村进程务工、创业或求学人员并不全是农民，本书认为使用"农村转移人口"更具合理性。

口落户城镇,提高户籍人口城镇化率。分类剥离现有户籍制度中附带的各种福利,在全国推行居住证制度,实现基本公共服务城镇常住人口全覆盖。实施差别化落户政策,根据城镇规模和综合承载能力,因地制宜制定具体的落户标准,并向全社会公布,引导农村转移人口在城镇落户的预期和选择。建立完善积分落户制度,坚持以合法稳定就业和合法稳定住所(含租赁)、参加城镇社会保险年限、连续居住年限等为主要指标,重点解决在城镇就业和居住5年以上和举家迁徙的农村转移人口落户问题。

2. 有序推进农村转移人口享有城镇基本公共服务。正如前文分析,农村转移人口对城镇户口关注的是其背后所附带的城镇基本公共服务,而并不是户口本身。使长期生活在城镇的农村转移人口和城镇居民一样享有城镇基础设施和教育、就业、医疗、养老、住房保障等城镇基本公共服务,特别是将农民工纳入城镇公共服务体系,是解决"半城镇化"问题的关键。[①] 在推进农村转移人口享有城镇基本公共服务的问题时,不能"胡子眉毛一把抓",要系统设计、重点突出、有序进行。第一,保障随迁子女平等享有受教育权利。随迁子女的教育是农村转移人口最看重的问题,笔者在2016年曾用层次分析法(AHP)做过一个调研,分析结果显示,子女教育是农民工选择留在或离开城市的最重要的因素。现实中,教育是需要资金最多的公共服务,但是"钱"还不是其中最关键的问题,最关键的是均衡教育资源,让农村转移人口平等地享有城镇教育资源。特别是,保障农民工随迁子女在公办学校接受义务教育和接受义务教育后在流入地参加升学考试。据统计,截至2013年国家财政性教育经费保障随迁子女就

---

① 赵俊超:《城镇化改革的突破口》,中国人民大学出版社2015年版,第131~159页。

学的比例已经达到了83.5%,在公办学校就学的比例为80.4%。① 第二,扩大社会保障覆盖面,夯实农村转移人口城镇生存基础。农民工在城镇工作具有不稳定的特点,社会保障是解决后顾之忧,促使其走进城镇并留在城镇的重要前提。前文分析已经指出,当前农民工社会保险的参保率极低,社会保险"稳定器"的作用没有得到充分发挥。按照《中华人民共和国社会保险法》,强化企业缴费责任,扩大农民工参加城镇职工养老保险、医疗保险、工伤保险、失业保险和生育保险的比例。第三,改善农民工的基本医疗卫生条件,将农民工及其随迁家属纳入社区卫生服务体系和医疗救助范围,免费提供健康教育、妇幼保健、预防接种、传染病防控、计划生育等公共卫生服务。第四,拓宽住房保障渠道,将进城落户农村转移人口完全纳入城镇住房保障体系。采取廉租住房、公共租赁住房、租赁补贴等多种方式改善农民工居住条件。完善商品房配建保障性住房政策,鼓励社会资本参与建设。第五,完善公共就业创业服务体系,加强农民工职业技能培训,提高就业创业能力和职业素质。加大农民工创业政策扶持力度,为农民工提供免费的就业信息和政策咨询,健全农民工劳动权益保护机制。

3. 由政府、企业和个人共同参与,健全农业转移人口市民化推进机制。首先,强化政府主体责任,承担农村转移人口在义务教育、基本养老、基本医疗卫生、保障性住房、劳动就业以及市政设施等方面的公共成本。从中央、省级,到市县级政府;从宏观制度和政策,到微观的方案和细则,落实各级政府的责任,增强政府公共服务的保障能力。其次,企业主动承担社会责任,确保农民工与城镇职工同工同酬制度,并加大职工技能培训投入,依法和农民工签订劳动合同,并缴纳社会保险费用。最后,

---

① 资料来源:《全国义务教育阶段随迁子女达1 277万占总数近一成》,中国新闻网,2014年2月20日,http://www.chinanews.com/edu/2014/02-20/5861487.shtml。

农村转移人口要积极参加创业和就业技能培训,并按照规定承担相关费用,提升融入城市社会的能力。

4. 从精神文化方面,引导农村转移人口及其随迁家属全面融入城镇,建设包容性城市。习近平总书记(2013)指出,"城镇化不是土地城镇化,而是人口城镇化,不要拔苗助长,而要水到渠成,不要急于求成,而要积极稳妥。"① 各级政府和用工企业要加强对农村转移人口的人文关怀,丰富其精神文化生活。加强科普宣传教育,提高农民工科学文化和文明素质。同时,提高各级党代会代表、人大代表、政协委员中农民工的比例,引导农业转移人口有序参政议政和参加城市社会管理。

(二) 城乡发展一体化

根据前文分析可知,城乡差距是当前城镇化质量的短板,农村在经济社会各方面都明显落后于城镇。习近平总书记(2013)指出,要"一手抓城镇化,一手抓新农村,即使将来城镇化达到70%,30%的人还在农村生活。要通过推进基本公共服务均等化,发展现代农业,积极推进新农村建设,让农村成为农民幸福生活的美好家园。"② 坚持工业反哺农业、城市支持农村,破除城乡二元结构的体制机制障碍,增强农村发展活力,加快推进农业现代化,提高城乡发展的协同程度,逐步实现城乡一体化,是新型城镇化的主要任务。

1. 继续完善城乡发展一体化体制机制,加快消除城乡二元结构的体制机制障碍。一方面,建设城乡统一要素市场建设,推进城乡要素平等交换。比如,城乡统一的人力资源市场,使劳动者均能平等就业、同工同酬;建设用地市场,保障农民公平分享土地增值收益;引导更多人才、技术、资金等要素投向

---

①② 习近平:《手中有粮,心中不慌》,新华网,2013年11月28日,http://news.xinhuanet.com/politics/2013-11/28/c_118339303.htm。

农业农村。另一方面，推进城乡规划、基础设施和公共服务一体化，使公共资源均衡配置。各类规划统一，合理安排市县域城镇建设、农田保护、产业集聚、村落分布、生态涵养等空间布局；扩大公共财政覆盖农村范围，提高基础设施和公共服务保障水平。

2. 加快农业现代化。转变农业发展方式，大力推进农业供给侧结构性改革，提高农业综合生产能力、市场竞争能力和可持续发展能力。在保障国家粮食安全和重要农产品有效供给的基础上，以新发展理念为引领，重点提升农业现代化水平。鼓励农民将承包经营权在公开市场上向专业大户、家庭农场、农民合作社、农业企业流转，发展多种形式规模经营；引导城市的社会资本到农村发展适合企业化经营的现代种养业，向农业输入现代生产要素和经营模式；加快构建公益性服务与经营性服务相结合、专项服务与综合服务相协调的新型农业社会化服务体系。在提升农业生产能力的基础上，完善农产品仓储和流通体系，分级健全批发、零售和期货市场，特别是加快发展农产品电子商务，降低流通费用。

3. 社会主义新农村建设。首先，要因地制宜，在保持乡村风貌、民族文化和地域文化特色的基础上，全面提升乡镇村庄规划管理水平；其次，加强农村供水、供电、互联网、公路等基础设施建设，增加农村商品零售、餐饮及其他生活服务网络建设。开展农村环境综合整治，实施乡村清洁工程。最后，加快农村社会事业发展。通过政府财政偏向，将教育资源、医疗卫生等资源向农村地区倾斜。加强农村公共文化和体育设施建设，提高文化产品和服务的有效供给能力，丰富农民精神文化生活。特别是，完善农村最低生活保障制度，健全农村留守儿童、妇女、老人关爱服务体系。

4. 培育现代新职业农民。中国农业劳动者年龄结构不合理，根据第二次农业普查，50岁以上农民已占32.5%，第一、第二次普查年均增长1.44%。与老龄化一并出现的还有农业从业人员女性化和低文化程度化。根据第二次农业普查，农业从业人员中，女性占53.2%，超过男性6.4%，文盲半文盲和小学文化程度超过50%。① 新生代农民绝大部分已加入到农村转移人口的行列，当前农业发展面临后继劳动力不足的严峻挑战，培育新型职业农民是必然选择。通过政府主导，社会企业参与，建立农民新型职业农民培育体系，提高农民的职业化程度，构建一支适应现代农业发展和新农村建设要求的新型职业农民队伍。

（三）转变城镇发展方式

根据第三章测评分析可知，当前虽然中国城镇发展质量相对较高，但城镇可持续发展能力仍然不强。加快转变城市发展方式，优化城市空间结构，提高城镇土地利用效率，增强城市经济、基础设施、公共服务和资源环境对人口的承载能力，有效预防和治理"城市病"，建设和谐宜居、富有特色、充满活力的现代城市，是新城城镇化的重要任务。

1. 城镇发展、规划先行，提高城市规划建设水平。适应新型城镇化发展要求，提高城市规划科学性，加强空间开发管制，健全规划管理体制机制，严格建筑规范和质量管理，强化实施监督，提高城市规划管理水平和建筑质量。第一，把以人为本、尊重自然、传承历史、绿色低碳理念融入城市规划全过程。城市规划要由扩张性规划逐步转向限定城市边界、优化空间结构的规划，科学确立城市功能定位和形态，加强城市空间开发利用管

---

① 冯海发：《为全面解决"三农"问题夯实基础——对十八届三中全会〈决定〉有关农村改革几个重大问题的理解》，载于《农民日报》2013年11月18日，第1版。

制，合理划定城市"三区四线"。① 统筹规划市区、城郊和周边乡村发展。第二，完善规划程序，推动经济社会发展总体规划、城市规划、土地利用规划等"多规合一"。第三，强化规划管控，保持城市规划权威性、严肃性和连续性，坚持一本规划一张蓝图持之以恒加以落实，防止换一届领导改一次规划。第四，严格建筑质量管理，全面提高城市建设质量。

2. 优化城镇产业结构，提高城镇创新创业和吸纳就业的能力。各级城市应根据其资源环境承载能力、要素禀赋和比较优势，培育发展各具特色的城市产业体系。特别地，要强化城市间专业化分工协作，增强中小城市产业承接能力，构建大中小城市和小城镇特色鲜明、优势互补的产业发展格局。产业的发展壮大、优化升级，会激发全社会创新活力，推动技术创新、商业模式创新和管理创新。充分利用城市规模经济产生的专业化分工效应，放宽政府管制，降低交易成本，激发创业活力。以创业带动就业，促进以农村转移劳动力和高校毕业生为重点的就业。注重引导合理引导高校毕业生就业流向，鼓励其到中小城市创业就业。

---

① 三区四线。禁建区：基本农田、行洪河道、水源地一级保护区、风景名胜区核心区、自然保护区核心区和缓冲区、森林湿地公园生态保育区和恢复重建区、地质公园核心区、道路红线、区域性市政走廊用地范围内、城市绿地、地质灾害易发区、矿产采空区、文物保护单位保护范围等，禁止城市建设开发活动。限建区：水源地二级保护区、地下水防护区、风景名胜区非核心区、自然保护区非核心区和缓冲区、森林公园非生态保育区、湿地公园非保育区和恢复重建区、地质公园非核心区、海陆交界生态敏感区和灾害易发区、文物保护单位建设控制地带、文物地下埋藏区、机场噪声控制区、市政走廊预留和道路红线外控制区、矿产采空区外围、地质灾害低易发区、蓄滞洪区、行洪河道外围一定范围等，限制城市建设开发活动。适建区：在已经划定为城市建设用地的区域，合理安排生产用地、生活用地和生态用地，合理确定开发时序、开发模式和开发强度。绿线：划定城市各类绿地范围的控制线，规定保护要求和控制指标。蓝线：划定在城市规划中确定的江、河、湖、库、渠和湿地等城市地表水体保护和控制的地域界线，规定保护要求和控制指标。紫线：划定国家历史文化名城内的历史文化街区和省、自治区、直辖市人民政府公布的历史文化街区的保护范围界线，以及城市历史文化街区外经县级以上人民政府公布保护的历史建筑的保护范围界线。黄线：划定对城市发展全局有影响、必须控制的城市基础设施用地的控制界线，规定保护要求和控制指标。

3. 优化城镇空间结构和管理格局，统筹中心城区改造和新城新区建设，提高城镇空间利用效率，改善城市人居环境。其一，大城市、特大城市和超大城市改造提升中心城区功能。完善中心城区功能组合，统筹规划地上地下空间开发，推动商业、办公、居住、生态空间与交通站点的合理布局与综合利用开发。加快城区老工业区搬迁改造，大力推进棚户区、城中村和危旧住房改造，有序推进旧住宅小区综合整治，全面改善人居环境。其二，中小城镇加强各类规划的统一性，完善城市各项配套设施建设，提高城市公共服务和管理服务水平，扩大对产业和人口的吸引力。其三，严格新城新区设立条件，防止城市边界无序蔓延。注重产业、人口和社会服务同步聚集发展，推动新城新区从单一生产功能向城市综合功能转型。

4. 提升城市基本公共服务水平。各级城镇均要加强市政公用设施和公共服务设施建设，增加基本公共服务供给，增强对人口集聚和服务的支撑能力。一是优先发展城市公共交通，构建以公共交通为主体的城市机动化出行系统。强化交通综合管理，有效调控、合理引导个体机动化交通需求。引导网约车、共享单车等各类交通模式有序发展，运用"互联网＋"，促进发展绿色、便捷、高效、经济的出行方式。二是建设安全高效便利的生活服务和市政公用设施网络体系。提高城镇居民生活的安全性、便利型和健康性，倡导节能减排、绿色生活方式。三是完善基本公共服务体系。根据城镇常住人口增长趋势和空间分布，合理配置教育资源、公共医疗卫生资源，加强公共文化、公共体育、就业服务、社保经办和便民利民服务设施建设。创新公共服务供给方式，引入市场机制，扩大政府购买服务规模，实现供给主体和方式多元化，提高公共服务供给的针对性和有效性。

5. 大力推行新型城镇建设，提升城镇内在品质。比如，绿色城镇建设。将生态文明理念全面融入城市发展，构建绿色生产方式、生活方式和消费模式。首先，淘汰污染环境的落后产能，大力发展绿色产业，建设可再生能源体系，完善绿色建筑标准及认证体系。其次，倡导绿色出行，绿色生活，绿色消费。最后，完善成产生活垃圾处理体系，扩大城市生态空间，合理建设绿色生态廊道。再比如，智慧城市建设。推动物联网、云计算、大数据等新一代信息技术创新应用，实现与城市经济社会发展深度融合。促进城市规划管理信息化、基础设施智能化、公共服务便捷化、产业发展现代化、社会治理精细化。又比如，人文城市建设。各类城市要注重发掘城市文化资源，强化文化传承创新，把城市建设成为历史底蕴厚重、时代特色鲜明的人文魅力空间。加强历史文化名城名镇、历史文化街区、民族风情小镇文化资源挖掘和文化生态的整体保护，传承和弘扬优秀传统文化，推动地方特色文化发展，保存城市文化记忆。鼓励城市文化多样化发展，促进传统文化与现代文化、本土文化与外来文化交融，形成多元开放的现代城市文化。

6. 加强和创新城镇社会治理。以上均是城镇的硬件建设，城镇的软件建设对于转变城镇发展方式也至关重要。完善城镇治理结构，创新城镇治理方式，提升城镇社会治理水平，是提高城镇发展质量的重要内容。一是按照城镇社会结构变化新趋势，创新社会治理体制。坚持依法治理，鼓励和支持社会各方面参与城镇治理，实现政府治理和社会自我调节、居民自治良性互动。二是强化社区自治和服务功能。推进社区居民依法民主管理社区公共事务和公益事业，加快公共服务向社区延伸。三是创新社会治安综合治理。特别是理顺城管执法体制，提高执法和服务水平。四是健全防灾减灾救灾体制，加强城市消防、防洪、排水防涝、抗震等设施和救援救助能力。

（四）城镇化空间分布和规模结构

发展集聚效率高、辐射作用大、城镇体系优、功能互补强的大城市群和区域性城市群，并以此为重要节点，形成大中小城市和小城镇协调发展的"两横三纵"城镇化战略格局。① 根据土地、水资源、大气环流特征和生态环境承载能力，优化城镇化空间布局和城镇规模结构，提高城镇化的驱动力，是新型城镇化的重要任务。

1. 综合提升京津冀、长江三角洲和珠江三角洲3大城市群。当前，中国3大城市群面临水土资源和生态环境压力加大、要素成本快速上升、国际市场竞争加剧等制约，必须加快经济转型升级、空间结构优化、资源永续利用和环境质量提升。3大城市群应以建设世界级城市群为目标，继续在制度创新、科技进步、产业升级、绿色发展等方面走在全国前列，加快形成国际竞争新优势，在更高层次参与国际合作和竞争，发挥其对全国经济社会发展的重要支撑和引领作用。

特别是京津冀城市群，最主要的就是城市之间功能的协调和城市空间布局结构的优化，有序推进功能和产业在城市之间的转移。当前北京"大城市病"问题凸显，如何通过剥离非首都功能是疏解人口的关键。2017年4月1日，中共中央、国务院印发通知，决定设立河北雄安新区。最重要的定位、最主要的目的就是打造北京非首都功能疏解集中承载地，推动京津冀协同发展。② 雄安新区的设立，在京津冀城市群中形成北京、天津和雄安新区功能定位相互支撑的三足鼎立的新模式（见图5-2），对中国新型城镇化发展大局有重大的示范意义。

---

① 两纵三横：以陆桥通道、沿长江通道为两条横轴，以沿海、京哈京广、包昆通道为三条纵轴。重点城市群：环渤海、长江三角洲、珠江三角洲3个特大城市群；哈长、江淮、海峡西岸、中原、长江中游、北部湾、成渝、关中—天水等18个区域性的城市群。"两横三纵"城镇化战略格局图。（参见国务院：《全国主体功能区规划》图8，中华人民共和国中央人民政府网，2011年6月8日，http://www.gov.cn/zwgk/2011-06/08/content_1879180.htm。）

② 《张高丽就设立雄安新区接受新华社记者采访》，中华人民共和国中央人民政府网，2017年4月14日，http://www.gov.cn/guowuyuan/2017-04/14/content_5185914.htm。

第五章 选择:新型城镇化道路

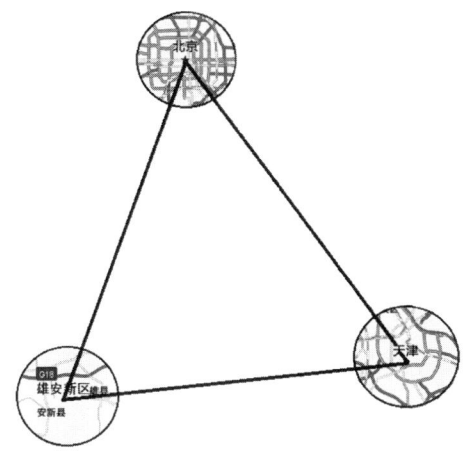

图 5-2 北京、天津和雄安新区

资料来源:作者自绘。

2. 有序提升东部其他区域性城市群。要根据区域主体功能定位,在优化结构、提高效益、降低消耗、保护环境的基础上,壮大先进装备制造业、战略性新兴产业和现代服务业,推进海洋经济发展。充分发挥区位优势,全面提高开放水平,集聚创新要素,增强创新能力。

3. 加快培育发展中西部地区城市群。中西部城镇体系比较健全、城镇经济比较发达、中心城市辐射带动作用明显的重点开发区域,要在严格保护生态环境的基础上,引导有市场、有效益的劳动密集型产业优先向中西部转移,吸纳东部返乡和就近转移的农民工,加快产业集群发展和人口集聚,培育发展若干新的城市群,在优化全国城镇化战略格局中发挥更加重要作用。

4. 建立城市群发展协调机制。统筹制定实施城市群规划,明确城市群发展目标、空间结构和开发方向,明确各城市的功能定位和分工,统筹交通基础设施和信息网络布局,加快推进城市群一体化进程。加强城市群规划与城镇体系规划、土地利用规划、生态环境规划等的衔接,依法开展规划环境影响评价。建立完善跨区域城市发展协调机制。以城市群为主要平台，推动跨区域城市间产业分工、基础设施、环境治理等协调联动。重点探索建立城市群管理协调模式，创新城市群要素市场管理机制，破除行政壁垒和垄断，促进生产要素自由流动和优化配置。建立城市群成本共担和利益共享机制，加快城市公共交通"一卡通"服务平台建设，推进跨区域互联互通，促进基础设施和公共服务设施共建共享，促进创新资源高效配置和开放共享，推动区域环境联防联控联治，实现城市群一体化发展。

5. 促进大中小城市和小城镇协调发展。一是增强中心城市辐射带动功能。直辖市、省会城市、计划单列市和重要节点城市等中心城市，是新型城镇化的重要支撑。中心城市要根据自身区位和产业结构特点，加快与周围城镇的发展对接，延伸面向中小城镇的产业和服务链。同时，加强与周边城镇基础设施连接和公共服务共享，推进中心城区功能向1小时交通圈地区扩散，培育形成通勤高效、一体发展的都市圈。二是加快发展中小城市。中小城市在数量和规模都具有一定的优势，因此优化中小城市规模结构应作为新型城镇化的主攻方向。其中关键是要依托优势资源发展特色产业，夯实产业基础。同时，通过政府财政倾斜，提高中小城市公共资源的数量和质量，增强集聚要素的吸引力。三是发展特色小城镇。2015年中国建制镇20 515个，占乡镇级区划总数的51.6%，发展功能各异的特色小城镇是新型城镇化的重要内容。① 根据区位和资源禀赋，小城镇主要突出疏解大城市中心城区功能、特色产业发展、服务"三农"等特色。

6. 强化综合交通运输网络对城镇化格局的支撑和引导作用。一方面，完善城市群之间和城市群内部的综合交通运输网络。加强东中部城市群对外交通骨干网络薄弱环节建设，加快西部城市

---

① 资料来源：国家统计局年度数据，http://data.stats.gov.cn/easyquery.htm?cn = C01。

群对外交通骨干网络建设，形成以铁路、高速公路为骨干，以普通国省道为基础，与民航、水路和管道共同组成的连接东西、纵贯南北的综合交通运输网络。特别是高速铁路网络，具有较强的提升和带动作用；① 另一方面，各大城市建设以铁路、公路客运站和机场等为主的城市综合客运枢纽，特别是要加强中小城市和小城镇与交通干线、交通枢纽城市的连接，改善交通条件，提升服务水平。

（五）改革城镇化发展机制

从中国城镇化的历程和新型城镇化的内涵来看，改革完善城镇化发展体制机制，对于推进新型城镇至关重要，也是新型城镇化的重要任务。新型城镇化是解放和发展社会生产力的改革过程，这其中应以市场化改革为导向，统筹推进人口管理、土地管理、财税金融、城镇住房、行政管理、生态环境等重点领域和关键环节体制机制改革，形成有利于城镇化健康发展的制度环境。

1. 户籍制度改革。针对户籍城镇化率低、"半城镇化"、政府职能和体制机制等问题，推进户籍制度改革是新型城镇化的关键任务。革除户籍制度的利益分配功能，消除城乡区域间户籍壁垒，还原户籍的人口登记管理功能，促进人口有序流动、合理分布和社会融合。建立流动人口居住证制度，健全与居住年限等条件相挂钩的基本公共服务提供机制。健全人口信息管理制度，逐步形成安全可靠的国家人口综合信息库和信息交换平台。

2. 土地管理制度改革。针对社会矛盾增多、粗放式城镇化、

---

① 中长期高速铁路网规划示意图（2030年）。（参见《十三五规划纲要（全文）》图1，新华网，2016年3月18日，http://sh.xinhuanet.com/2016-03/18/c_135200400_7.htm。）

土地利用效率低、政府职能和体制机制等问题，推进土地管理制度改革是新型城镇化的关键任务。在实行最严格的耕地保护制度和集约节约用地制度的基础上，优化土地利用结构，提高土地利用效率，合理满足城镇化用地需求。第一，建立城镇用地规模结构调控机制，严格控制城镇盲目扩张，充分挖掘存量潜力，健全节约集约用地制度，提高土地的集约利用。第二，有序推进农村土地管理制度改革。全面完成农村土地确权登记颁证工作，依法维护农民土地承包经营权，赋予农民对承包地占有、使用、收益、流转及承包经营权抵押、担保权能。在符合规划和用途管制前提下，允许农村集体经营性建设用地出让、租赁、入股，实行与国有土地同等入市、同权同价。建立农村产权流转交易市场，推动农村产权流转交易公开、公正、规范运行。第三，深化征地制度改革。缩小征地范围，规范征地程序，完善对被征地农民合理、规范、多元保障机制。建立兼顾国家、集体、个人的土地增值收益分配机制，合理提高个人收益，保障被征地农民长远发展生计。

3. 城镇化资金保障机制改革。针对城镇化的驱动力减弱、城镇化的社会参与度低、政府职能和体制机制等问题，推进城镇化资金保障机制改革是新型城镇化的关键任务。加快财税体制和投融资机制改革，创新金融服务，放开市场准入，逐步建立多元化、可持续的城镇化资金保障机制。事权与支出责任相适应的原则，推进财政转移支付制度改革；有序推进地方税体系改革，增强地方政府提供基本公共服务能力；建立规范透明的城市建设投融资机制，鼓励社会资本参与城市公用设施投资建设及运营。

4. 城镇住房制度改革。针对"半城镇化"、政府职能和体制机制、城镇化的驱动力低等问题，推进城镇住房制度改革是新型城镇化关键任务。构建以政府为主提供基本保障、以市场为主满足多层次需求的住房供应体系。健全保障性住房制度，扩大保障性住房有效供给，提高保障的针对性。健全房地产市场调控长效机制，依法规范市场秩序，健全法律法规体系，加大市场监管力度。

5. 生态环境保护制度改革。针对生态环境、城镇化阻力增大、政府职能和体制机制等问题，推进生态环境保护制度改革是新型城镇化的关键任务。完善推动城镇化绿色循环低碳发展的体制机制，实行最严格的生态环境保护制度，形成节约资源和保护环境的空间格局、产业结构、生产方式和生活方式。建立生态文明考核评价机制，建立国土空间开发保护制度，实行最严格的环境监管制度。实行资源有偿使用制度和生态补偿制度，加快自然资源及其产品价格改革，全面反映市场供求、资源稀缺程度、生态环境损害成本和修复效益。建立资源环境产权交易机制。发展环保市场，推行节能量、碳排放权、排污权、水权交易制度，建立吸引社会资本投入生态环境保护的市场化机制，推行环境污染第三方治理。

五、对新型城镇化的理解误区

通过以上对新型城镇化的内涵、战略选择、现实基础以及主要任务的分析，不难发现新型城镇化牵扯的内容众多、关系复杂，在很多方面极易产生误解，这会进一步导致推进新型城镇化的实践偏差。因此，在理论上系统分析对新型城镇化可预见性的理解误区，具有重要的实践意义。

（一）误区一：新型城镇化就是高速城镇化的过程

前文分析已经指出，当前中国仍处在30%~70%快速城镇化区间，比如，2012~2016年中国年均城镇化率增加1.20%，属于高速城镇化过程。① 再者城镇化是扩大内需的有效途径，对经济发展有较大的拉动作用，在经济新常态下，确保中国经济中高速增长，就需要提高城镇化速度。基于以上认识，极易产生"新型城镇化就是高速城镇化的过程"的错误理解。这种误解容易导致人为的"城镇化率崇拜""加速城镇化""过度城镇化""被城镇化"等后果。前文已经阐述，新城镇化是个自然历史过程，这个过程的规律是与人类社会的实践活动分不开的，如果不顾其他条件约束，强行提高城镇化速度，恰恰是违背了新型城镇化的本质要求。事实上，党中央提出新型城镇化战略，并非是为了加速城镇化，而是用改革的方式将城乡之间原来的"门槛"砍掉，是进城还是留在农村，要尊重农村人的自己选择。② 城镇化速度的高低并非是新型城镇化所要求的关键任务，用"政府推动城镇化"来理解新型城镇化同样也是错误的，新型城镇化最主要的目的是提高城镇化质量，而并非追求高速度。但反过来，以提高城镇化质量为由，人为阻滞城镇化率的提高更是错误的。

（二）误区二：新型城镇化就是提高城镇发展质量

在第三章明确指出，城镇化质量并非城镇发展质量，后者只是前者的重要组成内容，而并不是其本身或全部。这里同样，新型城镇化并非单单是提高城镇发展质量，还有城乡发展的协同性和城镇化过程中各要素的效率等方面。从前文对新型城镇化的主要任务的分析也可知，提高城镇发展质量仅仅是新型城镇化的其中的主要任务之一。将新型城镇化看成是提高城镇发展质量，第一，容易造成只重视城镇本身的建设，特别是硬件方面的建设，而忽视了城市软件质量的提高，特别是新城镇居民的融入问题；

---

① 资料来源：国家统计局年度数据，http://data.stats.gov.cn/easyquery.htm?cn=C01。
② 程磊:《李铁：城镇化从来都不是政府推动》，载于《中国房地产》2013年第8期，第72~75页。

第二，容易造成城乡差距继续扩大，城乡一体化难以实现；第三，容易造成在城镇化过程中仅重视城市建设效果而忽视要素使用的效率提高，阻滞城镇化发展方式的转变。现实中，许多城市特别是一些大城市，因行政级别高，利用截流建设用地指标、财政资金实力强等优势，大肆进行新城开发、建设高楼大厦，提高所谓城市的现代化和国际化程度，这些都还是延续了以往粗放式城镇化的做法，是对新型城镇化的严重误解。这种现象往往都是城市政府的推动，而并非是充分发挥市场资源配置的结果。新型城镇化是以"人"为核心的城镇化，并非仅仅是提高城镇发展质量。从数量增长型转向质量提升型，就是要在城镇化过程中更加注重人的权益，特别是农村转移人口的权益，让他们能和城镇居民一样共享城镇化的成果。

（三）误区三：城乡公共服务均等化就是城乡公共服务平均化

与此误解类似的还有，"城乡发展一体化就等于城乡发展同质化"。城镇和乡村是两种不同的经济社会形态，在城镇和乡村工作生活的人自然有不同的生产方式和生活习惯，因此城乡的差别始终都是存在的。正如前文分析指出，城镇化并非是彻底消除城乡差别，变成单纯的城市国家，在中国这样的大国更是不可能的。将城乡公共服务均等化理解为平均化，也就是认为农村配置的各种公共服务的项目内容、类型、规模和数量都要与城镇相同。比如，城市有宽大的马路、轨道交通、体育中心、大型购物商场、三甲医院等，农村也要有。这显然是不合理，也是不现实的。城乡差别的客观存在，"平均化"必然导致效率的损失，从而也会影响人们享有公共服务的平等权益。在第一章已经指出，城镇化的驱动合力是比较利益，一个人选择生活在城镇或是乡村，最关键的是其对两者比较利益的对比，城镇固然有城镇的繁华和便利，但乡村也有乡村的幽静和闲适。城乡公共服务均等化是城乡居民享受公共服务的权利平等，都能享受与国家社会经济发展水平相适应的公共服务，并将城乡公共服务差距控制在合理的范围之内。城乡公共服务均等化应表现为在公共安全、教育医疗和社会保障等城乡共需型公共服务方面实行均等供给，而在基础设施、公共交通、文体娱乐等城乡差异型公共服务方面实行差异性供给。① 特别要指出的是，在新型城镇化的过程中要注重"落地"情势，消除对乡村生产、生活以及文化的偏见和歧视，重视城镇化本身对于乡村经济、社会、文化等组织性的引导与重建功能。②

（四）误区四：城市产业转型升级就是产业高端化、高技术化和去下游产业链

城市产业转型升级是带动城镇化发展转型的关键力量，有些城市不考虑自身经济发展状况和产业发展阶段，在新型城镇化概念的促使下，盲目的提高第三产业，追求高新技术产业，去下产业链，这些都是对新型城镇化理解的误区。经济发展总是伴随着结构变迁，每个城市的产业结构都在不断地变化之中，产业转型升级需要一个发展过程，但产业转型升级绝不能简单等同于产业高端化、高技术化和去下游产业链。从新型城镇化的内涵、基础和任务来看，不同的城市产业转型升级需要采取不同的策略。比如，长三角城市群中，上海的第三产业最发达，一个重要原因就是其分担了长三角其他城市的服务业功能，如果其他城市也"一刀切"的追求"三产超二产"，将不可避免的导致地区产业结构失衡、产业间关联度降低、趋同化现象严重、城镇间恶性竞争、经济倒退等严重问题。因此，在新型城镇化过程中要防止"政绩驱动式快速产业转型升级"，盲目追求不符合本地实际经

---

① 王谦：《城乡公共服务均等化的理论思考》，载于《中央财经大学学报》2008年第8期，第12~17页。

② 张士闪：《"顺水推舟"：当代中国新型城镇化建设不应忘却乡土本位》，载于《民俗研究》2014年第1期，第11~14页。

济发展情况的先进制造业、信息通信技术产业、高档数控机床和机器人、航空航天装备、生物医药及高性能医疗器械等高技术产业，导致本地陷入目标产业引进困难、传统产业倒闭、地区失业率提高、经济发展停滞、公共服务质量降低、社会矛盾激化、城市衰败等一系列恶性循环过程。① 事实上，产业转型升级有两种基本类型：一是产业之间的转型升级；二是产业内的转型升级。新型城镇化中产业结构转型升级一定要注重效率的提升，即低效率产业比重不断减少和高效率产业比重不断增加，而并非一定要追求产业的"高大上"。理论上，城市产业转型升级，构建产业新体系有三种路径，即市场内生式路径、政府外生式路径以及市场和政府协同式路径。② 在中国特色社会主义市场经济的环境中，推进城市产业转型升级必须走市场和政府协同式路径，但不同的类型的城市在不同的时期内生和外生的力度应该有所不同。比如，各类城市可以更多依靠政府外生式路径，淘汰落后产能，支持传统优势产业改造促进产业转型升级；经济基础较好的城市基本可以通过市场内生式路径，培育新技术、新产业、新模式、新业态促进产业转型升级；老工业城市和资源型城市可以通过市场内生式路径，承接产业转移和产业合作促进产业转型升级；各类城市还可以通过市场内生式路径，推动工业化与信息化融合发展、制造业与服务业融合发展促进产业转型升级。

（五）误区五：城镇集约化发展就是高密度和高强度的开发

集约不同于"紧凑"，集约也不同于"集中"，集约与"粗放"对立。节约集约使用土地等资源是新型城镇化的必然要求，这主要是针对以往粗放式城镇化，土地利用效率低等问题提出

---

① 单卓然、黄亚平：《"新型城镇化"概念内涵、目标内容、规划策略及认知误区解析》，载于《城市规划学刊》2013年2期，第16~22页。
② 朱鹏华：《构建产业新体系：基础、问题、趋势、特征及路径》，载于《工业技术经济》2016年第5期，第30~41页。

的。但城镇集约化发展是新型城镇化战略的一种具体策略,主要通过科学规划,节约利用土地等资源,使得城镇空间结构布局日益紧凑、产业集聚度逐渐提高、人口规模渐次合理、产业集约发展和支撑能力逐渐增强。城镇集约化发展本质上是提高城镇化的效率,并非是高密度高强度的开发。这种误解容易导致城镇过度开发,提高容积率和建筑高度,增大城市的综合承载压力,甚至会产生严重的房地产泡沫等问题。同时,也会造成城市建设的千篇一律,失去各自应有的特色,环境质量下降等问题。因此,推行集约化发展就是要树立"资源有限"理念,摒弃不计成本、脱离实际需要,盲目追求高、大、新、洋、全的城镇建设思维模式,高效利用各类资源,最大限度地减少城镇化过程带来的资源环境压力,实现绿色低碳发展。[①]

(六)误区六:新型城镇化的绿色发展就是增多城市视觉上的"绿色"

绿色发展是新型城镇化的重要发展理念,但是新型城镇化的绿色发展绝不是片面的追求城市视觉上"绿色"的增多。新型城镇化的绿色低碳发展应贯穿到城镇规划设计、基础设施建设、产业发展、能源供应、市场流通、城市运营、居民消费等各个方面,其本质上是实现各种资源高效的配置和利用。认为增多城市视觉上的"绿色"就是贯彻新型城镇化的绿色发展理念,一方面,盲目扩大所谓的城市绿地面积,容易造成资源浪费,与可持续发展背道而驰。比如,城市绿地草坪问题,中国很多城市气候干燥,并不适合草坪生长,若一味追求城市的"绿色",只会浪费资源,粗放利用资源;另一方面,容易造成"强迫型"城镇化,与以"人"为核心的新型城镇化相背离。中国幅员辽阔,

---

① 史育龙:《走人本和谐集约智能的城镇化之路》,载于《中国经济导报》2014年8月16日,第A02版。

各地推进新型城镇化的基础条件不尽相同,经济发达地区推行的城市"绿色"行动,在经济欠发达地区未必就是最优方案。这里应该强调的是,盲目的追求城市"绿色"的增加,而造成一系列的生产生活矛盾的增加,并非是真正的新型城镇化。新型城镇化的绿色发展是系统性工程,关键是形成绿色生产方式和生活方式,不能仅仅解决眼前问题,还应放眼长远,因地制宜、筑牢根基、标本兼治。

第六章

策略：中国新型城镇化的路径[①]

新型城镇化道路是中国城镇化在实践中的主动选择，这条道路的选择是否正确，也同样需要在实践中解答。理论是实践的指南，在实践中，如何基于中国新型城镇化的现实基础，贯彻新型城镇化的科学内涵，完成新型城镇化的主要任务，是理论所必需首先回答的问题。因此，在前文研究的基础上，探索中国新型城镇化的路径意义重大。新型城镇化是经济社会现代化的系统工程，世界上无先例可循，在实施过程中必须突出中国特色，解决中国问题，实践中国道路。

一、中国新型城镇化路径的构成

在这里，路径是指实现目标的途径或者办法。新型城镇化的路径就是实现新型城镇化目标所应采取的策略或方法，显然新型城镇化的目标并非一个或几个策略或方法就能实现，这需要一系列的策略或方法共同完成，并且这些策略或方法之间应相互配

---

① 本章的核心观点已发表。朱鹏华、刘学侠：《新型城镇化：基础、问题与路径》，载于《中共中央党校学报》2017 年第 1 期，第 114~122 页。

合、形成合力。因此，在分析新型城镇化路径时，首先要分析新型城镇化的目标体系，在此基础上形成推进新型城镇化的策略体系，进而分析确定出新型城镇化路径的构成。由第五章的分析可知，新型城镇化最终目标是提高城镇化质量，而这一目标又由若干分目标所构成（见图6-1）。为增强新型城镇化策略或方法的可操作性，在考虑新型城镇化目标体系的同时还要考虑新型城镇化具体指标（见表6-1）。

这里与第三章对中国城镇化质量的测评体系有所不同，新型城镇化的目标体系更多的考虑当前中国城镇化所面临的问题。根据第五章对新型城镇化内涵、现实基础和主要任务的分析，这里将新型城镇化的目标体系设定为总目标和5个一级目标、25个二级目标，二级目标以下暂时不再细分。在此基础上，可以构建出新型城镇化的策略或方法体系，每一个目标的实现都对应相应的策略或方法（集）。比如，提高农村转移人口在城镇落户率的策略或方法（集），加快农业现代化的策略或方法（集），等等。这里不难发现，有些目标的策略或方法是相互重叠的，而有些目标的策略或方法是相互冲突的。比如，提高农村转移人口在城镇落户率就需要户籍制度改革的配合，两者的策略或方法是部分重叠的；强化城市产业就业支撑与生态环境保护制度改革，两者的策略或方法可能存在某些冲突。类似不同目标策略或方法间抵触的存在也是推进新型城镇化的难点之一，需要在推进改革的过程中多方互动，把握好时机、次序和风险。

学术界对城镇化或新型城镇化的政策建议研究的多，对城镇化或新型城镇化的路径研究的相对较少。比较有代表性的有：吴江（2010）[1] 通过对重庆市城镇化的现状研究指出，重庆新型城

---

[1] 吴江：《重庆新型城镇化推进路径研究》，西南大学2010年博士学位论文，第129~133页。

中国新型城镇化道路

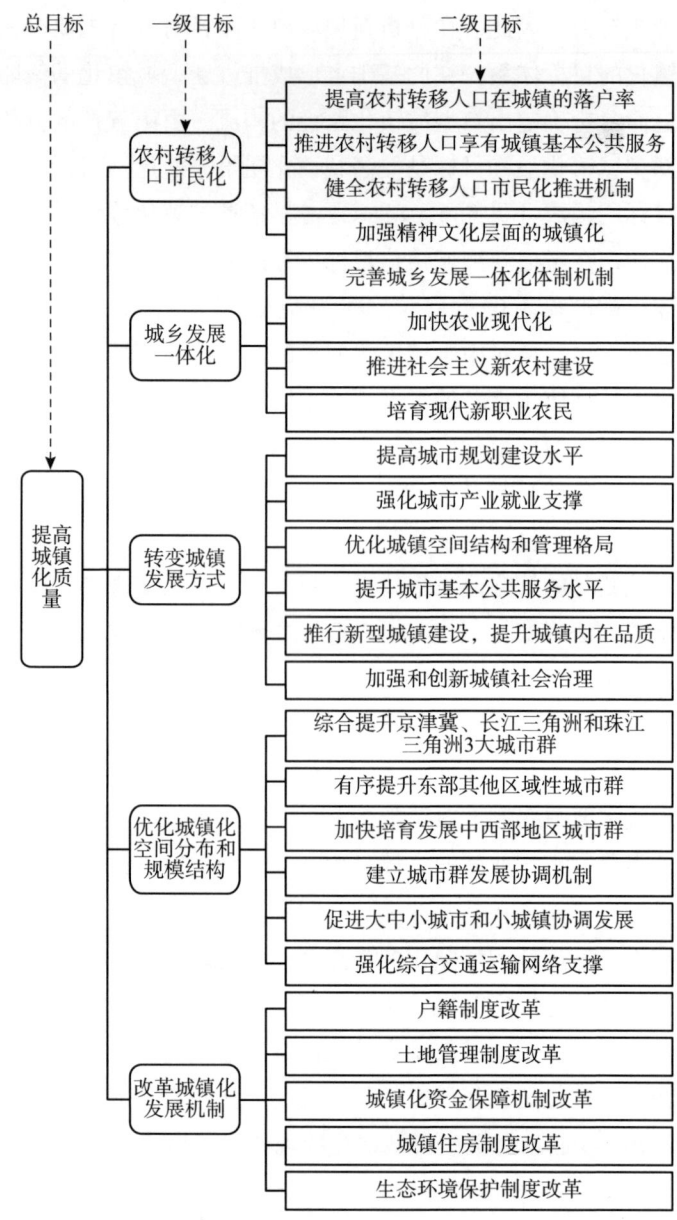

图 6-1　新型城镇化目标体系结构

资料来源：作者绘制。

第六章 策略：中国新型城镇化的路径

表6-1　　　　　　　　　新型城镇化主要指标

项目	指标	2012年	2020年
城镇化水平	常住人口城镇化率（%）	52.6	60左右
	户籍人口城镇化率（%）	35.3	45左右
基本公共服务	农民工随迁子女接受义务教育比例（%）	/	≥99
	城镇失业人员、农民工、新成长劳动力免费接受基本职业技能培训覆盖率（%）	/	≥95
	城镇常住人口基本养老保险覆盖率（%）	66.9	≥90
	城镇常住人口基本医疗保险覆盖率（%）	95	98
	城镇常住人口保障性住房覆盖率（%）	12.5	≥23
城镇基础设施	百万以上人口城市公共交通占机动化出行比例（%）	45*	60
	城镇公共供水普及率（%）	81.7	90
	城市污水处理率（%）	87.3	95
	城市生活垃圾无害化处理率（%）	84.8	95
	城市家庭宽带接入能力（Mbps）	4	≥50
	城市社区综合服务设施覆盖率（%）	72.5	100
资源环境	人均城市建设用地（平方米）	/	≤100
	城镇可再生能源消费比重（%）	8.7	13
	城镇绿色建筑占新建建筑比重（%）	2	50
	城市建成区绿地率（%）	35.7	38.9
	地级以上城市空气质量达到国家标准的比例（%）	40.9	60

注：①带 * 为2011年数据。②城镇常住人口基本养老保险覆盖率指标中，常住人口不含16周岁以下人员和在校学生。③城镇保障性住房：包括公租房（含廉租房）、政策性商品住房和棚户区改造安置住房等。④人均城市建设用地：国家《城市用地分类与规划建设用地标准》规定，人均城市建设用地标准为65.0～115.0平方米，新建城市为85.1～105.0平方米。⑤城市空气质量国家标准：在1996年标准基础上，增设了PM2.5浓度限值和臭氧8小时平均浓度限值，调整了PM10、二氧化氮、铅等浓度限值。

资料来源：中共中央、国务院：《国家新型城镇化规划（2014～2020年）》，中华人民共和国中央人民政府网，2014年3月16日，http://www.gov.cn/gongbao/content/2014/content_2644805.htm。

镇化有三种路径：一是市场导向与政府推动路径，即市场和政府共同作用推动新型城镇化；二是协调路径，包括城乡协调路径、区域协调路径、新型城镇化与新型工业化协调路径以及人口、资源与环境协调路径；三是多元路径，包括城镇规模结构的多元路径、城镇推进方式的多元路径和人口转移方式的多元路径。方创琳和王德利（2011）[①]通过对中国城镇化发展质量的综合测评研究后指出，中国城镇化路径应该考虑因地制宜的"差异型"城镇化发展模式，处理好城镇化速度与质量的关系的"安全型"城镇化推进模式，加快城市产业结构升级的"内涵型"城镇化拓展模式，以及淡化城镇化水平的"多为化"城镇化质量考评模式。辜胜阻（2013）[②]指出，中国城镇化的具体路径主要有四个方面：第一，城镇化应建立在坚实的产业基础之上，实现工业化与城镇化的良性互动；第二，城镇化和信息化、工业化要深度融合，发展智慧城市；第三，城镇化和农业现代化要相互协调，通过农业现代化满足城镇化所需要的劳动力需求；第四，推动沿海产业向中西部转移和农民工向流出地的回流，缩小地区差异，缓和特大城市人口膨胀。邓祥征等（2013）[③]认为中国西部城镇化可持续发展路径应考虑四个方面：其一，实施"二元"城镇化发展战略，一方面增强中心城镇的辐射带动作用，另一方面培育中小城市和特色鲜明的小城镇；其二，以各级政府支持管理为先导和主导，采用"公私营合作"（PPP）融资模式，重点推进西部地区城镇的交通及通信设施等基础设施水平；其三，实施绿色城镇发展战略，重点从绿色文化和绿色产业两方面推进，一是推进城市绿色文化、建设绿色城市，二是筹措西部地区绿色城镇

---

① 方创琳、王德利：《中国城市化发展质量的综合测度与提升路径》，载于《地理研究》2011年第11期，第1931~1946页。
② 辜胜阻：《中国城镇化机遇、问题与路径》，载于《中国市场》2013年第3期，第49~51页。
③ 邓祥征、钟海玥、白雪梅、赵涛、李勇、王苗：《中国西部城镇化可持续发展路径的探讨》，载于《中国人口·资源与环境》2013年第10期，第24~30页。

发展基金、发展城市绿色产业；其四，立足国家主体功能区划优化城镇化发展格局，同时结合"两横三纵"城镇化战略格局推进城市群建设。倪鹏飞（2013）[①] 认为推进新型城镇化要走以人为本、倾斜平坦、产城互动、包容增长、绿色发展、创新驱动、政府引导和本土开放的具体路径。刘妮娜和刘诚（2014）[②] 提出了城镇化的三条路径：一是经济路径，通过产业对人口的吸引，为城镇化打下物质基础；二是公共服务路径，通过户籍约束下的差异化服务，为城镇化提供保障；三是城乡一体化路径，通过小城镇的发展使农业转移人口就地市民化，为城镇化开拓重要突破口。郭玲（2015）[③] 认为推进农业人口就地城镇化的路径包括发展产业支撑，推进农业现代化，打造新型居住环境，完善公共服务体制和加强农村文化建设共五个方面。范双涛（2015）[④] 认为中国特色的新型城镇化路径主要包括全面推进以人为本的城镇化，实现城镇规模结构优化与空间结构多元化，推进土地城镇化与市场化相结合，实现产城融合和实现绿色低碳的生态城镇化共五个方面。尹鹏（2016）[⑤] 对吉林省新型城镇化的发展状况研究后，从吉林省新型城镇化发展的体制机制改革、产业结构调整、城镇空间优化、市场全面开放和绿色生态转型五个方面提出吉林省新型城镇化发展的路径对策。

通过对学术界关于城镇化或新型城镇化路径研究的代表性文献的梳理不难发现，各种研究大都是针对城镇化过程中所面临的

[①] 倪鹏飞：《新型城镇化的基本模式、具体路径与推进对策》，载于《江海学刊》2013年第1期，第87～94页。

[②] 刘妮娜、刘诚：《合理、有序推进中国人口城镇化的路径分析》，载于《经济学家》2014年第2期，第21～27页。

[③] 郭玲：《中国就近城镇化：基本内涵、存在问题与建设路径》，载于《改革与战略》2015年第11期，第131～134页。

[④] 范双涛：《中国新型城镇化发展路径研究》，辽宁大学2015年博士学位论文，第26～27页。

[⑤] 尹鹏：《吉林省新型城镇化发展的特征、机制与路径研究》，东北师范大学2016年博士论文，第135～152页。

主要问题，而提出的城镇化路径，均有其合理性和一定的现实意义。但本书认为当前学术界对城镇化或新型城镇化路径的研究仍存在许多不足，主要表现在以下三个方面：一是对城镇化路径的定位缺乏明确性和准确性。城镇化路径是实现其目标所必需的策略或方法的集合，很多学者仅仅把城镇化路径看成对某些城镇化问题的解决方案或政策建议。二是对城镇化路径的分析层次不够明确。有些学者甚至将某些推进城镇化的策略就看成是一个城镇化路径，城镇化路径必须是系统化的策略或方法（集），特别是新型城镇化路径更需要分清其层次性。只有系统化且层次分明的策略或方法集合，才能在实践中形成合力，实现新型城镇化的目的。三是对城镇化路径的分析不够全面。某些学者是针对某个具体地区或城市提出了城镇化路径，比如，吴江（2010）、邓祥征等（2013）、尹鹏（2016）等。而某些学者生则是在宏观上提出了城镇化路径，比如，方创琳和王德利（2011）、辜胜阻（2013）、倪鹏飞（2013）、刘妮娜和刘诚（2014）、郭玲（2015）、范双涛（2015）等。相对于前者，后者的难度更大，对城镇化路径分析的全面性要求更高；而相对于后者，前者更具针对性和可操作性，现实的实践意义更大。城镇化理论的价值不仅仅体现在对问题分析的精准，更要体现在对现实实践的指导的价值。不论是宏观还是中观或微观，城镇化路径必须是全面的分析，各种策略或方法必须厘清关系形成有机的体系，只有如此才能真正在实践中发挥其应有的价值。

　　鉴于以上分析和本书的研究任务，这里首先选定在马克思主义政治经济学的角度，从宏观上研究中国新型城镇化的路径。有一点需要明确的是，不论对新型城镇化路径的研究定位在哪个层面，最终的实践都要落实到每一个地区或城市，即不同的城市有不同的新型城镇化路径。因此，宏观的分析是基于对微观发展现状的分析而展开的，"自下而上"将新型城镇化分成共性策略和特性策略两大部分，共性策略是指每个地区或城市在城镇化过程中都必须实施的策略,特性策略是指不同地区或城市实施不尽相同的策略。事实上,共性策略和特性策略在某些方面也具有一定的相对性,这里根据前文分析的新型城镇化目标和策略体系,来确定新型城镇化最终的路径层次。当然这个层次并非是固定不变的,随着现实条件的变化始终处于动态的变化之中。为了使新型城镇化路径更具实践意义,这里将共性层面的策略再分成两个部分:一部分是基础性的,发挥着基础保障性作用;另一部分是方向性的,承担着发展导向性作用。

根据以上分析和论述,这里将中国新型城镇化的路径分成三个层次,为了便于表述和理解,分别命名为新型城镇化的"路基"、新型城镇化的"路标"和新型城镇化的"路型"。

二、中国新型城镇化的"路基"

以往粗放式城镇化的重要原因是支撑城镇化的"路基"不够坚实,新型城镇化的"路基"至少包括以下三个方面。

(一) 法律、制度和政策供给

习近平总书记(2016)指出,新型城镇化"要遵循科学规律,加强顶层设计,统筹推进相关配套改革。"[①] 这其中改革的关键就是要做好相关法律、制度和政策供给。新型城镇化是"市场主导+政府引导"的模式,其中政府在新型城镇化中的职能要科学定位。[②] 政府要通过各种法律、制度和政策促进土地、劳动力、资本、交通等要素的集聚和提升,带动产业的聚集和发展,

---

① 《习近平对深入推进新型城镇化建设作出重要指示》,人民网,2016年2月23日,http://politics.people.com.cn/n1/2016/0223/c1024-28144199.html。

② 这里的政府是指各级政府,根据《中华人民共和国行政区划》包括中央政府、省、自治区、直辖市政府、自治州、县、自治县、市政府、乡、民族乡、镇政府。

进而推动新型城镇化的发展。① 在社会主义市场经济的大环境下，政府应该加强制度顶层设计，基于市场机制制定相关法律、制度和政策来解放和发展城镇化的生产力，形成有利于城镇化健康发展的制度环境，而不是直接以行政命令的形式参与城镇化。首先，政府要破除当前不利于新型城镇化发展的各种体制和政策障碍。比如，户籍制度、城乡就业管理制度等；其次，政府要加快建立健全与新型城镇化相适应的法律、制度和政策。比如，公共服务制度、教育资源分配政策、税收分配制度、土地利用和征地政策、城镇住房制度、生态环境管理制度等。特别是对于PPP，政府应尽快制定相关法律和政策，厘清各方的责权利，引导社会资本积极参与到新型城镇化中来；最后，政府要严格执行与新型城镇化相关的各项法律、制度和政策，特别是与农民工和生态环境有关的法律。比如，劳动法（2009年8月27日修正）、劳动合同法（2012年12月28日修正）、社会保险法（2010年10月28日）、劳动保障监察条例（2004年11月1日）、环境保护法（2014年4月24日修订）、大气污染防治法（2015年8月29日修订）等等。② 这里结合第五章中"新型城镇化的主要任务"以及新型城镇化目标体系中"改革城镇化发展机制"，从法律、制度和政策供给的角度，重点探讨一下户籍制度、土地管理制度以及社会资本参与城镇化的制度问题。

1. 加快户籍制度改革。学术界普遍认同，户籍制度已经成为新型城镇化最大的制度障碍之一。习近平总书记（2014）也指出，"推进人的城镇化重要的环节在户籍制度，加快户籍制度改革，是涉及亿万农业转移人口的一项重大举措。"③ 改革开放以

---

① 邱爱军、郑明媚、白玮、郗望：《中国快速城镇化过程中的问题及其消解》，载于《工程研究——跨学科视野中的工程》2011年第3期，第211~221页。
② 国务院法制办编：《新编中华人民共和国常用法律法规全书（2016年版）》，中国法制出版社2016年版。
③ 《习近平主持深改组会议 定户籍改革要求》，人民网，2014年6月7日，http://politics.people.com.cn/n/2014/0607/c1001-25117310.html。

来中国户籍制度改革一直在推进,但始终没有从根本上触动户籍制度(见表6－2)。究其原因,最根本的就是长时间城乡二元户籍制度,利益关系已经固化,重新调整十分困难。前文分析已经指出,户籍不是问题,关键是与户籍制度关联的各种权益,包括教育、就业、社会保障、医疗卫生、最低生活保障,以及城市基础设施和社区服务等。比如,因高考制度北京市的户籍居民和外来非户籍人口就曾轮番到教委抗议,前者反对开放,而后者要求开放。① 各地的现实情况大不相同,特别是公共服务差别较大,"一刀切"式的取消户籍制度肯定走不通,但是政府必须积极主动,加快户籍制度改革。但从落户成本来看,地方政府并没有改革的动力和积极性,现实情况也是如此。因此,地方政府的积极性如何调动,这是户籍制度改革的重点。当前,很多城市落户政策过于苛刻,最关键是没有考虑的农民工阶层,比如,前文分析已经指出农民工缴纳社保的比重极低,而缴纳社保的年限作为落户或购房的前提条件,这样就把很多处在弱势地位的农民工排除在外。本书认为加快户籍改革应注意以下几点:一是调动各地方政府的积极性,要在政策上鼓励率先推进改革并取得成效的城镇,并通过绩效考评加以激励;二是落户条件应主要依据居住和工作年限,降低或取消对年龄、学历、职称、社保缴纳等条件的要求,确保重点人群落户;② 三是通过建立居住证制度,健全与居住年限等条件相挂钩的基本公共服务提供机制等措施,逐渐将户籍附带的各种权益剥离,彻底打破城乡之间的"玻璃门"。

---

① 《城镇化户籍改革应减少限制条件》,新华网,2013年7月16日,http://news.xinhuanet.com/house/bj/2013－07－16/c_125014702_2.htm。

② 李铁:《新型城镇化路径选择》,中国发展出版社2016年版,第280~311页。

表6-2　　中国户籍制度的标志性变迁

年份	制度或政策名称	要点
1958	《中华人民共和国户口登记条例》	确立了户口凭证迁徙落户制度，城乡二元户籍制度以法律形式确定。
1964	《关于处理户口迁移的规定》	城乡二元户籍制度确立，并严格执行。
1984	《关于农民进城入集镇落户问题的通知》	允许长期在集镇务工经商的农民，在有住所的前提下，自理口粮入户集镇。
1985	《中华人民共和国居民身份证条例》	身份证制度的建立，突破了户籍制度不利于人口流动的局限性，户籍管理迈出了重要一步。
1989	《关于严格控制"农转非"过快增长的通知》	据有关部门提供的资料，从1984年到1988年的5年中，"农转非"人口累计达4 679万人。① 1989年开始整顿"农转非"问题，加强对"农转非"的宏观管理，其增长的速度规模与国民经济的发展相适应。
1997	《关于小城镇户籍管理制度改革的试点方案》	小城镇户口有条件向农民开放。在小城镇已有合法稳定的非农职业或者已有稳定的生活来源，而且有了合法固定的住所后居住已满两年的，可以办理城镇常住户口。
1998	《关于解决当前户口管理工作中几个突出问题的意见》	实行婴儿落户随父随母自愿的政策；放宽解决夫妻分居问题的户口政策；放宽父（60岁）母（55岁）投靠政策；在城市投资、兴办实业、购买商品房的公民满足条件可办理落户。
2001	《关于促进小城镇户籍改革的若干意见》	全面推动小城镇户籍制度改革，进一步放宽农村转移人口落户小城镇的条件，并将户籍改革的权限下放到各地方政府。
2014	《关于进一步推进户籍制度改革的意见》	实行统一城乡户口登记制度，稳步推进城镇基本公共服务覆盖全部常住人口，拉开了深化户籍改革的大幕。城乡二元户籍制度在形式上即将结束。

资料来源：作者根据相关资料整理。

---

① 殷志静、郁奇虹：《中国户籍改革》，中国政法大学出版社1996年版，第20页。

2. 稳妥推进土地管理制度改革。土地管理制度的改革是推进新型城镇化的重点和难点，中国城镇化历程一直伴随着城乡土地制度的变革（见表6-3）。根据第四章分析可知，当前城镇化面临的粗放利用土地，土地利用效率低等问题都与土地管理制度有关。当前，保护耕地、集约节约用地、提高土地的利用效率是新型城镇化的必然要求，矛盾的集中点就是"地从哪里来？"和"如何高效配置土地资源？"两个方面。城镇化的土地主要来自政府对农村土地的征用，政府通过征用农地还可以获取一部分土地出让收益，一般用来基础设施等公共投入和政府其他开支。长时间以来，各地政府为了招商引资推进"工业化"，工业用地相对于商业和房地产开发用地的成本一直偏低，这种"创收"使得城市"摊大饼"式扩展，并形成"击鼓传花"式的恶性循环。保障土地的合理供应是新型城镇化顺利推进的前提，破解这个难题，需要从宏观上考虑。土地确权是基础，农村土地管理制度的改革要率先推进，赋予农民更多的财产权，同时要提高征地补偿，合理提高农民个人收益。创新补偿方式，保障被征地农民的长远发展生计，比如，推行引进或发展产业并带动就业的补偿方式。提高土地资源配置方面，遵循土地要素自由流动的市场规律，厘清市场和政府的关系，建立城乡统一的建设用地市场。①本书认为城乡统一的用地市场最重要的有三方面：一是允许农村集体经营性建设用地与国有土地同等进入市场，并保证农村集体经营性建设用地市场中"同权同价"；二是减少非公益性用地的划拨，扩大国有土地有偿使用范围；三是完善土地抵押、转让、担保的二级市场的发展。

---

① 胡存智：《深化农村土地管理制度改革的思考》，载于《中国土地》2014年第8期，第6~10页。

表6-3　　　　　　　　中国土地制度的标志性变迁

年份	制度或政策名称	要点
1950	《中华人民共和国土地改革法》	没收地主土地,并无偿分配给无地或少地的农民。到1953年土地改革完成,中国废除了封建地主土地所有制,实现了"耕者有其田"。
1958	《关于在农村建立人民公社的决议》	农村建立了集体所有、集体经营的土地制度。
1979	《中共中央关于加快农业发展若干问题的决定》	充分肯定了家庭联产承包责任制。
1980	《关于进一步加强和完善农业生产责任制的几个问题》	充分肯定了联产承包责任制和包产到户政策,肯定了承包责任制的作用。从此,以包产到户为核心内容的农村改革迅猛发展。到1983年底,全国农村中实行包干到户的农户比例已经占到约98%。1984年"中央一号"文件《关于一九八四年农村工作的通知》进一步指明了方向,以集体所有个人使用为特征的农村土地制度确立。
1990	《中华人民共和国城镇国有土地使用权出让和转让暂行条例》	规定依法取得的城镇国有土地使用权在使用年限内可以转让、出租、抵押或者用于其他经济活动,合法权益受国家法律保护。城市房地产市场开始起步。
2002	《中华人民共和国农村土地承包法》	明确规定了农村土地承包采取农村集体经济组织内部的家庭承包方式,国家依法保护农村土地承包关系的长期稳定。规定通过家庭承包取得的土地承包经营权可以依法采取转包、出租、互换、转让或者其他方式流转。标志着从法律上规定了未来一段时期内农村土地产权政策的基本走向。
2004	《关于深化改革严格土地管理的决定》	规定了农民集体所有建设用地使用权可以依法流转。

续表

年份	制度或政策名称	要点
2005	《农村土地承包经营权流转管理办法》	标志着农村土地承包经营权流转得到官方正式认可,开始走上法制化、规范化的道路。
2006	《国务院关于加强土地调控有关问题的通知》	规定工业用地必须采用招标拍卖挂牌方式出让,其出让价格不得低于公布的最低价标准。
2008	《中共中央关于推进农村改革发展若干重大问题的决定》	提出逐步建立城乡统一的建设用地市场,对依法取得的农村集体经营性建设用地,必须通过统一有形的土地市场、以公开规范的方式转让土地使用权,在符合规划的前提下与国有土地享有平等权益。
2013	《中共中央关于全面深化改革若干重大问题的决定》	土地制度改革可以总结为三条底线:第一,不能改变土地所有制,就是农民集体所有;第二,不能改变土地的用途,农地必须农用;第三,不管怎么改,都不能损害农民的基本权益。
2014	《关于引导农村土地经营权有序流转发展农业适度规模经营的意见》	指出要引导实现农村土地所有权、承包权、经营权三权分置。
2015	《关于农村土地征收、集体经营性建设用地入市、宅基地制度改革试点工作的意见》	决定在全国33个不同层级的行政区域,开展土地制度改革试点。标志着以农村为先导的土地制度改革进入了实质性的局部实践阶段。

资料来源:作者根据相关资料整理。

3. 健全社会资本参与城镇化的制度。新型城镇化需要大规模建设城市基础设施、建立公共服务体系,这需大量资金持续不断地投入。社会资本的参与,能有效缓解新型城镇化建设的财政需求。国际经验表明,推广和应用政府与社会资本合作模式(PPP),① 有利

---

① 政府与社会资本合作模式:PPP 是英文"Public - Private - Partnerships"的简写,又称公私合营模式。在本书第一章已经提及,PPP 模式最早出现在英国,当前在世界各国已经得到了广泛应用。

于解决城镇化发展的投资和管理难题,转换政府职能,防范和化解城镇化的建设管理和运营风险,有助于推动新型城镇化的可持续发展。[①] 2016年发布的《国务院关于深入推进新型城镇化建设的若干意见》提出,"根据经营性、准经营性和非经营性项目不同特点,采取更具针对性的政府和社会资本合作模式,加快城市基础设施和公共服务设施建设。"[②] 当前,学术界和中央政府对新型城镇化中的PPP模式均给予了充分肯定。笔者通过对北京、济南、乌鲁木齐、西安、天津和郑州等地部分中建集团精品PPP项目的实地调研发现,PPP模式不仅缓解了政府短期建设资金短缺的压力,还可以提高城镇公共产品和服务的供给水平和质量,激发社会力量参与新型城镇化的热情。[③] 比如,中建天津塘沽湾项目的"微城市"发展模式,中建西安徐家湾综合改造项目的"产城融合,双轮驱动"发展模式,中建北京市海淀区北安河安置房项目居民全程参与模式,中建上海重固镇项目"1 + X"开发模式,都为社会力量以PPP模式参与推进新型城镇化的实践进行了有益探索。[④] 同时,调研也发现当前阻碍PPP模式发展的最大障碍是相关制度不健全和政府职能转变不到位。一方面,对于PPP各级政府要加快完善法律、制度和政策,创造适宜的政策法律环境,健全风险分担等相关机制,加强项目运作的规范性并减少推行PPP的制度摩擦;另一方面,政府要继续转变自身职能,建立高效的PPP协调推进机制,形成高效的政策合力。

[①] 孟春:《运用PPP模式助推新型城镇化》,载于《中国财政》2014年第9期,第22~24页。
[②] 国务院:《关于深入推进新型城镇化建设的若干意见》,中华人民共和国中央人民政府网,2016年2月6日,http://www.gov.cn/zhengce/content/2016 - 02/06/content_5039947.htm。
[③] 由前文分析可知,中国城镇化道路相对西方发达国家缺乏社会力量的参与,而PPP模式扩大社会力量参与新型城镇化的一种有效的方式。
[④] "中共中央党校和中国建筑股份有限公司新型城镇化建设"课题调研成果。

(二) 农业现代化

农业现代化是指传统农业转化为现代农业的发展过程，本质上是一个动态概念，具有明显的时代特征，不同时期现代农业的标准不尽相同。① 通过第一章对典型国家城镇化的分析不难发现，城镇化必须以农业现代化为基础，仅考虑工业化和城镇化，而没有农业的同步发展，很容易造成农业萎缩、城乡失衡以及"城市病"等问题。如前面所述，农业现代化不仅会为城镇化过程中日益增长的农产品需求提供保障，还为城镇化提供所需求的大量农业转移人口。农业现代化意味着农业劳动生产率要大幅提高，即农业要规模化、机械化和资本化，这既是农业劳动力转向非农产业的压力，也是城镇化的基本动力源。可以说，没有农业现代化的支撑，就没有新型城镇化的持续发展。现实中，农业是弱势产业，在新型城镇化过程中必须加强对农业的支持和保护，推进农业现代化要坚持工业反哺农业、城市支持农村。② 实现农业现代化是一项系统工程，本书认为当前中国推进农业现代化应把握以下主要措施。

1. 培育农业现代化的主体。中国人口众多，人均可耕地少，当前占主导的还是分散的农业生产方式，农民以小规模的兼业经营为主。在家庭承包经营体制下，据统计当前中国仍有约 2.6 亿小农户。无论在理论还是在实践上，生产经营的规模都不是一个国家或地区能否实现农业现代化的决定性因素。比如，日本和美国人的比例截然不同，但农业现代化都是成功的。③ 对于中国，协调兼业化和专业化的矛盾是实现农业现代化的关键，因此这就

---

① 张红宇、张海阳、李伟毅、李冠佑：《中国特色农业现代化：目标定位与改革创新》，载于《中国农村经济》2015年第1期，第4~13页。
② 韩长斌：《加快推进农业现代化 努力实现"三化"同步发展》，载于《农业经济问题》2011年第11期，第4~8页。
③ 孔祥智、毛飞：《农业现代化的内涵、主体及推进策略分析》，载于《农业经济与管理》2013年第2期，第9~15页。

需要通过培育农业现代化的新主体来实现。专业农户、家庭农场、农民专业合作社以及现代农业企业是应重点培育的农业现代化的主体。第一，通过土地流转等方式，尽可能将农地转移到专业农户或农业企业等主体手里，开展专业化、标准化、规模化、组织化的农业生产；第二，通过发展专业合作社、家庭农场等把分散的小规模农户组织起来，以此来提高集约化、专业化和精细化水平，提高农产品的质量和在市场上的竞争力；第三，加快发展现代农业服务业，构建农业社会化服务体系，特别是农民专业合作社和现代农业企业应给予政策支持。

2. 加快转变农业发展方式。农业现代化最根本是要靠农业科技，提高农业科技创新水平是发展现代农业的内在要求。2015年中国农业科技进步贡献率超过56%，农作物耕种收综合机械化水平达到63%，农田有效灌溉面积占比超过52%。[①] 这说明中国农业发展方式正在发生转变，由过去主要依靠增加资源要素投入逐渐转向主要依靠农业科技进步的现代农业发展方式。一是加大对农业基础性科技研发的投入力度，增强源头创新能力。二是重点突破农业产业关键技术。比如，现代种业、农机装备产业、农业重大病虫害监测预警与防控、新型缓控释肥、现代农产品加工业、农业物联网等。三是加大农业科技的推广和应用范围，提高农业资源利用效率。比如，农业信息技术、农作物秸秆综合利用技术、节水农业技术等。四是培育现代新职业农民。大规模开展农民培训，培养适应农业现代化建设需要的懂技术、会经营、善管理的新职业农民。

3. 建设农产品市场体系。农业现代化一定是市场机制主导下的现代化，不能只靠政府的扶持，加快建设与现代农业产业体系发展相匹配的现代农产品市场体系是必由之路。农产品具有生

---

① 瞿剑：《我国农业科技进步贡献率56%意味着啥》，载于《科技日报》2016年8月16日，第3版。

产周期长、集中上市、季节性、区域性强等特点，生产者的决策往往依据上一期的市场价格，因此市场运行监测与信息服务十分重要。统筹规划农产品市场流通网络布局，发展现代流通方式和新型流通业态，构建现代市场物流体系。大力发展农产品电子商务，降低流通费用，实现产销精准有效对接。同时，坚持在扩大农业对外开放中提高统筹利用国际国内两个市场、两种资源的能力，实现优势互补，提升农产品的质量和国际竞争力。

4. 推进农业供给侧结构性改革。改革开放以来，随着农业大力发展，中国农业的主要矛盾由总量不足转变为结构性矛盾。比如，农产品产量增加较快、品质提升缓慢，生产成本递增、市场价格低迷，部分农产品库存高企、销售不畅，国内外农产品价格倒挂现象，等等。这些结构性矛盾的长期存在，在很大程度上已经阻碍了农业现代化的进程。针对农业结构性矛盾的主要方面在供给侧，农业供给侧结构性改革是加快实现农业现代化的重要抓手。从生产端、供给侧入手，通过农业科技创新推广和农业体制机制改革，调整优化农业的要素、产品、技术、产业、区域、主体等方面结构，优化农业产业体系、生产体系、经营体系。化解玉米等库存较大农产品的产能，增加绿色优质安全和特色农产品供给，提高农业供给体系质量和效率，使农业供需关系在更高水平上实现新的平衡。

（三）非农产业聚集

工业和服务业是城镇化的经济基础，没有非农产业的聚集和发展，推动城镇化只能造出"空城"和"鬼城"。新型城镇化必须建立在坚实的非农产业基础之上，实现工业或服务业与城镇化的有机互动。非农产业的聚集发展，是城镇承载力提升的基础，而反之，承载能力的提高又能吸纳新产业的聚集。当前，中国城镇化率已经超过工业化率，在GDP中服务业增加值比重已经超过工业增加值比重，再加之产业结构调整等因素，使得非农产业聚集呈现出了许多新的特点。在信息技术革命和制度创新基础上，中国正在加速构建以创新化、高技术化、市场化、服务化、融合化和国际化为特征的产业新体系。[①] 产业新体系的形成为新型城镇化提供了良好的机遇和更大的挑战。在产业发展的新趋势下，把握产业发展的规律，加速非农产业聚集，为新型城镇化夯实产业基础。本书认为构建各具特色的城市产业新体系应重点从以下几方面发力。

1. 升级改造传统产业、淘汰落后和化解过剩产能。城市产业新体系萌生于产业旧体系，大量的传统产业要通过技术改造升级转移到产业新体系中，同时还有部分落后产能需要淘汰以及过剩产能需要化解。要通过市场竞争机制和产业政策，激励企业加快技术改造升级，挤压落后产能的市场生存空间，直至其完全退出。在传统产业的升级改造方面，不仅要通过设备更新、改造和技术、管理创新，还应通过教育培训，提高产业工人的综合素质，进而提升资源利用效率、劳动生产率，降低对生态环境污染，最终提高企业的效益。当前，中国各级城市均有大量的工业和服务业均属于传统产业部门，升级改造的空间很大，同时在传统产业领域中孕育着巨大的新兴产业机会，很少有新兴产业是在一个完全新的、空白的领域中产生的。因此，推进传统产业升级改造的过程中，不能将其和新兴产业对立起来，而是要协调起来。在淘汰落后和化解过剩产能方面，政府应通过制定科学合理的产业政策，建立健全优胜劣汰市场化退出机制，切实保障"僵尸企业"依法实现关闭或破产，加快处置低效无效资产，淘汰落后产能。特别地，政府还要培训引导转业工人再就业，确保专业工人"转岗不下岗、转业不失业"以及城市社会和谐稳定。同时，应抓住"一带一路"建设机遇，鼓励和引导中国企业到沿

[①] 朱鹏华：《构建产业新体系：基础、问题、趋势、特征及路径》，载于《工业技术经济》2016年第5期，第30~41页。

线国家去投资兴业,以更好地融入全球产业的分工体系。

2. 加快建设制造强国,实施制造业创新中心建设、智能制造、工业强基、绿色制造、高端装备创新等工程,构建新型制造体系。2014年中国商品进出口总额达4兆3 030亿美元,排名世界第一。中国已成为名副其实的"世界工厂",但是当前制造业仍存在着竞争优势层次较低,产能结构性过剩严重,创新能力薄弱,核心技术缺乏、产业附加值不高等问题,中国只是一个制造业大国而还不算是制造业强国。① 2015年5月,《中国制造2025》发布,这个行动纲领标志着中国开始加快建设制造强国的步伐。一个城市制造业是其产业新体系的支柱和基础,实施《中国制造2025》,必须强化工业基础能力,加快推动制造业向智能化、绿色化、服务化和品牌化方向发展。要更多依靠市场在资源配置中的决定性作用,强化企业作为创新主体的地位。重点加强工业"四基"②能力建设;实施智能制造工程,推动生产方式向柔性、智能、精细方向转变;构建绿色制造体系,全面推行清洁生产,发展循环经济,提高资源利用效率;引导制造企业延伸服务链条、增加服务环节,推动制造业由生产型向生产服务型转变;开展质量品牌行动,提升企业品牌价值和中国制造整体形象。③

3. 大力发展战略性新兴产业。战略性新兴产业是通过产业技术或商业模式等方面的创新,能带动大范围相关产业结构升级的新兴产业。④ 培育发展战略性新兴产业,是构建城市产业新体系的重点,也是塑造产业竞争新优势的必然选择。当前,中国战

---

① 朱鹏华:《构建产业新体系:基础、问题、趋势、特征及路径》,载于《工业技术经济》2016年第5期,第30~41页。
② 核心基础零部件(元器件)、先进基础工艺、关键基础材料和产业技术基础,简称为工业"四基"。
③ 国务院:《中国制造2025》,中华人民共和国中央人民政府网,2015年5月19日,http://www.gov.cn/zhengce/content/2015-05/19/content_9784.htm。
④ 岳中刚:《战略性新兴产业技术链与产业链协同发展研究》,载于《科学学与科学技术管理》2014年第2期,第154~161页。

略性新兴产业和高技术制造业总体保持平稳较快发展。2016年工业战略性新兴产业①增加值增长10.5%；高技术制造业②增加值增长10.8%，占规模以上工业增加值的比重为12.4%，比2015年提高了0.6个百分点。③ 但同时中国也面临战略性新兴产业关键核心技术缺乏以及与已占领先机的发达国家激励竞争等难题。发展战略性新兴产业，关键是根据市场需求变化和技术发展趋势，在强化关键技术研发、实现重点领域突破、走出技术"低端锁定"困境的同时，让企业真正成为技术创新的主体。④ 一方面，政府要通过制定相关产业政策、建立产业投资引导基金等手段，大力支持战略性新兴产业的发展。充分发挥产业政策导向和促进竞争的功能，通过联合企业加大自主研发（R&D）力度，培育一批战略性产业，提升战略性新兴产业对产业升级的支撑引领作用。另一方面，要积极发挥市场机制的作用，打破行业垄断，放宽市场准入，让更多有实力的企业特别是私营企业进入到战略性新兴产业领域，开展核心技术创新和商业模式创新。

4. 加快发展现代服务业。从经济发展的历史规律来看，三大产业在经济总量中的比重反映了经济体的发展程度。全球产业结构的特征为农业和工业比重持续下降，同时服务业的比重强势上升，三大产业结构调整速度加快。目前，一些发达国家服务业占比高达70%~80%（见表6-4），但这并不是最终的极限。发

---

① 工业战略性新兴产业包括节能环保产业、新一代信息技术产业、生物产业、高端设备制造产业、新能源产业、新材料产业、新能源汽车产业等七大产业。
② 高技术制造业包括医药制造业，航空、航天器及设备制造业，电子及通信设备制造业，计算机及办公设备制造业，医疗仪器设备及仪器仪表制造业，信息化学品制造业。
③ 国家统计局：《2016年国民经济和社会发展统计公报》，中华人民共和国中央人民政府网，2017年2月28日，http：//www.gov.cn/xinwen/2017-02/28/content_5171643.htm。国家统计局：《2015年国民经济和社会发展统计公报》，中华人民共和国中央人民政府网，2016年2月29日，http：//www.gov.cn/xinwen/2016-02/29/content_5047274.htm。
④ 郭旭红、李玄煜：《实现"双中高"的中流砥柱大力发展战略性新兴产业》，载于《人民日报》2015年12月31日，第7版。

展中国家的服务业比重正加速快速上升,比如,中国2016年服务业增加值(384 221亿元)是2006年服务业增加值(91 759.7亿元)的4.2倍,而2016年工业增加值仅是2006年的2.8倍;2012年服务业增加值占GDP的比重已超过工业增加值占GDP的比重0.5个百分点,而2016年扩大为11.8个百分点。① 当前,生产性服务业的强势崛起,经济"服务化"和"软化"趋势日渐显著,同时,在整个产业链条中,对创新、信息、科技、人才、文化、生态和制度等软要素的依赖程度不断加深。因此,未来城市经济由工业主导型向服务业主导型的转变会更加明显,服务业的繁荣发展是城市产业新体系的重要标志。一方面表现为生产性服务业的强势崛起,不断向专业化和价值链高端延伸;另一方面表现为传统的服务产业的扩大和发展,不断向精细和高品质转变。② 相对于工业,服务业就业吸纳能力强(见表5-1),2011年中国服务业就业人数占全社会就业人数比重达到35.7%,首次超过农业34.8%,2015年服务业就业人数占全社会就业人数比重达到42.4%,已成为吸纳就业主渠道,这将为新型城镇化提供主要的就业支撑。特别是生活性服务业,就业门槛相对较低,可以吸纳不同性别、年龄段、文化程度的人就业,对于农村转移人口具有更加重要的现实意义。

根据上述分析可知,服务业是城市产业新体系的主体,服务业的繁荣发展也是新型城镇化的重要特征。本书认为无论是生产性服务业还是生活性服务业,应主要通过放宽市场准入,扩大开放领域,鼓励社会资本、国际资本依法依规以多种形式投资服务业,鼓励新兴业态发展,进一步活跃服务业微观市场,增强市场竞争力。同时,政府要依法监管,尽快消除不利于医疗、教育、

---

① 资料来源:国家统计局年度数据,http://data.stats.gov.cn/easyquery.htm?cn=C01。经作者计算。
② 朱鹏华:《构建产业新体系:基础、问题、趋势、特征及路径》,载于《工业技术经济》2016年第5期,第30~41页。

表6-4 部分发达国家国内生产总值产业构成（2014年）

指标	美国	英国	德国	法国	意大利	希腊	葡萄牙	西班牙	日本	澳大利亚
农业增加值占GDP比重（%）	1.4	0.7	0.7	1.7	2.2	3.8	2.3	2.5	1.2	2.4
工业增加值占GDP比重（%）	20.5	21	30.3	19.4	23.5	15.8	21.5	22.4	26.2	27.1
服务业增加值占GDP比重（%）	78.1	78.4	69	78.9	74.3	80.4	76.1	75.1	72.6	70.5

资料来源：国家统计局国际数据，http://data.stats.gov.cn/easyquery.htm?cn=G0104。其中美国和日本为2013年的数据。

养老、设计、物流等领域优质发展的制度性障碍，推动各类市场主体参与服务供给，确保市场公平竞争。[①]

5. 积极引导城市间产业转移。不同的城市具有不同的产业优势，随着经济的发展，在城市间开展产业转移是产业结构转型升级和提高城镇化质量的必由之路。比如，超大或特大城市拥有丰富的人力资源、资本以及信息方面的优势，生产性服务业在现代制造业集中区能创造巨大的规模经济，使得生产和交易成本最小化，因此超大或特大城市和现代制造业密集区域往往是生产性服务业发展的集中地。充分发挥政府发展战略和产业政策的导向作用，积极引导城市间产业转移：一是强化城市群中各城市间专业化分工协作。大城市应重点发展战略性新兴产业和生产性服务业，形成以服务经济为主的产业结构，周边中小城市要主动承接

[①] 马凯：《构建产业新体系》，载于《人民日报》2015年11月10日，第6版。

大城市的转移产业，构建大中小城市和小城镇特色鲜明、优势互补的产业发展格局。二是依托相对完善的硬件设施和制度环境，引导生产性服务业在中心城市、制造业密集区域集聚，加快构建中心城市及周边地区的服务经济网络节点，形成对城市与区域功能转型和能级提升的战略性带动效应。① 三是组织开展城市间产业转移对接活动，考虑产业发展的区域差异性、行业异质性和时间波动性，引导产业合理有序转移。既要加强区域内城市间产业融合以提升产业链综合功能和竞争能力，也要注重培育城市间具有紧密上下游合作的优势产业集群。

6. 推进供给侧结构性改革。供给侧结构性改革是当前引领中国新常态的宏观经济思想的具体实践和贯彻形式。② 同时，供给侧结构性改革是中国新型城镇化发展的客观要求，一方面城镇化的过程伴随着劳动力在城乡不同产业部门间的重新配置；另一方面持续增多的城镇居民拉动消费的快速增长，客观上产生规模巨大的投资需求。③ 对于非农产业在城镇聚集，从长期来看，消费将成为驱动产业发展的主要力量，服务业将成为主体的经济形态。因此，如何通过非农产业的发展促进农村转移人口市民化，进而以需求提升促进城市产业新体系的形成，将是供给侧结构性改革的重要内容。一方面，从工业的供给侧来看，增加消费就是扩大有效供给，即提高社会扩大再生产的效益和效率。黄群慧（2016）④ 认为"从产业层面推进工业供给侧结构性改革，核心目标是要进一步推进工业转型升级，推进工业产业结构高级化、

---

① 邱灵、方创琳：《生产性服务业空间集聚与城市发展研究》，载于《经济地理》2012年第11期，第76～80页。
② 王天义、朱鹏华：《引领新常态的宏观经济思想》，载于《前线》2017年第2期，第16～19页。
③ 胡鞍钢、周绍杰、任皓：《供给侧结构性改革——适应和引领中国经济新常态》，载于《清华大学学报（哲学社会科学版）》2016年第2期，第17～23页。
④ 黄群慧：《论中国工业的供给侧结构性改革》，载于《中国工业经济》2016年第9期，第5～23页。

工业价值链条高端化。"总体上看，要通过淘汰落后产能，降低企业负担，引导企业技术创新，提高产品质量，优化产业结构，创造有效供给，最终使得社会扩大再生产高效、健康发展。另一方面，从服务业来看，整体上服务业不存在产能过剩，而主要是面临服务质量不高，中高端服务供给不足的问题。因此，创新发展现代服务业促进整个产业结构升级，同时还要优化服务业供给结构。随着城镇化水平的提高，当前中国已经进入追求个性、高品质、安全、健康、便利的消费阶段，发展现代服务业和推进服务业供给侧结构性改革首先要顺应这个趋势，重点提高服务产品的品质。[1] 如前面所述，对于生产性服务业，重点发展研发设计服务、信息技术服务、物流快递服务、人力资源服务、教育培训、金融服务、商务服务等领域，推动生产性服务业向专业化和价值链高端延伸；对于生活性服务业，重点发展电子商务、商贸流通、文化娱乐、医疗健康服务、旅游、家政服务等领域，推动生活性服务业向精细和高品质转变。

三、中国新型城镇化的"路标"

新型城镇化的关键是转变城镇化的发展方式，由重数量的外延式发展转向重质量的内涵式发展，建设幸福城市、和谐城市、绿色城市和智慧城市。[2] 按照新型城镇化的内涵、现实基础、主要任务以及目标体系，本书认为创新、协调、绿色和融合应是城镇化的"路标"，这是各地在新型城镇化中都必须遵循的方向选择。

---

[1] 来有为：《服务业供给侧结构性改革重点及建议》，载于《经济日报》2017年3月4日，第12版。
[2] 辜胜阻：《中国城镇化机遇、问题与路径》，载于《中国市场》2013年第3期，第49~51页。

第六章 策略：中国新型城镇化的路径

（一）创新方向

创新是走新型城镇化道路的力量之源。在新型城镇化过程中要通过科技创新、制度创新、文化创新等社会各方面的创新，优化资源配置效率，不断提高城镇化质量。中国幅员辽阔，东西南北各地城镇化的基础和所面临的问题不尽相同，因此各地必须根据自身情况走创新的新型城镇化之路。

1. 科技创新是新型城镇化的基石。一方面，作为新型城镇化支撑的产业发展需要科技创新，没有科技创新，就不可能有农业现代化、新型工业化和现代服务业的大力发展，新型城镇化也只能是"纸上谈兵"；另一方面，随着中国城镇化水平的提高，城市的负担不断加重，交通拥挤、空气污染、垃圾处理、社会养老等很多问题都需要科技的进步加以解决，建设智慧城市是未来提高城镇发展质量的必然选择。近年来，西方发达国家智慧城市的概念在其城市发展战略与规划中扮演了越来越重要的角色，美国、加拿大以及欧盟很多国家都纷纷加入建设智慧城市的浪潮中。[1] 徐庆瑞等（2012）认为智慧城市是集合了数字城市、生态城市、创造城市等特征的城市发展的高级形态，最终实现城市"经济—社会—生态"的全面可持续发展。[2] 当前，中国许多城市已经提出智慧城市战略，政府与信息科技公司正在联手实践："科技让城市更智慧，城市让生活更美好"。

2. 制度创新是应对新型城镇化所面临挑战的重要手段。当前新型城镇化要解决的户籍问题、城乡公共服务均等化问题、农地问题、融资问题等各种难题，都需要不断地进行制度创新和体制机制创新。第一章对典型国家城镇化的分析可知，德国"去中心

---

[1] Hollands R G., *Will the real smart city please stand up?*. City, Vol. 12, No. 3, 2008, pp. 303 – 320.
[2] 许庆瑞、吴志岩、陈力田：《智慧城市的愿景与架构》，载于《管理工程学报》2012年第4期，第1~7页。

化"的均衡城镇化发展模式，基本实现了从大城市到小城镇的等值化发展。中国新型城镇化不能走大城市无限扩张之路，实现城市合理布局，大中小城市及小城镇均衡发展首要条件是体制机制创新，创造良好的制度环境，改变各种资源向大城市集中的困局。城乡公共基础设施投资潜力巨大，要加快改革和创新投融资体制机制。①

3. 文化创新是新型城镇化的重要支撑。一方面，一个城镇的发展不能仅仅体现在物质方面，文化的传承与创新也是城镇的灵魂，尤其是特色文化资源。改革开放以来，中国城镇建设千城一面，缺乏特色，最本质的是缺乏文化特色，文化创意匮乏。新型城镇化的进程中，各地区应树立"文化创新城镇化"的意识，通过发展文化创意产业等措施传承历史文脉，改善人文环境，强化各具特色的城镇和乡村文化底蕴。另一方面，解决"半城镇化"问题也需要文化创新，通过文化内容和形式的创新、体制与机制的改革、文化传播手段创新等方式使农民工更好地融入城市社会。相对于物质层面的城镇化，精神层面的城镇化更具挑战性，没有持续的文化创新支撑，就无法实现真正的彻底城镇化。

4. 城市规划和管理服务创新是新型城镇化的重要保障。一个城镇经济社会的发展离不开规划的指引，科学合理的城市规划需要体制机制、思路方法等方面的不断创新。从整个城市发展角度来看，"三分规划、七分管理"，这里的管理可以理解为广义的城市管理。习近平总书记（2014）指出，"城市规划在城市发展中起着重要引领作用，考察一个城市首先看规划，规划科学是最大的效益，规划失误是最大的浪费，规划折腾是最大的忌讳。"② 现代城市文明的核心内涵在于城市管理服务，一个城市

---

① 习近平：《真抓实干主动作为形成合力确保中央重大经济决策落地见效》，新华网，2015年2月10日，http://news.xinhuanet.com/politics/2015-02/10/c_1114323910.htm。

② 《习近平在北京考察工作时强调：在建设首善之区上不断取得新成绩》，中国证券网，2014年2月26日，http://news.cnstock.com/news，yw-201402-2925327.htm。

第六章 策略:中国新型城镇化的路径

的文明程度取决于管理服务水平。解决城市不断扩大而出现的"城市病"等问题需要城市规划和管理服务创新,通过更加科学合理的规划,引导城镇发展规模和速度,优化产业结构和空间结构;通过城市管理服务创新,降低城市运营成本,提高城市运营效率和公共服务的能力。

需要特别指出的,推进新型城镇化的创新必须要遵循经济、地理、人口和社会等客观规律,不能以创新发展为由人为打破客观规律。比如,是否突破"胡焕庸线"问题。[1] 2014年11月27日,李克强总理在国家博物馆参观人居科学研究展时,发出了"胡焕庸线怎么破?"之问:"我国94%的人口居住在东部43%的土地上,但中西部一样也需要城镇化。我们是多民族、广疆域的国家,我们要研究如何打破这个规律,统筹规划、协调发展,让中西部老百姓在家门口也能分享现代化。"[2] 针对于这个问题学术界展开了激烈争论。[3] 从统计数据来看,改革开放以来,"胡焕庸线"是相对稳定的,东南半壁和西北半壁两侧人口数量始终保持94∶6的大数特征。[4] 本书认为"胡焕庸线"是自然地理环境所决定的客观规律,背后隐藏的自然地理综合基础是中国的人居环境适宜性和限制性,这是人力所不能改变的。从经济学角度分析,一个地方经济资源丰富,产业和人口就会聚集,有时自然环境也并非是决定性因素,科技创新的作用越来越重要,以色列

---

[1] "胡焕庸线"是中国著名地理学家胡焕庸于1935年提出的(胡焕庸:《中国人口之分布:附统计表与密度图》,载于《地理学报》1935年第2期,第33~74页。),最初称"瑷珲—腾冲线",后因地名变迁,先后改称"爱辉—腾冲线"、"黑河—腾冲线"。

[2] 杨芳:《李克强之问:"胡焕庸线"怎么破?》,中华人民共和国中央人民政府网,2014 年 11 月 29 日,http://www.gov.cn/xinwen/2014 - 11/29/content_2784676.htm。

[3] 陆大道、王铮、封志明、曾刚、方创琳、董晓峰、刘盛和、贾绍凤、方一平、孟广文、邓祥征、叶超、曹广忠、杜宏茹、张华、马海涛、陈明星:《关于"胡焕庸线能否突破"的学术争鸣》,载于《地理研究》2016年第5期,第805~824页。

[4] 戚伟、刘盛和、赵美风:《"胡焕庸线"的稳定性及其两侧人口集疏模式差异》,载于《地理学报》2015年第4期,第551~566页。

等国家或地区的发展模式就是很好的例证。因此,在推进新型城镇化的过程中不能试图去打破"胡焕庸线"这个客观规律,而是要认识这个规律,利用这个规律进行创新发展。在"一带一路"战略的引领下,以人为核心,进行人口、城镇和产业的合理布局,注重西部地区城镇化的质量,真正能让西部人民也分享到城镇化、现代化带来的红利。

(二) 协调方向

城镇化是一个关乎经济社会各方面的复杂系统工程,必须协调推进。习近平总书记(2014)曾指出,我们现在搞城镇化,不能单兵突进,而是要协同作战,做到工业化和城镇化良性互动、城镇化和农业现代化相互协调;推动大中小城市和小城镇协调发展。[1] 当前,破解中国城镇化所面临的问题,全面提高城镇化质量,推进新型城镇化健康发展需要统筹协调各方面的资源,形成发展合力。前面论述已经指出,新型城镇化中协调发展的方面众多,本书认为重点应该把握以下几个方面。

1. 城乡协调发展,实现城乡一体化。第三章对中国城镇化质量的测评分析可知,城乡发展不平衡是影响城镇化质量的主要原因,第四章对中国城镇化面临的问题分析可知,城乡差距过大是城镇化发展的主要"短板"。因此,推进城乡协调发展是中国新型城镇化道路的重要指向。一是城乡经济协调发展。建立城乡产业分工和协作体系,坚持以城带乡,完善利益联结机制,促进农业、工业和服务业产业链延伸,逐步完善城乡统一的要素市场,破除城乡二元经济结构;二是城乡社会协调发展。在户籍、社保、教育、医疗、就业等方面,建立城乡均衡发展的体制机制,破除城乡二元社会结构;三是城镇化与新农村建设协调并

---

[1] 辛向阳:《指导新型城镇化发展的战略思想——学习习近平同志关于新型城镇化重要讲话中的哲学思想》,载于《北京日报》,2014年5月26日,第17版。

举。在加快城镇棚户区、城中村和危房改造,城市综合交通网络和地下管网改造工程建设,海绵城市建设,提升城镇公共服务水平的同时,要通过优化投融资模式,加大对农村的道路、供水、污水垃圾处理、供电、电信等基础设施的建设投资力度,全面提高农村基础设施建设和管理水平,建设美丽乡村。①

2. 城市之间协调发展,实现城市群发展效应。每个地方的城镇化都不是孤立的,而是与周边地区的城镇化紧密相连,在新型城镇化中要特别注重大城市与小城镇间的协调关系,走以城市群为主的"集中—均衡"的城镇化道路。② 理想的城镇化模式是以"大带小,大中小城市及小城镇协调发展"的城镇化道路,以此形成功能互补、产业互济的城市群,各城市间可以共享公共品设施,互补城市功能,有利于节约资源,降低城镇化的成本。③ 城市群应作为城市之间合理分工、功能互补、协同发展的主体形态,根据各区域资源环境承载能力构建科学合理的城市群宏观布局。④ 特别是京津冀城市群,党中央提出设立雄安新区战略,将为人口经济密集地区优化开发新模式、调整优化京津冀城市布局和空间结构等方面进行探索创新,这也必将会丰富和完善中国新型城镇化道路。

张冀(2011)⑤ 通过调查研究表明,"当前愿意落户的农民工更希望在大城市落户,中小城市吸引力普遍较弱。"造成这种状况最主要的原因是中小城市和小城镇就业机会和公共资源相对

---

① 《"十三五"规划纲要(全文)》,新华网,2016年3月18日,http://sh.xinhuanet.com/2016 - 03/18/c_135200400_8.htm。
② 蔡继明:《优化国土空间开发格局与大中小城市协调发展》,载于《区域经济评论》2015年第5期,第5~10页。
③ 马晓河:《中国应走"以大带小,大中小城市协调发展"的城市化道路》,载于《农村经济》2004年第10期,第1~2页。
④ 中国城市群空间分布示意图。(参见《"十三五"规划纲要(全文)》图3,新华网,2016年3月18日,http://sh.xinhuanet.com/2016 - 03/18/c_135200400_8.htm。)
⑤ 张翼:《农民工"进城落户"意愿与中国城镇化道路的选择》,载于《中国人口科学》2011年第2期,第14~28页。

不足。因此，新型城镇化过程中要通过产业转移、政策引导等措施逐步加大对县级城市和小城镇发展的支持力度，缓解大城市发展的压力（见表6-5）。这里要特别指出，中小城市和小城镇的发展对中国新型城镇化道路具有非常特殊且重要的意义。中国农村的发展，本质上也是一个工业化的过程，这个工业化并非就是在广大农村都办工厂，而是通过小城镇将工业和城市文明扩散到乡村中去。费孝通（1998）曾指出，在城镇化的过程中小城镇就好比"农村人口的蓄水池"，小城镇的发展可以认为是中国在世界上走出的一条独特的城镇化道路。①

表6-5　　　　　　　　县级城市和镇基础设施提升工程

项目	主要措施及目标	备注
公共供水	加强供水设施建设，实现县城和重点镇公共供水普及率85%以上。	
污水处理	因地制宜建设集中污水处理厂或分散型生态处理设施，使所有县城和重点镇具备污水处理能力，实现县城污水处理率达85%左右、重点镇达70%左右。	
垃圾处理	实现县城具备垃圾无害化处理能力，按照以城带乡模式推进重点镇垃圾无害化处理，重点建设垃圾收集、转运设施，实现重点镇垃圾收集、转运全覆盖。	
道路交通	统筹城乡交通一体化发展，县城基本实现高等级公路连通，重点镇积极发展公共交通。	
燃气供热	加快城镇天然气（含煤层气等）管网、液化天然气（压缩天然气）站、集中供热等设施建设，因地制宜发展大中型沼气、生物质燃气和地热能，县城逐步推进燃气替代生活燃煤，北方地区县城和重点镇集中供热水平明显提高。	

---

① 费孝通：《我看到的中国农村工业化和城市化道路》，载于《浙江社会科学》1998年第4期，第3~6页。

第六章 策略：中国新型城镇化的路径

续表

项目	主要措施及目标	备注
分布式能源	城镇建设和改造要优先采用分布式能源，资源丰富地区的城镇新能源和可再生能源消费比重显著提高。鼓励条件适宜地区大力促进可再生能源建筑应用。	

资料来源：作者根据《国家新型城镇化规划（2014~2020 年）》整理。

3. 物质与精神的城镇化相协调，实现人的全面城镇化。农村转移人口到城镇安家落户仅仅是实现了物质上的城镇化，要让他们真正能融入城镇社会，还需要注重精神上的城镇化。当前，随着城镇化水平的提高，城市基础设施和公共服务日益完善，"精神"城镇化成了制约我国城市质量进一步提升的主要"短板"。[①] 除了前面指出的文化创新，政府、企业和社会团体等还应积极搭建服务平台，帮助城镇新市民快速适应现代城市的生活方式、思维方式、价值观以及行为规范等，使其快速融入城市。

4. 市场机制与政府调控相协调，完善"市场主导+政府引导"的城镇化模式。长期以来，在中国城镇化过程中，政府是经营和运行城市的第一主力，市场的力量相对发挥不足。[②] 在新型城镇化过程中应理顺市场和政府的关系，充分发挥市场机制的作用。政府要继续深化改革，开展"自我革命"，转变自身职能，从"管理型政府"逐步向"服务型政府"的转变，从而进一步激发市场优化配置资源的活力，提高城镇化的效率和质量。同时，还应指出在新型城镇化过程中既要防止市场失灵，更要避免政府失灵。一方面，"市场主导"需要一个有效的市场，建立统

[①] 李刚：《推进城镇化不可丢了"精神"》，载于《光明日报》2016 年 11 月 24 日，第 16 版。

[②] 李强、陈宇琳、刘精明：《中国城镇化"推进模式"研究》，载于《中国社会科学》2012 年第 7 期，第 82~102 页。

一开放、竞争有序的市场体系是推进新型城镇化的一项基础性任务;另一方面,"政府引导"需要一个有为的政府,核心是通过"简政放权、放管结合、优化服务",转变政府职能,管住那只"闲不住的手"。① 政府要从"行政干预过多"向"让市场发挥决定作用"转变,从"与民争利"向"公共利益管理和服务"转变。

(三)绿色方向

《2016世界城市状况报告(The World Cities Report)》② 主题是"城镇化与发展:新兴未来(Urbanization and Development: Emerging Futures)",该报告指出,目前排名前600位的主要城市中居住着1/5的世界人口,对全球国内生产总值的贡献高达60%。如果不进行适当的规划和管理,迅速的城镇化会导致不平等、贫民窟和气候变化灾难性影响的增长,应通过一个全新的城市议程进一步释放城镇的变革力量,推进可持续的城市发展。生态环境是人类生存最基础的系统与要素群,基于生态文明对城镇化的发展目标、速度、路径和强度等进行调控,是保证新型城镇化科学性的根本举措之一。③ 将绿色发展理念全面融入新型城镇化,构建绿色生产方式、生活方式和消费模式,加快绿色生态城镇建设(见表6-6)。

---

① 付聪:《李克强再谈清理职业资格:政府要管住那只"闲不住的手"》,中华人民共和国中央人民政府网,2017年5月24日,http://www.gov.cn/premier/2017-05/24/content_5196545.htm。
② 联合国人居署(UN-HABITAT):https://unhabitat.org/books/world-cities-report/。
③ 沈清基:《论基于生态文明的新型城镇化》,载于《城市规划学刊》2013年第1期,第29~36页。

表 6-6 绿色生态城镇建设重点

项目	主要措施及目标	备注
绿色能源	推进新能源示范城市建设和智能微电网示范工程建设，依托新能源示范城市建设分布式光伏发电示范区。在北方地区城镇开展风电清洁供暖示范工程。选择部分县城开展可再生能源热利用示范工程，加强绿色能源县建设。推动分布式太阳能、风能、生物质能、地热能多元化规模化应用和工业余热供暖，推进既有建筑供热计量和节能改造。	
绿色建筑	推进既有建筑供热计量和节能改造，基本完成北方采暖地区居住建筑供热计量和节能改造，积极推进夏热冬冷地区建筑节能改造和公共建筑节能改造。逐步提高新建建筑能效水平，严格执行节能标准。积极推进建筑工业化、标准化，提高住宅工业化比例。政府投资的公益性建筑、保障性住房和大型公共建筑全面执行绿色建筑标准和认证，积极推广应用绿色新型建材、装配式建筑和钢结构建筑。	
绿色交通	加快发展新能源、小排量等环保型汽车，加快充电站、充电桩、加气站等配套设施建设，加强步行和自行车等慢行交通系统建设，积极推进混合动力、纯电动、天然气等新能源和清洁燃料车辆在公共交通行业的示范应用。推进机场、车站、码头节能节水改造，推广使用太阳能等可再生能源。继续严格实行运营车辆燃料消耗量准入制度，到 2020 年淘汰全部黄标车。	
产业园区循环化改造	以国家级和省级产业园区为重点，推进循环化改造，实现土地集约利用、废物交换利用、能量梯级利用，废水循环利用和污染物集中处理。	
城市环境综合整治	实施清洁空气工程，强化大气污染综合防治，明显改善城市空气质量；实施安全饮用水工程，治理地表水、地下水，实现水质、水量双保障；开展存量生活垃圾治理工作，加强垃圾处理设施建设，基本建立建筑垃圾、餐厨废弃物、园林废弃物等回收和再生利用体系；实施重金属污染防治工程，推进重点地区污染场地和土壤修复治理。实施森林、湿地保护与修复。	

续表

项目	主要措施及目标	备注
绿色新生活行动	在衣食住行游等方面，加快向简约适度、绿色低碳、文明节约方式转变。培育生态文化，引导绿色消费，推广节能环保型汽车、节能省地型住宅。健全城市废旧商品回收体系和餐厨废弃物资源化利用体系，减少使用一次性产品，抑制商品过度包装。	

资料来源：作者根据《国家新型城镇化规划（2014~2020年）》和《国务院关于深入推进新型城镇化建设的若干意见》整理。

1. 推行绿色城镇化，必须规划先行。做好城镇整体发展规划，建立健全"多规合一"机制，将生态环境保护列入规划的约束范围之内，更好地发挥规划对城镇化绿色发展的引领作用。"三分规划，七分管理。"要加强城市规划建设管理，实现一张蓝图干到底。①

2. 大力发展绿色产业。高消耗、高排放、高污染的粗放型产业发展给中国城镇化带来了日益严峻的生态环境问题，城镇化发展方式转变需要产业转型升级支撑，构造城市产业新体系，大力发展绿色产业是必然选择。当前，加快产业结构转型升级，提高居民收入的同时，应着力构建生态、低碳和高效的产业体系，将环境保护与产业结构转型升级有机融合起来。一是加快淘汰高污染的落户产能。按照国家相关规定和标准，从严淘汰污染严重的企业和产能，同时，对"三高"工业项目按照行业准入条件严格把关。二是培育壮大绿色新兴产业。以节能环保、新能源、新材料、新能源汽车等新兴产业为主导，积极培育发展绿色新兴产业。三是加快发展绿色服务业。相对于工业，服务业污染排放

---

① 《中共中央国务院关于进一步加强城市规划建设管理工作的若干意见》，载于《人民日报》2016年2月22日，第6版。

少,从产业发展的角度,大力发展现代服务业是绿色发展的必然选择。但是,服务业并非是完全零污染的绿色产业,因此在大力发展现代服务业的同时,也应该加快服务业的绿色化改造升级。四是积极发展大循环经济。产业布局和城市布局相协调,依托各级城市产业园区,延伸上下游产业链,推进循环经济从企业内部资源高效循环利用的模式的"小循环"向企业之间资源循环利用耦合模式的"中循环",以及建立循环型社会模式的"大循环"转变。[1]

3. 打造绿色城市运营方案。重点是加大生态基础设施建设,开发绿色能源,推广绿色建筑,发展绿色交通,宣传绿色生产、生活方式。一是开发利用绿色能源。总体上减少能源消耗,提高能源的利用率,扩大非化石能源的开发利用。[2] 二是推广绿色建筑。建筑是城镇化的物质载体,推广绿色建筑是实现新型城镇化绿色发展的重要体现方式。当前,推广绿色建筑的关键是在大力发展绿色建筑技术和建立健全绿色建筑标准体系的基础上,加强绿色建筑的综合监管。三是发展绿色交通。2015 年中国民用和私人汽车拥有量分别为 16 284.45 万辆和 14 099.10 万辆,平均不到 10 个人就有 1 辆私家车。[3] 当前,城市交通拥堵和雾霾天气已经给很多城市的居民工作和生活带来严重的负面影响,加快发展绿色交通越来越受到社会各界的重视。一方面要优化完善城市公共交通体系,建立以公共交通为主的城市客运体系。同时加强自行车专用道和步行道等城市慢行系统建设,增强绿色出行的吸

---

[1] 张燕:《绿色城镇化战略理论与实践》,社会科学文献出版社 2015 年版,第 192~193 页。

[2] 化石能源是指上古时期遗留下来的动植物的遗骸在地层下经过上万年的演变形成的能源,主要包括煤(植物化石转化)、石油(动物体转化)、天然气及其制成品。非化石能源是指非煤炭、石油、天然气等经长时间地质变化形成,只供一次性使用的能源类型外的能源,主要包括核能、风能、太阳能、水能、生物质能、地热能、海洋能等可再生能源。

[3] 资料来源:国家统计局年度数据,http://data.stats.gov.cn/easyquery.htm?cn=C01。

引力。另一方面,积极鼓励和支持使用绿色交通工具出行。比如,共享单车、电动车、新能源汽车等。

4. 加强城市生态环境建设和污染防治。城镇化必然伴随着对生态环境的影响和破坏,很多影响都是不可逆的。因此,加强城市生态环境建设和污染防治是新型城镇化实现绿色发展的必然选择。一方面,按照新型城镇化绿色发展的总体要求,加强生态环境预警监测能力建设。特别是要健全对水污染防治责任追究制度,以及大工业废气、城市扬尘和机动车污染的监测力度;另一方面,对长期以来粗放式城镇化所导致的城市生态系统破坏和环境污染等问题,需要加大生态建设和综合治理工作。重点突出城市生态功能区和生态空间建设,对城市湿地、公园、生态廊道、各类绿化带等生态支撑斑块实施修复、建设和维护,同时加大环境污染治理力度,全力推进大气、水、土壤污染防治。

5. 打造绿色生态城市发展理念,通过规制、宣传、示范等手段,大众参与、人人行动,培养公众的环境保护意识和绿色消费意识。一是通过大循环经济和绿色服务业,引导人们转变生产和消费方式,树立绿色循环低碳理念。二是完善配套设施,推进绿色生活社区建设。比如,社区绿化体系建设,太阳能热水技术推广,废旧物品回收体系建设,生活垃圾分类回收,等等。三是加强政策引导,鼓励居民积极参与,消费绿色产品和服务,形成低碳、绿色生活风尚。

(四) 融合方向

从历史上看,城镇化本身就是一个不断融合的过程,新型城镇化要走科学的融合发展之路。随着时代的发展,城镇化融合发展的内容不断在改变,多元融合发展模式必将成为未来城镇化的总体趋势与方向。本书认为在推进新型城镇化的过程中,主要应该注重以下几方面的融合。

1. 产业发展和新型城镇化的融合,即"产城融合"。产业是城市发展的基础,城市是产业发展的载体,只有将产业的发展和新型城镇化有机融合起来,城市合理布局产业功能与城市功能,才能实现各自的良性发展。本书认为推动产城融合,在加快构建城市产业新体系的同时,应将城市综合承载能力和公共服务能力的提升放在突出位置,由第五章的分析可知,2008年之前中国工业化率之所以长期高于城镇化率,很大程度上是因为城镇的基本公共服务相对滞后,阻碍了城镇化的进程。同时,积极探索城市产业转型升级与城市功能提升相融合,强化产业发展的主体功能导向与城镇空间布局导向。

2. 信息化和新型城镇化的融合。当前,信息技术已经融入人类社会生活的方方面面,推动移动互联网、云计算、大数据、物联网等新一代信息技术在城镇化中的创新应用,比如,建设智慧城市、促进城乡区域均衡发展、提升城镇公共服务能力等,将成为未来新型城镇化发展的主要特征。2016年中国计算机、通信和其他电子设备制造业增长10.0%,增速在规模以上工业中位列第二位;电信业务总量35 948亿元,比2015年增长54.2%;软件和信息技术服务业完成软件业务收入48 511亿元,比2015年增长14.9%;固定互联网宽带接入用户29 721万户,比2015年增加3 774万户,移动宽带用户94 075万户,比2015年增加23 464万户;移动电话普及率上升至96.2部/百人,移动互联网接入流量93.6亿G,比2015年增长123.7%;互联网上网人数7.31亿人,比2015年增加4 299万人,其中手机上网人数6.95亿人,增加7 550万人,互联网普及率达到53.2%。[①] 以上的数据表明,中国信息产业快速发展,为信息化和新型城镇化的融合发展奠定了技术基础。因此,应将信息技术更好地融入新

---

① 资料来源:国家统计局:《2016年国民经济和社会发展统计公报》,国家统计局网,2017年2月28日,http://www.stats.gov.cn/tjsj/zxfb/201702/t20170228_1467424.html。

型城镇化发展的各个环节,全面提升城乡规划、城镇建设、城市运营管理的综合能力和水平。

3. 文化融合。除了前文已经阐述的文化创新和物质与精神的城镇化相协调的问题,本书认为还要注重城乡文化的融合发展。将精神文明建设融入到新型城镇化的整个过程之中,既要注重城市和乡村文化生活的繁荣和发展,又要注重城市和乡村文化的衔接与互动。城乡文化融合不仅能传承和繁荣中华优秀传统文化,还能为农村转移人口市民化提供必要的精神依托与黏合剂。

4. 生态文明与新型城镇化融合。习近平总书记(2013)① 指出,新型城镇化应"让城市融入大自然,让居民望得见山、看得见水、记得住乡愁"。前文已经分析了新型城镇化的绿色发展,这里提出生态文明与新型城镇化融合发展,主要是强调将生态文明建设融入城镇化的全过程,推进可持续的新型城镇化道路。当前,中国作为发展中国家经济社会发展与生态环境矛盾非常突出,生态文明建设不能矫枉过正,要创新城镇化的发展模式,以新型城镇化为载体推进生态文明建设。"绿水青山就是金山银山",联合国环境署(2011)② 的研究表明,生态环境保护不是经济发展的障碍,而是经济发展的动力,政府要通过政策措施为绿色产业投资提供有利条件。于立(2016)③ 认为资源利用效率低下是污染产生的主要原因,技术和知识的创新和转型,整个社会的共同参与是实现城镇化可持续发展的关键方法。本书认为生态文明与城镇化融合是新型城镇化的发展方向,需要政府、企业和个人共同参与,改变体制机制、生产经营方式、生活及思维方

---

① 《2013年中央城镇化工作会议》,人民网,2013年12月15日,http://politics.people.com.cn/n/2013/1215/c1024 - 23842026.html。

② UNEP, *Towards a Green Economy: Pathways to Sustainable Development and Poverty Eradication: A Synthesis for Policy Makers.* http://www.unep.org/greeneconomy/GreenEconomy Report/tabid/29846.

③ 于立:《"生态文明"与新型城镇化的思考和理论探索》,载于《城市发展研究》2016年第1期,第19~26页。

式等。

5. 对内和对外开放相融合。改革开放以来,中国经济已深深融入世界经济体系之中,中国发展离不开世界,世界的繁荣发展也离不开中国。中国的城镇化离不开这一大背景,只有开放发展经济才有活力,新型城镇化才有动力。中国东部沿海地区开放时间早、开放程度高,经济发达,城镇化水平相对较高就是最好的例证。因此,推进新型城镇化必须注重对内和对外开放的融合发展,主动顺应经济全球化潮流,坚持对外开放,在更大范围、更宽领域、更深层次上提高开放型经济水平。一方面,逐步扩大对外开放领域和范围,提高开放水平。比如,应加快取消部分制造业和服务业外资准入限制,推进高端制造、智能制造、绿色制造业,以及电信、文化教育、交通运输等服务业领域的有序开放;支持外资依法以特许经营的方式参与城镇化基础设施建设。同时,还要积极走出去,开拓国际市场,将新型城镇化发展积极融入"一带一路"建设,培育区域开放合作竞争新优势,打造扩大开放新高地和对外合作新平台。对外开放的地区不应仅限于大城市和沿海城镇,还有向内地中小城市延伸,特别是边境小城镇,可以通过建设国际贸易物流节点和加工基地为依托,加快新型城镇化建设步伐。[1] 另一方面,对内要全方位开放,打破地区和城乡之间的阻隔。一般地,谈到开放发展人们都会想到对外开放,而忽视了对内开放,长期存在的城市行政管理等级体制和城乡二元结构体制已经严重扭曲了人们对"对内开放"的认识。康永超(2015)[2] 提出新型城镇化应走双向城镇化道路,即"通

---

[1] 重点建设的陆路边境口岸城镇(共38个):面向东北亚(16个):丹东、集安、临江、长白、和龙、图们、珲春、黑河、绥芬河、抚远、同江、东宁、满洲里、二连浩特、甘其毛都、策克;面向中亚西亚(6个):喀什、霍尔果斯、伊宁、博乐、阿拉山口、塔城;面向东南亚(11个):东兴、凭祥、宁明、龙州、大新、靖西、那坡、瑞丽、磨憨、畹町、河口;面向南亚(5个):樟木、吉隆、亚东、普兰、日屋。

[2] 康永超:《以城乡双向开放理念推进新型城镇化建设》,载于《宏观经济管理》2015年第10期,第46~48页。

过城乡双向开放和城乡要素的双向流动，促进大中小城市和小城镇协调发展，使包括广大农民工及其家庭成员在内具有不同经济实力的各阶层群众能自主通过相对应的城镇化通道，以就近为主的方式实现在城镇的就业和家庭式迁居从而完成市民化。"事实上，当前中国城镇化过程中对内开放的问题非常突出。一是"隐性"和"显性"的地区贸易壁垒现象普遍存在。对内开放就是减少国内各地区间贸易壁垒，降低地区贸易成本。① 二是优势资源和生产要素由乡村、小城镇、小城市向中等城市、大城市、特大城市和超大城市聚集，而返乡回流的极少，"农民进城难与城市人下乡难"并存。城乡一体化发展的前提是城乡之间实现生产要素双向流动，不仅是农村要素流入城市，城市优势资源也要向农村流动。三是要素市场开发程度不高。相对于产品市场而言，当前要素市场的准入门槛还很高，这在一定程度上制约了市场在资源配置中决定性作用的发挥。应加快降低能源、电力、金融等行业的进入门槛，让各种性质的资本依法进入，加强市场竞争、提升行业效率。

6. 公私合伙，即 PPP 模式。资金不足是当前推进新型城镇化的突出困难，实践证明 PPP 模式可以提高社会公共产品的供给效率，引入社会资本参与新型城镇化和社会主体参与城市运营具有重要的现实价值。② 社会力量参与城镇化，融合"自上而下"和"自下而上"两种模式的优势，防止侵害城乡居民权益的"被城镇化"。③ 正如前述分析指出，推进城镇化资金保障机制改革和创新，关键是需要建立一种引导社会资本投入的有效机制，PPP 模式是一种比较理想的方式。PPP 项目一般周期较长，政府

---

① 余淼杰、王宾骆：《对外改革，对内开放，促进产业升级》，载于《国际经济评论》2014 年第 2 期，第 49~60 页。
② 简新华、罗钜钧、黄锟：《中国城镇化的质量问题和健康发展》，载于《当代财经》2013 年第 9 期，第 5~16 页。
③ 李强、陈宇琳、刘精明：《中国城镇化"推进模式"研究》，载于《中国社会科学》2012 年第 7 期，第 82~102 页。

要主动承担主体责任，引入市场机制，并确保通过 PPP 模式提供的公共产品的运营风险有监控。当前，PPP 模式在中国仍处于探索发展阶段，借鉴国际经验，根据自己的国情和发展阶段，建立健全各种相关法律制度，鼓励各类型企业主动承担社会责任，广泛参与新型城镇化建设，因地制宜在实践中探索适合中国的 PPP 模式。

四、中国新型城镇化的"路型"

新型城镇化的"路基"和"路标"虽然相同，但是并不代表全国各地要走相同的城镇化路径，相反要走"多元新型城镇化"之路，即新型城镇化的"路型"是多样的。正如习近平总书记（2015）所强调，"农民工市民化，大中小城市有不同要求，要明确工作重点。推进城镇化并不是搞成城乡一律化。"①"鼓励各地因地制宜、突出特色、大胆创新"。② 从第一章对典型国家的城镇化分析可知，各国的城镇化道路不尽相同。中国地域辽阔，各地区的自然地理条件、历史文化传统以及经济社会发展水平均存在较大差别，走"多元新型城镇化"之路是中国的必然选择。针对不同的地区、处于不同发展阶段的城镇，要因地制宜，科学的实施差异化的城镇化策略。③ 从宏观上看，本书认为一个地区在设计新型城镇化"路型"时，应至少考虑以下几个因素。

---

① 习近平：《真抓实干主动作为形成合力确保中央重大经济决策落地见效》，新华网，2015 年 2 月 10 日，http://news.xinhuanet.com/politics/2015-02/10/c_1114323910.htm。
② 《习近平对深入推进新型城镇化建设作出重要指示》，人民网，2016 年 2 月 23 日，http://politics.people.com.cn/n1/2016/0223/c1024-28144199.html。
③ 张占斌：《新型城镇化的战略意义和改革难题》，载于《国家行政学院学报》2013 年第 1 期，第 48~54 页。

(一) 地理区位[①]和资源禀赋

城镇化必然伴随着城镇规模的扩张,这需要足够的地域空间和自然资源做支撑。经济资源的集聚是市场发展的结果,而市场发展潜力的大小,也受城镇地理区位和资源禀赋的约束。一般地,在城镇化的诸多影响因素中,地理区位和资源禀赋是两个彼此不同的而又十分重要的因素。地理区位的差异是造成中国城镇化不均衡的重要原因,前面已经指出,中国的城镇化水平呈现明显的"东高西低"的分布。东部沿海城镇依托良好的地理区位条件,充分利用了改革开放的巨大"红利",借助国际产业分工带来的机遇,发展国际加工和制造贸易,推动中国成为"世界工厂"。经济的发展,带动了就业,大量的包括中西部地区在内农村转移人口涌向东部沿海经济发达的城镇,使其率先开启了加速城镇化的历程。相反,中西部地区的城镇由于地理区位的限制,外向型经济发展滞后,影响了经济发展水平,城镇化发展也相对比较缓慢,且表现出动力不足的状况。资源禀赋对城镇化的影响更为明显,中国城镇化历程中有许多因自然资源而建设发展起来的城市,比如,与丰富的石油资源相关的城市:黑龙江的大庆市、甘肃的玉门市、山东的东营市、辽宁的盘锦市、新疆的克拉玛依和库尔勒市、陕西的榆林市、河南的濮阳市等;与丰富的铁矿石资源相关的城市:四川的攀枝花市、安徽的马鞍山市、内蒙古的包头市、河北的唐山市、辽宁的鞍山和本溪市等;与丰富的煤炭资源相关的城市:辽宁的阜新市、河北的开滦市、山西的大同和晋城市、黑龙江的鸡西和鹤岗市、山东的兖州市、河南的平顶山市、贵州的六盘水市等。孙永平和叶初升(2011)[②] 研究表

[①] 这里的"地理区位"包括自然地理区位和人文地理区位,主要包括地理位置、地形地势、气候等,以及交通、基础设施、市场等。
[②] 孙永平、叶初升:《资源依赖、地理区位与城市经济增长》,载于《当代经济科学》2011年第1期,第114~123页。

明,地理区位与资源禀赋对经济增长的影响显著,距离重要港口城市和区域中心大城市越近,城市经济增长对自然资源的依赖越低,其经济增长越好,优越的地理区位能够减轻资源依赖导致的"资源诅咒"① 效应。本书认为一个地区或城市在推进城镇化过程中必须首先要考虑自身的地理位置、地形地势、交通条件、周围市场发展状况、自然资源和人文资源等因素,并充分挖掘自身的比较优势。特别应指出,对于资源型城市要注意避免经济发展过度依赖资源而引发"资源诅咒",因资源逐渐枯竭而导致经济危机。应该及早通过改造提升传统资源型产业,大力培养接续产业和特色产业,抓住机遇发展战略新兴产业,进而推动经济、社会、文化、生态等全方位转型发展。

习近平总书记(2013)指出,"要根据城市资源禀赋,发展各具特色的城市产业体系,强化城市间专业化分工协作,增强中小城市产业承接能力,特别是要着力提高服务业比重,增强城市创新能力。"② 因此,每个地区或城市要从自身的地理区位特点和资源禀赋条件出发,在比较优势的基础上选择新型城镇化之路。比如,东部沿海城市和中西部内陆城市,平原城市和山区城市,处在城市群中的城市和不在城市群中的城市,处在交通节点的城市和处在交通末梢的城市,资源型城市和资源贫乏的城市,新建城镇和历史文化名城等必定要设计不同的新型城镇化"路型"。

(二) 城市规模和经济实力

城市规模和城市聚集效应是城市经济学的核心理论,城市的聚集效应使得城市经济呈现规模经济递增的特点。一般地,规模

---

① "资源诅咒"(Resource Curse)是一种经济增长悖论,是指丰富的自然资源可能使经济发展过度依赖资源,而陷入资源依赖型发展陷阱,使得经济发展无法持续。"资源诅咒"最早由 R. M. Auty(1993)提出。

② 《2013 年中央城镇化工作会议》,人民网,2013 年 12 月 15 日,http://politics.people.com.cn/n/2013/1215/c1024-23842026.html。

较大的城市可以为企业提供相对齐全的信息、技术、金融以及人力资源等经济资源,也可以为居民提供相对良好的基础设施和公共服务,从而产生较高的经济和社会效益。但同时,城市规模的扩大,致使其通勤、管理、公共服务、环境卫生等外部成本也会随之上升。王小鲁和夏小林(1999)[1]、金和亨德森(Au & Henderson,2006)[2] 分别通过中国的城市数据实证分析得出,城市的净聚集效应(或称净规模收益)与城市规模之间呈倒"U"型变化,即随着城市规模的扩大净聚集效应先是快速增加,达到峰值后会缓慢下降。因此,城市规模存在一个最优规模区间,这对新型城镇化"路型"的选择十分重要。当然,每个城市的最优规模也不是固定不变的,一般会随经济状况、产业结构、科技水平、管理水平以及人口素质等因素的变化而变化。同时应该指出,城市规模的调控,政府应该主动积极承担责任。由于城市的外部成本在很大程度上不用企业或个人独立承担,城市公共资源会吸引大量人口涌入,短时间内会使得城市过度膨胀而超过城市合理规模区间,从而引发"城市病"等问题。

一般地,单个城镇处在邻近城市组成的空间结构中,其规模收益会发生很大的改变。[3] 比如,长三角城市群中昆山、太仓、崇明和镇江等城镇经济活力强,吸引力大量的外来人口和资本聚集,城镇化水平高、速度快。而不在城市群中,且起点相似的城镇却没有获取如此快速发展的机会。这其中主要原因是位于城市群中的城镇,邻近经济发达的大城市,交通便利,获取经济资源的成本低,能够享受到城市群产业集群分工在城市间的溢出效应。事实上,中国全国"百强镇"超过90%(2016)均在长三

---

[1] 王小鲁、夏小林:《优化城市规模,推动经济增长》,载于《经济研究》1999年第9期,第22~29页。

[2] Au, C. and V. Henderson, *Are Chinese Cities too Small?*, Review of Economic Studies, Vol. 73, No. 2, 2006, pp. 549 – 576.

[3] 王小鲁:《中国城市化路径与城市规模的经济学分析》,载于《经济研究》2010年第10期,第20~32页。

角城市群和珠三角城市群中。城市群的协调发展，既可以加快小城镇的新型城镇化，也可以使超大城市构筑更科学合理的新型城镇化的"路型"。对于城市群中的超大城市（北京、上海、广州等）应适度控制规模扩张，在加强城市发展规划和城市管理的前提下，需要加强城市功能的疏导。当然超大城市功能疏导的方式很多，目前来看最关键的就是产业和功能的转移，通过将部分非核心产业和非主体功能转移到城市群其他城市；或者在超大城市周围规划建设新城（比如京津冀城市群的雄安新区）来承接其转移的产业和功能，优化城市群结构，减轻自身承载压力。

简言之，城市规模和经济综合实力决定了其基础设施水平、公共服务能力、综合承载能力等，经济发达地区的中心城市或大城市和周围中小城镇，经济欠发达地区的中心城市和周围中小城镇，必然要设计不同的新型城镇化"路型"。比如，当前经济发达地区和中心城市需要疏散人口，而经济欠发达地区中小城镇则需要集聚人口，等等。

（三）产业结构及优势

一般认为，产业结构与城镇化就如同一对"孪生兄弟"，产业结构的演进推动了城镇化发展，而城镇化水平的提高又支撑了产业结构演进。产业结构既包括为三次产业的比例，还包括各产业内部的结构。一方面，产业结构的高级化会推动城镇功能的转型，进而推动城镇化的发展；另一方面，产业内部结构的演进必然伴随各种生产要素的流动和重新配置，进而也会推动城镇化的发展。从产业发展的一般规律来看，城镇手工业的发展促进了纺织业等劳动密集型轻工业的发展，资本有机构成较低。随着科技的进步，钢铁、石化、煤炭等重工业逐渐成为城镇主导产业，并提高了工业的资本有机构成。伴随着产业结构继续演进服务业逐渐成为主导产业，特别是现代服务业的发展对人力资源等经济要素的要求逐渐提高。不同的产业结构对经济要素的要求也不尽相同，这将对城镇化产生重要影响。显然，从时间维度来看，产业结构的演进与城镇化的发展有长期的均衡关系；① 从空间维度来看，产业的空间分布与城镇化的空间特征紧密相联。② 因此，一个地区或城市的产业结构及优势对其城镇化有着重要的影响，根据不同的产业结构选择不同的城镇化模式，有利于提升城镇吸纳农村劳动力的能力，从而加快农村劳动力的转移进程。③

前面已经阐述产业繁荣发展是新型城镇化的"路基"，每一个城镇都有自己独特的产业结构及优势，因而每一个城镇的就业结构也不尽相同，新型城镇化的模式自然也应该不同。总体上看，中国产业结构呈现明显的东部地区高西部地区低、中心城市高周边城镇低的特征，每个地区要根据自身的产业结构和优势来设计新型城镇化的"路型"，城镇间要协调好产业升级和产业转移。比如，东部地区和中心城市要重点发展高技术产业和现代服务业，加快现有产业转型升级，淘汰落后产能，转移资源依赖型和劳动密集型产业；中西部地区和周边城镇要有选择的主动承接发达地区的产业转移，集中发展劳动密集型产业和资源深加工产业；等等。

（四）自身发展面临的问题

坚持问题导向是各地设计自身新型城镇化的"路型"所要遵循的原则，不同的地区在城镇化过程中存在的问题不尽相同，破解问题本身就是新型城镇化的重要组成部分。比如，资源型城市面临的资源枯竭问题，工业城市的生态环境问题，大城市的人口膨胀和"城市病"问题，中小城市产业集聚问题，部分三四

---

① 杨文举：《中国城镇化与产业结构关系的实证分析》，载于《经济经纬》2007年第1期，第84～87页。
② 易善策：《产业结构演进与城镇化》，社会科学文献出版社2013年版，第73～81页。
③ 曾湘泉、陈力闻、杨玉梅：《城镇化、产业结构与农村劳动力转移吸纳效率》，载于《中国人民大学学报》2013年第4期，第36～46页。

线城市房地产库存问题，小城镇特色发展问题，历史文明名城保护问题，等等。

这里根据国家发展和改革委员会公布的两批"国家新型城镇化综合试点方案"，[①] 列举几个地区在新型城镇化过程中应对自身发展面临的问题的例子。比如，四川省成都市作为超大城市（2014年全市常住人口1 442.75万人）面临人口膨胀和"大城市病"问题，通过创新"一城多市、科学分工"的城镇体系发展机制，探索推进8个卫星城（龙泉驿、温江、新都、青白江、郫县、双流、新津、都江堰）"独立成市"的发展模式；河北省威县作为城镇化率较低的地区（2014年常住人口城镇化率为31.5%），最主要的就是加快产业集聚，培育支柱产业。根据区位特点，积极建设京津冀产业承接基地是较好的选择；内蒙古自治区包头市作为资源型工业城市主要面临生态环境保护和钢铁、电力、铝业、稀土及装备制造等主导产业的转型升级的问题。强化创新发展的支撑能力，一方面通过制度创新治理生态环境问题，另一方面鼓励企业科技创新补齐产业发展的短板；山东省章丘市（2016年11月改为济南市章丘区）主要面临土地闲置低效和历史文化遗产保护与传承问题。通过制度创新，分门别类、因症施策，采取多种方式盘活低效闲置土地。加强城市风貌特色规划，建设富有地域文化元素的新城市，彰显章丘"古县名人、魅力泉城"的人文特色；湖北省松滋市作为资源枯竭型城市面临产业转型升级的问题，要通过培育接续替代产业，实现自身的产业全面转型升级；重庆市綦江区针对低效产业用地（主要是国有废弃仓库、废弃工矿区、废弃厂房等）、旧城用地（主要是城市和

[①] 国家发展和改革委员会：《中国新型城镇化综合试点总体实施方案》，国家发展和改革委员会网，2014年12月29日，http://www.sdpc.gov.cn/gzdt/201502/W020150204332605546365.pdf；国家发展和改革委员会：《第二批国家新型城镇化综合试点工作方案要点》，国家发展和改革委员会网，2015年11月16日，http://www.gov.cn/foot/2015-11/27/5017599/files/c067a9c26f7b4343a04188781edd30ec.pdf。

工矿棚户区)、农村闲置建设用地等问题,采取多种方式全面推进城镇低效用地再开发利用;广东省东莞市本地人口与外地人口倒挂现象突出(2013年常住人口831.7万人,户籍人口188.9万人,外来常住人口642.8万人),面对户籍人口城镇化率低的问题(2013年常住人口城镇化率88.75%,户籍人口城镇化率11.7%),要降低落户门槛,拓宽落户的现实通道;云南省大理市随着城镇化和旅游业的发展,发新型城镇化已面临生态环境的约束问题,探索生态环境治理和保护新机制是必然选择;宁夏回族自治区固原市是贫困地区、革命老区和少数民族聚居区,新型城镇化面临的主要就是产业聚集问题。应该主动承接东部地区的产业转移,加快发展能源产业和劳动密集型农产品加工业。事实上,每一个地区在新型城镇化过程中都会面临各种问题,只有直面问题、破解难题,才能真正提高城镇化质量。

第七章

结语：坚定走中国新型城镇化道路

中国道路是中国共产党带领全国人民开展革命、建设、改革的伟大实践，是全面建成小康社会、加快推进社会主义现代化、实现中华民族伟大复兴的必由之路。当前，中国道路正朝着"中国梦"的方向快速延伸。中国新型城镇化道路是中国道路的重要组成部分，是中国通往现代化的必经之路。本书认为，新型城镇化道路的实践不仅能让中国走向繁荣富强，让中国人民安居乐业、生活美好，同时对世界城镇化也具有十分重要的意义。

一、在实践中选择了新型城镇化道路

第二章回顾了中华人民共和国成立以来，中国城镇化走过的历程。从短暂的自然发展到严格的政府"抑制"，再到改革转型逐步放开，最终实现"市场主导+政府引导"下城镇化的全面开放发展。可以说，中国在创造了世界"经济发展奇迹"的同时，也创造了世界"城镇化奇迹"。特别是改革开放以来，中国经济年均增长 9.7%（1978~2016 年），[1] 占世界经济的比重由

---

[1] 资料来源：国家统计局年度数据，http://data.stats.gov.cn/easyquery.htm?cn=C01。经作者计算。

1978年的1.8%提高到2015年的15.5%,经济总量跃居世界第二位(2010),人均国民总收入(GNI)大幅增加,2016年已超过8 000美元。根据世界银行公布的收入分组标准①,中国自2010年已进入中等偏上收入国家行列,同时中国已累计让超过7亿人脱贫。② 经济快速增长的同时,中国的城镇化也经历了一个低起点、平稳快速的发展过程。城镇化年均增长率1.01%(1978~2016年),③ 平均每年约1 300万人从农村转移到了城镇,累计有超过5亿人口,相当于世界上所有发达国家城市人口总量的一半,规模超过了目前任何一个发达经济体人口总规模。从整体上分析,中国城镇化是推进社会主义市场经济改革,积极实施行政管理分权化,以及主动融入经济全球化等方面共同作用的结果。④ 在经济社会改革发展实践中,中国城镇化道路也在不断发生着变化。

第三章城镇化质量的测评表明,改革开放以来中国城镇化质量有了显著提高,1978~2015年城镇化质量指数由11.65增至84.50,38年增加了6.25倍,年均提高1.97。事实上,不仅客观评价表明中国的城镇化质量已显著提高,从变化率来看,城镇化质量已经"超过"城镇化水平。现实中,中国的城镇化已取得显著成效:城镇化水平持续提高,城镇体系不断完善。中国已基本形成以城市群为主体,大城市为中心,中小城市为骨干,小城镇为基础的多层次的大中小城市和小城镇协调发展的城镇体

---

① 人均GNI在12 736美元及以上的国家为高收入国家,4 126美元至12 735美元的为中等偏上收入国家,1 046~4 125美元的为中等偏下收入国家,1 045美元及以下的为低收入国家。
② 国家统计局:《国际地位显著提高国际影响力明显增强——十八大以来我国经济社会发展状况的国际比较》,国家统计局网,2016年3月9日,http://www.stats.gov.cn/tjsj/sjjd/201603/t20160309_1328611.html。
③ 资料来源:国家统计局年度数据,http://data.stats.gov.cn/easyquery.htm?cn=C01。经作者计算。
④ 《中国城镇化三十年》课题组:《中国城镇化三十年》,中国建筑工业出版社2016年版,第292~294页。

第七章 结语:坚定走中国新型城镇化道路

系;城市市政公用设施服务能力和供给能力增强。城市在水、电、路、气、信息网络等基础设施方面显著改善,教育、医疗、文化体育、公共交通、社会保障等公共服务水平明显提高,人均住宅、道路、公园绿地面积大幅增加;城乡居民生活水平全面提高。城镇化的快速推进,吸纳了大量农村劳动力转移就业,提高了城乡生产要素配置效率,推动了国民经济持续快速发展,带来了社会结构深刻变革,促进了城乡居民生活水平全面提升;中国城镇居民的整体素质和城市的文明程度也在持续提高,优秀传统文化保护和传承也取得了突破;中国已初步建立有利于城乡经济社会一体化发展的制度框架,新农村建设和新型城镇化统筹推进,城乡一体化发展势头良好;与此同时,在实践中科学的城镇化道路已经形成。中国城镇化质量的提高,在实践中也积累了许多成功的经验。比如,党中央的坚强领导为城镇化的顺利推进提供了坚强的政治保障;依据中国国情,向着"市场主导+政府引导"的城镇化模式,中国走了一条由"自上而下"向"自下而上"的方向渐进式改革的城镇化道路;城镇化是个不断调整生产关系的改革过程,坚持统筹规划和顶层设计,加强因地制宜和分类指导,用不断深化改革破解城镇化所面临的困难和挑战;"人"是城镇化的核心,城镇化质量增长快的时期,一定是更加注重人民权益的时期;尊重基层首创精神,地方政府不断探索创新城镇化的模式,也总结了很多城镇化成功的具体实践经验;等等。这些中国城镇化的成功经验为中国新型城镇化道路奠定了坚实的基础。

第四章对挑战的分析表明,中国城镇化快速发展过程中,也存在一些突出的矛盾和问题。比如,户籍管理、土地管理、社会保障制度等法律制度,以及财税金融、行政管理等体制机制不健全,阻碍了城镇化健康发展;长期粗放式城镇化,产业结构升级,以及农业现代化滞后减弱了城镇化的驱动力;大量农村转移人口难以融入城市社会,市民化进程滞后,"半城镇化"问题突出;"土地城镇化"快于人口城镇化,建设用地粗放低效,城乡建设缺乏特色;城乡二元结构的固化着已经形成的城乡利益失衡格局,阻碍着城乡发展一体化发展;农民工的权益没有得到充分保障,由劳资关系、征地拆迁等引发的社会矛盾整体增多;城镇空间分布和规模结构不合理,与资源环境承载能力不匹配,城市管理服务水平不高,"城市病"问题日益突出;生态环境问题严重,自然历史文化遗产保护不力。虽然以上这些问题阻碍了城镇化质量的提升,但分析城镇化过程中存在的问题并非是对城镇化质量的否定,而是中国新型城镇化道路的重要组成部分。坚持问题导向,正确认识中国城镇化存在的问题,是确定新型城镇化主要任务进而确定新型城镇化路径的前提和基础。

中国新型城镇化道路并非是一开始就被谋划和设计好的,而是在中国城镇化实践中不断探索和选择的结果。在中国共产党的领导下,在中国城镇化的历程中,向着中国道路的方向,总结中国城镇化的实践经验,直面中国城镇化的现实挑战,借鉴世界各国城镇化经验和教训,顺应发展规律,因势利导,趋利避害,中国主动选择了新型城镇化道路。

二、在实践中不断完善新型城镇化道路

第五章分析了新型城镇化的内涵、现实基础、主要任务以及可能产生的误解。在马克思主义政治经济学的视角下,新型城镇化是以进一步解放和发展社会生产力为基础,以人民的权益为核心,通过综合创新、协调、绿色和融合的发展模式,不断破解中国城镇化所面临难题和提高城镇化质量的改革过程。中国新型城镇化道路所包含的内容极其丰富,尽管我们已经清晰的界定了新型城镇化的内涵,但新型城镇化道路仍需要在实践中不断完善。从现有的认识来看,城镇化是工业化、信息化和农业现代化的载

体和平台,是经济社会发展的强大引擎。中国新型城镇化道路主要是依据以往的城镇化实践中所积累的经验,在城镇化的现实基础上,针对当前城镇化实践中所面临的主要问题提出的。毫无疑问,这是一条区别于中国以往城镇化,以及区别于世界其他国家一般的城镇化,是赋有新历史使命的中国特色城镇化之路。中国新型城镇化道路如何才能走好?没有现成的答案,只有坚定深化改革,在城镇化实践中不断纠偏才能走通中国新型城镇化道路。①

　　第六章分析了新型城镇化的路径。"路基"、"路标"和"路型"本质上新型城镇化的实践基础、前进方向和具体方案的指南,也只有在新型城镇化的实践中才能不断夯实"路基",沿着"路标"指向,因地制宜地提高本地的城镇化质量。政府是新型城镇化的"施力者"之一,政府通过不断地转变自身职能,为新型城镇化供给法律、制度和政策,创造良好的制度环境,促进新型城镇化战略的稳步推进。显然,不论是户籍制度、土地管理制度以及城镇化资金保障机制的改革问题,还是城镇住房制度、生态环境保护制度以及城乡公共服务均等化政策的改革问题,都需要各级政府在实践中不断探索创新;市场在资源配置中发挥决定性作用,更好地发挥政府的作用,是新型城镇化道路的改革方向。政府如何不断推进市场机制完善,让市场机制和社会力量在新型城镇化道路上发挥更大作用,没有经验可循,必须在实践中探索创新;在城镇化进程中,"三农"处于弱势地位,解决"三农"问题实现城乡协同发展需要政府的政策导向。如何进一步增强以工促农、以城带乡能力,加快农村经济社会发展,也需要在实践中探索创新。总之,中国新型城镇化道路是一个发展过程,只有沿着新型城镇化的路径大胆探索与实践,才能不断完善中国新型城镇化道路。

---

① 李国祥:《中国为什么要走新型城镇化道路》,载于《上海证券报》2013年2月27日,第A07版。

2012年12月，党的十八大之后中央经济工作会议首次提出了新型城镇化道路，新型城镇化道路作为一个概念成为社会关注的"热词"。2013年11月，党的十八届三中全会通过的《中共中央关于全面深化改革若干重大问题的决定》提出，"坚持走中国特色新型城镇化道路，推进以人为核心的城镇化，推动大中小城市和小城镇协调发展、产业和城镇融合发展，促进城镇化和新农村建设协调推进。优化城市空间结构和管理格局，增强城市综合承载能力。推进城市建设管理创新，允许社会资本通过特许经营等方式参与城市基础设施投资和运营。推进农业转移人口市民化，逐步把符合条件的农业转移人口转为城镇居民，稳步推进城镇基本公共服务常住人口全覆盖，从严合理供给城市建设用地，提高城市土地利用率。"① 这为中国如何推进新型城镇化指明了方向。在此基础上，2014年3月，国务院发布的《国家新型城镇化规划（2014~2020年）》② 明确了新型城镇化的主要目标，以及有序推进农业转移人口市民化，优化城镇化布局和形态，提高城市可持续发展能力，推动城乡发展一体化和改革完善城镇化发展体制机制共5项战略任务，为新型城镇化道路制定了宏观性和基础性规划。2014年4月，国家发展和改革改委员会发布了《国家新型城镇化综合试点总体实施方案》，首批在江苏、安徽两省和宁波等62个城市（镇）开展试点。试点的主要任务是：建立农业转移人口市民化成本分担机制，建立多元化可持续的城镇化投融资机制，改革完善农村宅基地制度，探索建立行政管理

---

① 中共中央:《中共中央关于全面深化改革若干重大问题的决定》，新华网，2013年11月15日，http://news.xinhuanet.com/politics/2013-11/15/c_118164235.htm。
② 中共中央，国务院:《国家新型城镇化规划（2014~2020年）》，中华人民共和国中央人民政府网，2014年3月16日，http://www.gov.cn/gongbao/content/2014/content_2644805.htm。

第七章 结语:坚定走中国新型城镇化道路

创新和行政成本降低的新型管理模式,综合推进体制机制改革创新。① 通过试点探索创新可推广的经验和模式,在实践中完善新型城镇化道路。2015 年 11 月又公布了国家新型城镇化第二批(59 个)综合试点工作方案。② 为总结推广各地区行之有效的经验,深入推进新型城镇化建设,2016 年 2 月,国务院发布了《国务院关于深入推进新型城镇化建设的若干意见》(简称《意见》)。《意见》指出,"按照'五位一体'总体布局和'四个全面'战略布局,牢固树立创新、协调、绿色、开放、共享的发展理念,坚持走以人为本、四化同步、优化布局、生态文明、文化传承的中国特色新型城镇化道路,以人的城镇化为核心,以提高质量为关键,以体制机制改革为动力,紧紧围绕新型城镇化目标任务,加快推进户籍制度改革,提升城市综合承载能力,制定完善土地、财政、投融资等配套政策,充分释放新型城镇化蕴藏的巨大内需潜力,为经济持续健康发展提供持久强劲动力。"③《意见》还提出重点推进农业转移人口市民化,全面提升城市功能,加快培育中小城市和特色小城镇,辐射带动新农村建设,完善土地利用机制,创新投融资机制,完善城镇住房制度,新型城镇化综合试点,以及健全新型城镇化工作推进机制共 9 项重点工作。通过梳理与新型城镇化道路相关的重要政策性文献不难发现,新型城镇化道路正在随着实践的发展不断丰富和完善,这既是中国新型城镇化道路的自身客观要求,也是其科学性和生命力的重要体现。习近平总书记(2016)强调,"党的十八大以来,党中央

---

① 国家发展和改革委员会:《中国新型城镇化综合试点总体实施方案》,国家发展和改革委员会网,2014 年 12 月 29 日,http://www.sdpc.gov.cn/gzdt/201502/W020150204332605546365.pdf。
② 国家发展和改革委员会:《第二批国家新型城镇化综合试点工作方案要点》,国家发展和改革委员会网,2015 年 11 月 16 日,http://www.gov.cn/foot/2015-11/27/5017599/files/c067a9c26f7b4343a04188781edd30ec.pdf。
③ 国务院:《国务院关于深入推进新型城镇化建设的若干意见》,中华人民共和国中央人民政府网,2016 年 2 月 6 日,http://www.gov.cn/zhengce/content/2016-02/06/content_5039947.htm。

就深入推进新型城镇化建设作出了一系列重大决策部署。下一步，关键是要凝心聚力抓落实，蹄疾步稳往前走。"①

三、坚定走中国新型城镇化道路

　　城镇化是人类社会发展的客观趋势，是一个国家或地区现代化的重要标志，是中国扩大内需的最大潜力所在，是经济持续健康发展的强大引擎，是加快经济社会转型的重要抓手，是解决"三农"问题的重要途径，也是推动区域协调发展和城乡一体化发展的有力支撑。面对当前中国的实际国情和世界经济社会发展的大趋势，只有积极稳妥扎实有序的走新型城镇化道路，才能全面建成小康社会、加快社会主义现代化建设进程、更好地实现中华民族伟大复兴的中国梦。事实上，走中国新型城镇化道路既是历史的必然选择，也是中国现实的发展要求。

　　回顾过去，中国经历了一场恢宏的城镇化变革，改变了亿万人民的生产生活方式，带来了充满活力的良好城市环境，城乡人民生活水平显著提升。中国城镇化发展取得了举世瞩目的成就，但是转型发展的要求也日益迫切，走新型城镇化道路是必然的选择。中国地域辽阔，人口众多，地区间城镇化发展基础和条件差异大。这种客观存在的差异一方面造成了经济社会发展的不平衡，以及城镇化水平和质量的不平衡；另一方面也要求城镇化道路具备多样性，不同地区城镇化发展的模式以及重点各不相同。一个拥有近14亿人口的大国开展城镇化，在人类历史上无先例可循，这既是一项宏伟的历史工程，又是一项复杂的系统工程。新型城镇化道路是中国特色社会主义现代化进程的一个重大创

---

① 《坚持以创新、协调、绿色、开放、共享的发展理念为引领促进中国特色新型城镇化持续健康发展》，人民日报，2016年2月24日，第1版。

举，是中国道路的重要组成部分。中国道路本质上是一个不断深化改革的过程，新型城镇化道路也是一个不断改革的过程。从历史中走来，中国选择了新城城镇化道路，展望未来，如何促进社会全面进步并逐步实现中国梦，坚定走中国新型城镇化道路将得到清晰的诠释。

参考文献

1. 《马克思恩格斯全集》第 2 卷,人民出版社 1957 年版。
2. 《马克思恩格斯全集》第 3 卷,人民出版社 1956 年版。
3. 《马克思恩格斯全集》第 21 卷,人民出版社 1965 年版。
4. 《马克思恩格斯全集》第 25 卷,人民出版社 1974 年版。
5. 《马克思恩格斯全集》第 46 卷上,人民出版社 1979 年版。
6. 《马克思恩格斯选集》第 1 卷,人民出版社 2012 年版。
7. 马克思:《资本论》第 1 卷,人民出版社 2004 年版。
8. 恩格斯:《共产主义原理》,人民出版社 1973 年版。
9. [美]赫茨勒著,何新译:《世界人口的危机》,商务印书馆 1963 年版。
10. [美]沃纳·赫希著,刘世庆等译:《城市经济学》,中国社会科学出版社 1990 年版。
11. [英] K. J. 巴顿著,上海社科院城市经济研究室译:《城市经济学——理论和政策》,商务印书馆 1984 年版。
12. [德]卡尔·迪特利希·埃尔德曼著,华明等译:《德意志史》(第三卷),商务印书馆 1986 年版。
13. "工业化与城市化协调发展研究"课题组:《工业化与城市化关系的经济学分析》,载于《中国社会科学》2002 年第 2 期。
14. 《城市规划基本术语标准》(GB/T 50280-98),中国建筑工业出版社 1999 年版。
15. 《农作物耕种收综合机械化率预计超过 65%》,载于《农业装备与车辆工程》2017 年第 2 期。

16. 《中共中央关于全面深化改革若干重大问题的决定》（单行本），人民出版社 2013 年版。

17. 《中共中央国务院关于进一步加强城市规划建设管理工作的若干意见》，载于《人民日报》2016 年 2 月 22 日，第 6 版。

18. 《中国城镇化三十年》课题组：《中国城镇化三十年》，中国建筑工业出版社 2016 年版。

19. 《中央经济工作会议在北京举行》，载于《人民日报》2012 年 12 月 17 日，第 1 版。

20. 蔡继明：《优化国土空间开发格局与大中小城市协调发展》，载于《区域经济评论》2015 年第 5 期。

21. 蔡宁、丛雅静、吴婧文：《中国绿色发展与新型城镇化——基于 SBM–DDF 模型的双维度研究》，载于《北京师范大学学报（社会科学版）》2014 年第 5 期。

22. 曹钟雄、武良成：《中国"城市病"解析》，引自樊纲、武良成主编：《城市化：着眼于城市化的质量》，中国经济出版社 2010 年版。

23. 曹宗平：《中国城镇化之路：基于聚集经济理论的一个新视角》，人民出版社 2009 年版。

24. 曾湘泉、陈力闻、杨玉梅：《城镇化、产业结构与农村劳动力转移吸纳效率》，载于《中国人民大学学报》2013 年第 4 期。

25. 陈光金：《当前我国若干重大社会结构变化与结构性矛盾》，载于《中国社会科学院院报》2007 年 11 月 15 日，第 7 版。

26. 陈明星、陆大道、刘慧：《中国城市化与经济发展水平关系的省际格局》，载于《地理学报》2010 年第 12 期。

27. 陈明星、陆大道、张华：《中国城市化水平的综合测度及其动力因子分析》，载于《地理学报》2009 年第 4 期。

28. 陈锡文：《农村土地制度改革，底线不能突破》，载于《人民日报》2013 年 12 月 13 日，第 1 版。

29. 陈荣生：《资源型城市新型城镇化发展动力研究》，载于《江西社会科学》2016年第1期。

30. 陈云松、张翼：《城镇化的不平等效应与社会融合》，载于《中国社会科学》2015年第6期。

31. 程磊：《李铁：城镇化从来都不是政府推动》，载于《中国房地产》2013年第8期。

32. 仇保兴：《新型城镇化：从概念到行动》，载于《行政管理改革》2012年第11期。

33. 单卓然、黄亚平：《"新型城镇化"概念内涵、目标内容、规划策略及认知误区解析》，载于《城市规划学刊》2013年2期。

34. 邓祥征、钟海玥、白雪梅、赵涛、李勇、王苗：《中国西部城镇化可持续发展路径的探讨》，载于《中国人口·资源与环境》2013年第10期。

35. 董晓峰、杨春志、刘星光：《中国新型城镇化理论探讨》，载于《城市发展研究》2017年第1期。

36. 段成荣、吕利丹、王宗萍：《城市化背景下农村留守儿童的家庭教育与学校教育》，载于《北京大学教育评论》2014年第3期。

37. 段进：《中国城市规划的理论与实践问题思考》，载于《城市规划学刊》2005年第1期。

38. 范双涛：《中国新型城镇化发展路径研究》，辽宁大学2015年博士学位论文。

39. 方创琳、王德利：《中国城市化发展质量的综合测度与提升路径》，载于《地理研究》2011年第11期。

40. 方创琳：《城市群空间范围识别标准的研究进展与基本判断》，载于《城市规划学刊》2009年第3期。

41. 费孝通：《我看到的中国农村工业化和城市化道路》，载于《浙江社会科学》1998年第4期。

42. 冯海发：《为全面解决"三农"问题夯实基础——对十八届三中全会〈决定〉有关农村改革几个重大问题的理解》，载于《农民日报》2013年11月18日，第1版。

43. 傅崇兰：《小城镇论》，山西经济出版社2003年版。

44. 高佩义：《中外城市化比较研究》，南开大学出版社2004年版。

45. 高尚全：《中国城市经济体制改革的进程和成就》，载于《中国经济体制改革》1992年第1期。

46. 辜胜阻、刘江日：《城镇化要从"要素驱动"走向"创新驱动"》，载于《人口研究》2012年第6期。

47. 辜胜阻：《非农化与城镇化研究》，浙江人民出版社1991年版。

48. 辜胜阻：《中国城镇化机遇、问题与路径》，载于《中国市场》2013年第3期。

49. 顾朝林：《改革开放以来中国城市化与经济社会发展关系研究》，载于《人文地理》2004年第2期。

50. 关兴良、魏后凯、鲁莎莎、邓羽：《中国城镇化进程中的空间集聚、机理及其科学问题》，载于《地理研究》2016年第2期。

51. 郭玲：《中国就近城镇化：基本内涵、存在问题与建设路径》，载于《改革与战略》2015年第11期。

52. 郭显光：《改进的熵值法及其在经济效益评价中的应用》，载于《系统工程理论与实践》1998年第12期。

53. 郭旭红、李玄煜：《实现"双中高"的中流砥柱大力发展战略性新兴产业》，载于《人民日报》2015年12月31日，第7版。

54. 国家城调总队福建省城调队课题组：《建立中国城市化质量评价指标体系及应用研究》，载于《统计研究》2005年第7期。

55. 国务院发展研究中心和世界银行联合课题组：《中国：推进高效、包容、可持续的城镇化》，载于《管理世界》2014年第4期。

56. 国务院法制办编：《新编中华人民共和国常用法律法规全书（2016年版）》，中国法制出版社2016年版。

57. 韩俊、何宇鹏：《以人为核心全面提高城镇化质量》，载于《人民日报》2014年4月9日，第10版。

58. 韩增林、刘天宝：《中国地级以上城市城市化质量特征及空间差异》，载于《地理研究》2009年第6期。

59. 韩长斌：《加快推进农业现代化努力实现"三化"同步发展》，载于《农业经济问题》2011年第11期。

60. 何平、倪苹：《中国城镇化质量研究》，载于《统计研究》2013年第6期。

61. 何为、黄贤金：《半城市化：中国城市化进程中的两类异化现象研究》，载于《城市规划学刊》2012年第2期。

62. 何孝沛、梁阁、丁志伟、王发曾：《河南省城镇化质量空间格局演变》，载于《地理科学进展》2015年第2期。

63. 侯力、秦熠群：《日本工业化的特点及启示》，载于《现代日本经济》2005年第4期。

64. 胡鞍钢、周绍杰、任皓：《供给侧结构性改革——适应和引领中国经济新常态》，载于《清华大学学报（哲学社会科学版）》2016年第2期。

65. 胡存智：《深化农村土地管理制度改革的思考》，载于《中国土地》2014年第8期。

66. 胡焕庸：《中国人口之分布：附统计表与密度图》，载于《地理学报》1935年第2期。

67. 胡欣、江小群：《城市经济学》，立信会计出版社2005年版。

68. 黄群慧：《论中国工业的供给侧结构性改革》，载于《中国工业经济》2016年第9期。

69. 黄群慧：《中国的工业化进程：阶段、特征与前景》，载于《经济与管理》2013年第7期。

70. 黄小虎：《城市更新与土地制度改革》，载于《中国土地》2016年第6期。

71. 简新华、黄锟：《中国城镇化水平和速度的实证分析与前景预测》，载于《经济研究》2010年第3期。

72. 简新华、罗钜钧、黄锟：《中国城镇化的质量问题和健康发展》，载于《当代财经》2013第9期。

73. 简新华：《破除提高城镇化质量的制度障碍》，载于《人民日报》2014年1月19日，第5版。

74. 许树柏：《实用决策方法——层次分析法原理》，天津大学出版社1988年版。

75. 蒋尉：《德国"去中心化"城镇化模式及借鉴》，载于《国家行政学院学报》2015年第5期。

76. 康永超：《以城乡双向开放理念推进新型城镇化建设》，载于《宏观经济管理》2015年第10期。

77. 孔祥智、毛飞：《农业现代化的内涵、主体及推进策略分析》，载于《农业经济与管理》2013年第2期。

78. 来有为：《服务业供给侧结构性改革重点及建议》，载于《经济日报》2017年3月4日，第12版。

79. 李爱民：《中国半城镇化研究》，载于《人口研究》2013年第4期。

80. 李超、万海远：《新型城镇化与人口迁转》，广东经济出版社2014年版。

81. 李刚：《推进城镇化不可丢了"精神"》，载于《光明日报》2016年11月24日，第16版。

82. 李国庆：《日本城市建设与管理的基本理念》，载于《中国党政干部论坛》2016年第4期。

83. 李国祥：《中国为什么要走新型城镇化道路》，载于《上海证券报》2013年2月27日，第A07版。

84. 李萌：《我国新型城镇化建设的文化动力机制研究》，载于《改革与战略》2014年第11期。

85. 李明秋、郎学彬：《城市化质量的内涵及其评价指标体系的构建》，载于《中国软科学》2010年第12期。

86. 李强、陈宇琳、刘精明：《中国城镇化"推进模式"研究》，载于《中国社会科学》2012年第7期。

87. 李铁：《新型城镇化路径选择》，中国发展出版社2016年版，第176期。

88. 李铁：《用改革推进新型城镇化》，载于《人民日报》2014年1月19日，第5版。

89. 李小建、罗庆：《新型城镇化中的协调思想分析》，载于《中国人口·资源与环境》2014年第2期。

90. 李晓梅、赵文彦：《我国城镇化演进的动力机制研究》，载于《经济体制改革》2013年第3期。

91. 李燕凌、刘远风：《城乡差距的内生机制：基于公共服务资本化的一个分析框架》，载于《农业经济问题》2013年第4期。

92. 李元春：《固定资产投资结构变化对城镇化的影响》，载于《小城镇建设》2004年第10期。

93. 厉以宁：《城乡二元体制改革该开始了》，载于《中国报道》2008年第4期。

94. 梁倩：《国家设"三条红线"倒逼地方集约用地》，载于《经济参考报》2014年12月8日，第3版。

95. 梁振民、陈才、刘继生、梅林：《东北地区城市化发展质量的综合测度与层级特征研究》，载于《地理科学》2013年第8期。

96. 林梅：《转型期城镇化道路的特点》，载于《学习时报》

2012 年 8 月 6 日，第 4 版。

97. 刘成军：《试论城镇化的关键要素：人口、土地和产业所引发的城镇生态环境问题》，载于《理论月刊》2017 年第 1 期。

98. 刘传江：《中国城市化的制度安排和创新》，武汉大学出版社 1999 年版。

99. 刘恩东：《美国如何推进城镇化建设》，载于《学习时报》2012 年 12 月 17 日，第 2 版。

100. 刘国光、杨圣明、张炳功：《现代市场经济实用知识》，吉林人民出版社 1998 年版。

101. 刘吉双、衣保中：《日本城镇化"绿色发展"新动力方向研究》，载于《现代日本经济》2015 年第 6 期。

102. 刘妮娜、刘诚：《合理、有序推进中国人口城镇化的路径分析》，载于《经济学家》2014 年第 2 期。

103. 刘涛、杨瑛：《土地低效利用的成因及对策研究》，载于《科技和产业》2014 年第 11 期。

104. 陆大道、陈明星：《关于"国家新型城镇化规划（2014~2020）"编制大背景的几点认识》，载于《地理学报》2015 年第 2 期。

105. 陆大道、王铮、封志明、曾刚、方创琳、董晓峰、刘盛和、贾绍凤、方一平、孟广文、邓祥征、叶超、曹广忠、杜宏茹、张华、马海涛、陈明星：《关于"胡焕庸线能否突破"的学术争鸣》，载于《地理研究》2016 年第 5 期。

106. 陆大道：《地理学关于城镇化领域的研究内容框架》，载于《地理科学》2013 年第 8 期。

107. 陆永忠、陈波珊：《中国快速城市化发展的机制研究》，载于《经济地理》2005 年第 4 期。

108. 吕丹、叶萌、杨琼：《新型城镇化质量评价指标体系综述与重构》，载于《财经问题研究》2014 年第 9 期。

109. 马凯：《构建产业新体系》，载于《人民日报》2015 年

11月10日,第6版。

110. 马晓河:《中国应走"以大带小,大中小城市协调发展"的城市化道路》,载于《农村经济》2004年第10期。

111. 孟春:《运用PPP模式助推新型城镇化》,载于《中国财政》2014年第9期。

112. 倪鹏飞:《新型城镇化的基本模式、具体路径与推进对策》,载于《江海学刊》2013年第1期。

113. 宁越敏:《中国推进新型城镇化战略的思考》,载于《上海城市规划》2014年第1期。

114. 欧向军、甄峰、叶磊、杨恒、顾秋芸:《江苏省城市化质量的区域差异时空分析》,载于《人文地理》2012年第5期。

115. 戚伟、刘盛和、赵美风:《"胡焕庸线"的稳定性及其两侧人口集疏模式差异》,载于《地理学报》2015年第4期。

116. 邱爱军、郑明媚、白玮、郗望:《中国快速城镇化过程中的问题及其消解》,载于《工程研究——跨学科视野中的工程》2011年第3期。

117. 邱灵、方创琳:《生产性服务业空间集聚与城市发展研究》,载于《经济地理》2012年第11期。

118. 瞿剑:《我国农业科技进步贡献率56%意味着啥》,载于《科技日报》2016年8月16日,第3版。

119. 任远:《人的城镇化:新型城镇化的本质研究》,载于《复旦学报(社会科学版)》2014年第4期。

120. 沈清基:《论基于生态文明的新型城镇化》,载于《城市规划学刊》2013年第1期。

121. 石忆邵:《德国均衡城镇化模式与中国小城镇发展的体制瓶颈》,载于《经济地理》2015年第11期。

122. 史育龙:《走人本和谐集约智能的城镇化之路》,载于《中国经济导报》2014年8月16日,第A02版。

123. 苏为华:《多指标综合评价理论与方法问题研究》,厦门大学 2000 年博士学位论文。

124. 孙永平、叶初升：《资源依赖、地理区位与城市经济增长》，载于《当代经济科学》2011 年第 1 期。

125. 孙振华：《新型城镇化发展的动力机制及其空间效应》，东北财经大学 2014 年博士学位论文。

126. 覃剑：《我国城市病问题研究：源起、现状与展望》，载于《现代城市研究》2012 年第 5 期。

127. 汤光强：《浅析我国城镇化道路》，载于《求索》1983 年第 5 期。

128. 唐在富：《解决中国土地财政问题面临历史性机遇》，载于《经济经纬》2014 年第 2 期。

129. 田雪原：《在转型中提高城镇化质量》，载于《经济日报》2013 年 4 月 12 日，第 15 版。

130. 王丽、邓羽、牛文元：《城市群的界定与识别研究》，载于《地理学报》2013 年第 8 期。

131. 王春光：《农村流动人口的"半城市化"问题研究》，载于《社会学研究》2006 年第 5 期。

132. 王德利、方创琳、杨青山、李飞：《基于城市化质量的中国城市化发展速度判定分析》，载于《地理科学》2010 年第 5 期。

133. 王富喜、毛爱华、李赫龙、贾明璐：《基于熵值法的山东省城镇化质量测度及空间差异分析》，载于《地理科学》2013 年第 11 期。

134. 王国刚：《城镇化：中国经济发展方式转变的重心所在》，载于《经济研究》2010 年第 12 期。

135. 王建廷：《区域经济发展动力与动力机制》，上海人民出版社 2007 年版。

136. 王谦：《城乡公共服务均等化的理论思考》，载于《中央财经大学学报》2008 年第 8 期。

137. 王天义、朱鹏华：《引领新常态的宏观经济思想》，载于《前线》2017年第2期。

138. 王小鲁、夏小林：《优化城市规模，推动经济增长》，载于《经济研究》1999年第9期。

139. 王小鲁：《中国城市化路径与城市规模的经济学分析》，载于《经济研究》2010年第10期。

140. 魏后凯、袁晓勐、郭叶波等：《中国迈向城市时代的绿色繁荣之路》，引自潘家华、魏后凯主编：《中国城市发展报告No.5》，社会科学文献出版社2012年版。

141. 魏后凯：《走中国特色的新型城镇化道路》，社会科学文献出版社2014年版。

142. 魏后凯、关兴良：《中国特色新型城镇化的科学内涵与战略重点》，载于《河南社会科学》2014年第3期。

143. 温铁军：《农业三要素流出农村制度亟待改变》，载于《东方城乡报》2006年11月9日，第B01版。

144. 吴国平、武小琦：《巴西城市化进程及其启示》，载于《拉丁美洲研究》2014年第4期。

145. 吴海林、刘韶玲：《论城市化的形成机制、发展模式与我国城市化的道路选择》，载于《兰州学刊》2001年第5期。

146. 吴江、王斌、申丽娟：《中国新型城镇化进程中的地方政府行为研究》，载于《中国行政管理》2009年第3期。

147. 吴江：《重庆新型城镇化推进路径研究》，西南大学2010年博士学位论文。

148. 吴良镛、吴唯佳、武廷海：《从世界城市化大趋势看中国城市化发展》，载于《科学新闻》2003年第17期。

149. 吴志强、李德华：《城市规划原理》（第4版），中国建筑工业出版社2010年版。

150. 武小龙、刘祖云：《城乡差距的形成及其治理逻辑：理论分析与实证检验——基于城市偏向理论的视角》，载于《江西财经大学学报》2013 年第 4 期。

151. 谢志强：《新型城镇化：中国城市化道路的新选择》，载于《社会科学报》2003 年 7 月 3 日，第 4 版。

152. 辛同升：《新型城镇化实践与探索》，中国建筑工业出版社 2015 年版。

153. 辛向阳：《指导新型城镇化发展的战略思想——学习习近平同志关于新型城镇化重要讲话中的哲学思想》，北京日报，2014 年 5 月 26 日，第 17 版。

154. 徐林、曹红华：《从测度到引导：新型城镇化的"星系"模型及其评价体系》，载于《公共管理学报》2014 年第 1 期。

155. 徐素、于涛、巫强：《区域视角下中国县级市城市化质量评估体系研究——以长三角地区为例》，载于《国际城市规划》2011 年第 1 期。

156. 徐泽水：《关于层次分析中几种标度的模拟评估》，载于《系统工程理论与实践》2000 年第 7 期。

157. 许庆瑞、吴志岩、陈力田：《智慧城市的愿景与架构》，载于《管理工程学报》2012 年第 4 期。

158. 许学强、朱剑如：《现代城市地理学》，中国建筑工业出版社 1988 年版。

159. 阎小培：《中国乡村—城市转型与协调发展》，科学出版社 1998 年版。

160. 颜俊：《巴西人口城市化进程及模式研究》，华东师范大学 2011 年博士学位论文。

161. 杨发祥、茹婧：《新型城镇化的动力机制及其协同策略》，载于《山东社会科学》2014 年第 1 期。

162. 杨桂宏、王伟：《近代中国农业现代化滞后原因初探》，载于《中国农业大学学报（社会科学版）》2002 年第 2 期。

163. 杨璐璐：《中部六省城镇化质量空间格局演变及驱动因素——基于地级及以上城市的分析》，载于《经济地理》2015 年第 1 期。

164. 杨文举：《中国城镇化与产业结构关系的实证分析》，载于《经济经纬》2007 年第 1 期。

165. 姚士谋、陈维肖、陈振光、彭丽华：《新常态下中国新型城镇化的若干问题》，载于《地域研究与开发》2016 年第 1 期。

166. 姚士谋、陈振光、朱英明等：《中国城市群》，中国科学技术大学出版社 2006 年版。

167. 姚士谋、张平宇、余成、李广宇、王成新：《中国新型城镇化理论与实践问题》，载于《地理科学》2014 年第 6 期。

168. 叶裕民：《世界城市化进程及其特征》，载于《红旗文稿》2004 年第 8 期。

169. 叶裕民：《中国城市化质量研究》，载于《中国软科学》2001 年第 7 期。

170. 易善策：《产业结构演进与城镇化》，社会科学文献出版社 2013 年版。

171. 殷志静、郁奇虹：《中国户籍改革》，中国政法大学出版社 1996 年版。

172. 尹鹏：《吉林省新型城镇化发展的特征、机制与路径研究》，东北师范大学 2016 年博士论文。

173. 于立：《"生态文明"与新型城镇化的思考和理论探索》，载于《城市发展研究》2016 年第 1 期。

174. 于云瀚：《城居者的文明》，中国社会科学出版社 2011 年版。

175. 余淼杰、王宾骆：《对外改革，对内开放，促进产业升级》，载于《国际经济评论》2014 年第 2 期。

176. 岳中刚：《战略性新兴产业技术链与产业链协同发展研究》，载于《科学学与科学技术管理》2014 年第 2 期。

177. 张宝宇：《巴西城市化进程及其特点》，载于《拉丁美洲研究》1989 年第 3 期。

178. 张春梅、张小林、吴启焰、李红波：《城镇化质量与城镇化规模的协调性研究——以江苏省为例》，载于《地理科学》2013 年第 1 期。

179. 张红宇、张海阳、李伟毅、李冠佑：《中国特色农业现代化：目标定位与改革创新》，载于《中国农村经济》2015 年第 1 期。

180. 张鸿雁：《中国新型城镇化理论与实践创新》，载于《社会学研究》2013 年第 3 期。

181. 张士闪：《"顺水推舟"：当代中国新型城镇化建设不应忘却乡土本位》，载于《民俗研究》2014 年第 1 期。

182. 张庭伟：《当代美国城市化的动力及经验教训》，载于《城市规划学刊》2013 年第 4 期。

183. 张庭伟：《闻道则喜—读约翰·弗里德曼规划著作的一些心得》，载于《国外城市规划》2005 年第 5 期。

184. 张燕：《绿色城镇化战略理论与实践》，社会科学文献出版社 2015 年版。

185. 张翼：《农民工"进城落户"意愿与中国城镇化道路的选择》，载于《中国人口科学》2011 年第 2 期。

186. 张占斌：《新型城镇化的战略意义和改革难题》，载于《国家行政学院学报》2013 年第 1 期。

187. 张占斌：《用五大理念引领新型城镇化建设》，载于《国家行政学院学报》2016 年第 1 期。

188. 张占斌：《解析新型城镇化》，经济科学出版社 2014 年版。

189. 张占斌：《走中国特色的新型城镇化道路》，载于《经济研究参考》2014 年第 8 期。

190. 赵俊超：《城镇化改革的突破口》，中国人民大学出版社 2015 年版。

191. 赵冈：《论中国历史上的市镇》，中国社会经济史研究 1992 年第 2 期。

192. 郑风田：《新生代农民工群体的十大关键性问题判断》，载于《工会博览》2010年第7期。

193. 郑杭生：《社会学概论新修》，中国人民大学出版社2013年版。

194. 郑显文：《唐代长安城人口百万说质疑》，人文杂志1991年第2期。

195. 中共中央文献研究室：《十五大以来重要文献选编》（中卷），人民出版社2001年版。

196. 中国金融40人论坛课题组：《加快推进新型城镇化：对若干重大体制改革问题的认识与政策建议》，载于《中国社会科学》2013年第7期。

197. 中国社会科学院《城镇化质量评估与提升路径研究》创新项目组：《中国城镇化质量综合评价报告》，载于《经济研究参考》2013年第31期。

198. 周其仁：《城乡中国》上册，中信出版社2013年版。

199. 朱道林、周鑫、林瑞瑞：《财产性土地财政的现实问题与改革方向》，载于《中国土地科学》2012年第10期。

200. 朱鹏华、李鹏：《五大发展理念导引的经济转型测度：自指标体系生发》，载于《改革》2016年第8期。

201. 朱鹏华、刘学侠：《新型城镇化：基础、问题与路径》，载于《中共中央党校学报》2017年第1期。

202. 朱鹏华：《构建产业新体系：基础、问题、趋势、特征及路径》，载于《工业技术经济》2016年第5期。

203. 朱鹏华：《社会保险视角下的非公有制企业劳资关系研究》，山东大学2010年硕士学位论文。

204. 中共中央宣传部：《习近平总书记系列重要讲话读本》，人民出版社2014年版。

205. 《习近平谈治国理政》，外文出版社2014年版。

206. 中共中央、国务院：《国家新型城镇化规划（2014~2020

年)》,中华人民共和国中央人民政府网,2014年3月16日,http://www.gov.cn/gongbao/content/2014/content_2644805.htm。

207. 国家发展和改革委员会:《中国新型城镇化综合试点总体实施方案》,国家发展和改革委员会网,2014年12月29日,http://www.sdpc.gov.cn/gzdt/201502/W020150204332605546365.pdf。

208. 国家发展和改革委员会:《第二批国家新型城镇化综合试点工作方案要点》,国家发展和改革委员会网,2015年11月16日,http://www.gov.cn/foot/2015-11/27/5017599/files/c067a9c26f7b4343a04188781edd30ec.pdf。

209. 国务院:《中国制造2025》,中华人民共和国中央人民政府网,2015年5月19日,http://www.gov.cn/zhengce/content/2015-05/19/content_9784.htm。

210. 国家发展和改革委员会:《农业转移人口市民化案例》,国家发展和改革委员会网,2016年12月9日,http://www.gov.cn/xinwen/2016-12/19/5149898/files/2078b68f4b214933b523da7b2db8d3f3.pdf。

211. 国家发展和改革委员会:《国家新型城镇化综合试点地区探索实践》,国家发展和改革委员会网,2016年12月30日,http://www.gov.cn/xinwen/2017-01/12/5159122/files/64d5b4d74f7240a7b91430f2f6b4d5ac.pdf。

212. 国务院:《国务院关于深入推进新型城镇化建设的若干意见》,中华人民共和国中央人民政府网,2016年2月6日,http://www.gov.cn/zhengce/content/2016-02/06/content_5039947.htm。

213. 《中华人民共和国国民经济和社会发展第十三个五年规划纲要》,中华人民共和国中央人民政府网,2016年3月17日,http://www.gov.cn/xinwen/2016-03/17/content_5054992.htm。

214. 《联合国人居署发布〈2016世界城市状况报告〉》,联合国新闻网,2016年5月18日,http://www.un.org/chinese/

News/story. asp? newsID =26177。

215. Au, C. and V. Henderson, *Are Chinese Cities too Small?*, Review of Economic Studies, Vol. 73, No. 2, 2006, pp. 549 –576.

216. Brian Joe, Lobley Berry, *Urbanization and counterurbanization*. Berkerly Hill: Sage Publication, 1976.

217. C. E. Shannon, *A Mathematical Theory of Communication*. Bell Labs Technical Journal, Vol. 27, No. 3, July 1948, pp. 379 –423.

218. C. G. Clark, *The Conditions of Economic Progress*. Edition: 3rd. London: MacMillan, 1957.

219. Deli Wang, Chuanglin Fang, et al. , *Measurement and spatiotemporal distribution of urbanization development quality of urban agglomeration in China*. Chinese Geographical Science, Vol. 21, No. 6, 2011, pp. 695 –707.

220. Diener E. , Suh E. , *Measuring quality of life: economic, social, and subjective indicators*. Social Indicators Research, Vol. 40, No. 2, 1997, pp. 189 –216.

221. E. E. Lampard, *The History of Cities in the Economically Advanced Areas*. Economic Development and Cultural Change, Vol. 3, 1955, pp. 81 –136.

222. Gene H. C. , Josef C. B. , *The paradox of China's growing under-urbanization*. Economic Systems, Vol. 30, 2006, pp. 24 –40.

223. George Lin, *Chinese Urbanism in question: state, society, and the reproduction of urban spaces*. Urban Geography, Vol. 28, 2007, pp. 7 –29.

224. Gottmann, J. , *Megalopolis or the Urbanization of the Northeasten Seaboard*. Economic Geography, Vol. 33, No. 3, 1957, pp. 189 – 200.

225. Heikkila E. J. , *Three questions regarding urbanization in China*. Journal of Planning Education and Research, Vol. 27, No. 1,

2007, pp. 65 –81.

226. Henderson J. V. , *The urbanization process and economic growth : The so-what question. Journal of Economic Growth*, Vol. 8, No. 1, 2003, pp. 47 –71.

227. Hollands R G. , *Will the real smart city please stand up?* . City, Vol. 12, No. 3, 2008, pp. 303 –320.

228. Irene van Kamp, Kees Leidelmeijer, Gooitske Marsman, Augustinus de Hollander, *Urban environmental quality and human well—being : Towards a conceptual framework and demarcation of concepts ; a literature study.* Landscape and Urban Planning, Vol. 65, No. 1 –2, 2003, pp. 5 –18.

229. Jackson Kenneth T. , *Crabgrass frontier : the suburbanization of The United States.* New York : Oxford University Press, 1985.

230. Krugman, P. , *Increasing Returns and Economic Geograghy.* Journal of Political Economy, Vol. 99, No. 3, 1991, pp. 483 –499.

231. Lewis Mumford, *City in History : Its Origins, Its Transformations, and Its Prospects.* Mariner Book, 1968.

232. Lewis, W. A. , *Economic Development with Unlimited Supply of Labor.* Manchester School, May 1954.

233. Lipton M. , *Urban Bias : Consequences, Class and Causality.* Journal of Development Studies, Vol. 29, No. 4, 1993, pp. 229 –258.

234. Lipton M. , *Why Poor People Stay Poor : Urban Bias in World Development.* Cambridge, MA : Harvard University Press, 1977.

235. L. D. Schwarz. *London in the Age of Industrialization.* Cambridge University Press, 1992, P. 125.

236. M. Paulo, S. C. Ana, *Evaluation of performance of European cities with the aim to promote quality of life improvements.* Omega, Vol. 39, No. 4, 2011, pp. 398 –409.

237. Mcgee T. G. , Ira M Robinson, *The mega-urban regions of South-east Asia*. City of Vancouver: UBC Press, 1995.

238. P. F. Verhulst, *Notice sur la loi que la population poursuit dans son accroissement*. Corresp. Math. Phys. Band 10, 1838, pp. 113 – 121.

239. R. M. Northam, *Urban Geography*. New York: John Wiley and Sons, Inc. , 1979, pp. 65 – 67, 114 – 128.

240. Roger C. K. , Yao Shimou, *Urbanization and sustainable metropolitan development in China: Patterns problems and prospects*. Geo Journal, Vol. 49, 1999, pp. 269 – 277.

241. Seeborg C. Michael, Zhenhu Jin, Yiping Zhu, *The New Rural-urban Labor Mobility in China: Causes and Implications*. Journal of Socio – Economics, Vol. 29, 2000, pp. 39 – 56.

242. Sukko Kim, Robert A. Margo, *Historical Perspective on U. S. Geography*. Handbool of Regional and Urban Economics, Vol. 4, 2003, P. 57.

243. United Nations Human Habitat, *The state of the world's citiesreport* 2001. New York: United Nations Publications, 2002.

244. United Nations Human Habitat, *Urban indicators guidelines—monitoring the habitat agenda and the millennium development goals*. New York: United Nations Publications, 2004.

245. Hollis Chenery, Moises Syrquin, *Patterns of development*, 1950 – 1970. Oxford University Press, 1975.

246. UNEP, *Towards a Green Economy: Pathways to Sustainable Development and Poverty Eradication: A Synthesis for Policy Makers*. http: //www. unep. org/greeneconomy/Green Economy Report/tabid/29846.